# El poder de una esposa positiva

## Karol Ladd

**CASA CREACIÓN**

A STRANG COMPANY

*El poder de una esposa positiva* por Karol Ladd
Publicado por Casa Creación
Una compañía de Strang Communications
600 Rinehart Road
Lake Mary, Florida 32746
www.casacreacion.com

A menos que se indique lo contrario, todos los textos
bíblicos han sido tomados de la versión Reina-Valera,
de la Santa Biblia, revisión 1960. Usado con permiso.

Traducido y editado por: PICA Y 6 PUNTOS
con la colaboración de Salvador Eguiarte D.G.
Diseño interior por: Hilda M. Robles

Library of Congress Control Number: 2006920881

ISBN: 1-59185-841-0

Impreso en los Estados Unidos de América

06 07 08 09 10    9 8 7 6 5 4 3 2 1

# Contenido

## Principio poderoso #4: El poder del ánimo

## Principio poderoso #5: El poder de la atracción física

## Principio poderoso #6: El poder de la responsabilidad

## Principio poderoso #7: El poder de la presencia de Dios

# Agradecimientos

Mi más sentido agradecimiento a la Dra. Deborah Newman, a Carol Floch, a Amy Reppert y a Leslie Hodge por los consejos sanos y las ideas sabias que ellos añadieron al contenido de este libro. Son una bendición tremenda para mi vida.

También les agradezco a Susan, a Beth, a Terry Ann, a Dana y a Jane por el apoyo y las ideas que aportaron a este libro. Ustedes son amigas verdaderamente positivas.

Mi sincero agradecimiento al tremendo equipo de Howard Publishing y especialmente a mis extraordinarias editoras: Philis Boultinghouse y Michele Buckingham.

Mi mayor agradecimiento es para mi maravilloso marido, Curt: compañero, alentador, líder, sustentador. Te amo. Eres un regalo de Dios.

Sobre todo, las gracias sean dadas a Dios que nos da la fuerza y el poder para ser esposas positivas momento a momento.

*No existe una relación, comunión o compañía más encantadora,*
*amigable y tierna que un buen matrimonio.*

—Martín Lutero

# Introducción

# La influencia de una esposa positiva
## La decisión es tuya

*La mujer virtuosa es corona de su marido.*

—Proverbios 12:4

Déjame adivinar. Cuando recién te casaste, tenías toda la intención de ser una esposa positiva. Tu deseo era ser una persona edificante y alentadora desde el momento en que llena de emoción pronunciaste tus votos matrimoniales y prometiste "hasta que la muerte nos separe". Pero en algún momento entre la luna de miel y el "vivieron felices para siempre", encontraste dificultades para ser la imagen de una esposa positiva. Tus responsabilidades crecieron. Las atenciones de tu marido disminuyeron. Y de pronto ya no eras la esposa maravillosamente positiva que siempre deseaste ser.

¡A mí me pasó lo mismo! En mi boda tenía la emocionante imagen en mi mente de recibir con amor a mi marido cada tarde en la puerta (arreglada como si acabara de salir de la portada de una revista de modas, por supuesto), besarlo en la mejilla y agradecerle las flores que me envió en la tarde. Nos sentaríamos a la mesa como en una nube para disfrutar una comida casera deliciosa, mirarnos a los ojos y compartir los detalles de nuestro día con intimidad.

Lo extraño es que no ha funcionado de esa forma en nuestra casa. ¿Qué ha pasado en tu hogar? Si estoy viendo a los ojos a mi marido es probablemente porque estoy tratando de hacer que me ayude con las niñas o que saque la basura. ¿Y una comida casera? Mejor cambiemos de tema.

Este libro se trata de recapturar la chispa de ánimo y gozo que una vez contemplamos para nuestro matrimonio. Se trata de ser esposas positivas (no esposas perfectas) y en el proceso, desarrollar un matrimonio más fuerte y más sano. Cada una de nosotras tiene la oportunidad de hacer avanzar nuestro matrimonio en una dirección positiva, incluso en medio de dificultades o de decepciones. Los poderosos principios provistos en estas páginas pueden ayudarnos a desarrollar una relación más profunda y significativa con nuestro marido a medida que las apliquemos a nuestra vida.

Con toda confianza he llamado a estos principios *poderosos*, no porque hayan salido de mí, sino porque provienen de la Palabra de Dios. Los siete principios para ser una esposa positiva están construidos sobre el firme cimiento de la verdad que encontramos en la Biblia. Vas a ver que estos principios prácticos que trascienden a las épocas pueden ser aplicados a cualquier matrimonio, incluyendo el tuyo; sea que te encuentres en paz y seas feliz, o estés luchando por sobrevivir. Este libro se escribió para ser un impulso de ánimo. Mi meta es estar a tu lado y ayudarte a hacer más profundo el gozo y a que experimentes las posibilidades que tu matrimonio ofrece, sin importar en qué estado se encuentre en este momento.

Puedes leer este libro para tu crecimiento y tu enriquecimiento personal, o puedes utilizarlo en un grupo de estudio con las mujeres de tu iglesia o de tu comunidad. Los Puntos de Poder al final de cada capítulo ofrecen pasajes qué leer con preguntas para meditar y actividades para ayudarte a poner efectivamente en práctica los principios del capítulo. ¡No te brinques los Puntos de Poder! Leer un libro es beneficioso; pero aplicar su contenido a nuestra vida es lo que hace que la información sea valiosa no solo para nosotras, sino también para las personas a nuestro alrededor.

Quizá estés pensando: *Pero no me conoces. Soy una persona bastante negativa. No hay forma en que pueda convertirme en una esposa positiva.* La pregunta es, ¿puede cualquier mujer (y quiero decir *cualquier mujer*) ser una esposa positiva? ¡Sí! ¿Cómo lo sé? Porque para con Dios, todas las cosas son posibles. Dios es un Dios de esperanza y poder. Él está trabajando en nuestra vida, y nos ha dado su Espíritu para ayudarnos a vivir los principios de su Palabra. El libro de Romanos le ofrece una palabra de ánimo a cada creyente, especialmente a cada esposa: "Y el

Dios de esperanza os llene de todo gozo y paz en el creer, para que abundéis en esperanza por el poder del Espíritu Santo" (Romanos 15:13).

Es verdad. Una esposa positiva decide poner su esperanza en Dios. No busca que su marido o las circunstancias la llenen de gozo y contentamiento; ella busca a su Padre celestial. Es el poder de Dios lo que le permite ser una esposa amorosa, comprometida, alentadora y respetuosa. Es su obra lo que la hace ser bella de dentro hacia afuera, lo que la ayuda a vivir con responsabilidad y desarrolla un espíritu piadoso dentro de ella.

Dios puede tomarnos a cada una de nosotras donde estamos en este momento (en el revoltijo en el que estemos) y moldearnos y afinarnos para ser complementos maravillosos y coronas brillantes para nuestro marido. ¡Créelo! Él puede hacer de nosotras esposas positivas que influyan en su hogar a través del tono positivo que establezcamos. Nuestras palabras, nuestras actitudes y nuestras acciones pueden tener un impacto poderoso para bien en nuestro matrimonio y nuestra familia.

¿Tengo yo un matrimonio perfecto? Déjame aclararte las cosas: mi matrimonio es fuerte, pero no carece de dificultades ni de una buena porción de desacuerdos. La verdad es que nadie tiene una situación perfecta en casa. ¿Cómo lo sé? Porque no hay personas perfectas. Todos tienen sus defectos, sus debilidades y sus fallas. Eso nos incluye a mi marido y a mí; a tu marido y a ti. Siempre que dos personas pecadoras se juntan en matrimonio, experimentan desafíos en el camino. La pregunta es: ¿cómo vamos a manejar esos desafíos? ¿Vamos a aprender a responder de una forma positiva y sanadora o utilizaremos nuestras palabras y nuestras acciones de una forma negativa?

El objetivo principal de este libro no es mejorar tu matrimonio, aunque es bastante probable que ese sea el resultado. El propósito principal es ayudarte a convertirte en una influencia positiva en tu matrimonio (sin importar como sea tu marido). Está diseñado para hacer que tus esfuerzos para ser la mujer y la esposa que Dios ha planeado que seas fructifiquen. Considéralo un complejo vitamínico para nutrir tu crecimiento espiritual, físico, mental y emocional. Dentro de estas páginas encontrarás el ánimo para ayudarte a crecer en tu compromiso y amor por tu marido. Vas a encontrar sugerencias útiles en el arte de discutir y el don de perdonar. Vas a encontrar consejos prácticos sobre cómo respetar y honrar a tu marido con tus palabras y acciones, así como recomendaciones fabulosas para incrementar la atracción física entre ustedes. Y buenas ideas para salir juntos, formas maravillosas para hacer lucir tu

*Cuando los cónyuges se sacrifican en el matrimonio, no se están sacrificando el uno al otro, sino a la unidad de la relación.* —Joseph Campbell

hogar y asesoría sobre cómo manejar las responsabilidades financieras. Todo esto forma parte del portafolio de la esposa positiva.

Sea que recibas las ideas de este libro en dosis pequeñas o que te las tomes todas de un trago, creo que vas a encontrar que *El poder de una esposa positiva* te va a proveer principios prácticos para una vida positiva que no podrán evitar fortalecer tu relación con tu esposo. El escritor Clark Warren dijo: "Los buenos matrimonios pocas veces se dan de forma natural. Son virtualmente el resultado de una fuerte motivación, una instrucción cuidadosa y una práctica sin fin".[1] Mi esperanza es que a medida que leas este libro, seas impulsada por la fuerte motivación y la instrucción cuidadosa provista en cada capítulo.

¡La práctica sin fin depende de ti!

# El impacto de una esposa positiva

*Mujer virtuosa, ¿quién la hallará? Porque su estima sobrepasa largamente a la de las piedras preciosas.*

—Proverbios 31:10

*Dijo entonces Adán: Esto es ahora hueso de mis huesos y carne de mi carne; ésta será llamada Varona, porque del varón fue tomada. Por tanto, dejará el hombre a su padre y a su madre, y se unirá a su mujer, y serán una sola carne.*

—Génesis 2:23-24

# Esposa-logía
## El estudio de cómo ser una esposa estupenda

*¡El matrimonio es la mejor institución jamás inventada! Puede ser buena, o excelente, pero nunca ordinaria.*

—Neil Clark Warren

Esta es una pequeña prueba de vocabulario. ¿Sabes qué estudian las siguientes "—ologías"?

- Rinología
- Espeleología
- Vexilología
- Campanología
- Ovología

Quizá te sorprenda saber, así como me sorprendió a mí, que la rinología no es el estudio de los rinocerontes, sino más bien el estudio de la nariz. Y mientras que se podría pensar que espeleología tiene algo que ver con los espejos, en realidad es el estudio de las cuevas. Vexilología no es el estudio de las vecinas irritantes; sino el estudio de las banderas ("vexillum" es la palabra latina para bandera). Campanología no tiene nada que ver con nuestra garganta, sino con el sonido que emiten las campanas (¿existirán los campanólogos?). Y por supuesto, la ovología es el estudio de las ovaciones que da el público en el circo. ¡Es broma! En realidad es el estudio de los huevos de las aves.[1]

# El impacto de una esposa positiva

Para efectos del libro, he inventado una nueva "—ología". La *esposa-logía* es el estudio de como ser una esposa estupenda. No solo una esposa mediocre o una que simplemente sobrevive a su matrimonio, sino una esposa maravillosa. No vas a encontrar un curso oficial de esposa-logía en los temarios de las escuelas superiores; sin embargo, es uno de los estudios más importantes que una esposa puede seguir.

Si pudieras escoger el ingrediente principal que hace que una mujer sea una esposa estupenda, ¿cuál sería? ¿Una esposa estupenda es la que está concentrada por completo en las necesidades de su marido? ¿Acaso cada uno de sus momentos concientes está motivado por la pregunta básica "¿qué puedo hacer para que el mundo de mi esposo sea un mejor lugar"? Es verdad que a la mayoría de los esposos les encantaría este tipo de atención; pero siendo honestas, ese no es el ingrediente principal para tener éxito como esposas. ¿Será ser una gran compañera sexual, una mujer ahorradora o una buena administradora del hogar? Esas son cualidades lindas, pero una vez más no son lo más importante.

Quizá esto te impacte, pero el único principio fundamental para ser una gran esposa no tiene nada qué ver con el marido. ¿Te sorprende? Es la verdad. Quizá con toda naturalidad pienses que la esposa-logía trata de tener feliz y satisfecho al marido, pero ese es simplemente uno de tantos resultados benéficos que obtiene una mujer que practica la esposa-logía.

Entonces, ¿estás lista? Aquí va: El ingrediente más importante en la receta de una esposa estupenda es estar centrada en Dios (no en el marido). Primero que nada y sobre todas las cosas, una esposa estupenda es una mujer piadosa. No necesariamente es una persona que pasa toda la semana en la iglesia, que asiste a grupos de estudio bíblico o incluso que dirige reuniones de oración. Todas esas son cualidades deseables, pero una mujer piadosa tiene la característica distintiva de tener una profunda y vibrante relación con Dios. Es una mujer que ama al Señor su Dios con todo su corazón, su mente, su alma y sus fuerzas.

¿Por qué una mujer piadosa es una esposa estupenda? Examinemos las bendiciones que fluyen de su vida.

Una esposa piadosa perdona, sirve y anima a su marido como un reflejo natural de su amor y su devoción a su Padre celestial. No es exigente, controladora o impositiva porque camina en la gracia de Dios y le otorga gracia con liberalidad a su marido y a los demás. Refleja las cualidades positivas del fruto del Espíritu: amor, gozo, paz, paciencia, benignidad, bondad, fe, mansedumbre y templanza.

Su caminar con Dios le permite mantener el equilibrio en otros aspectos de su vida. No centra su atención en las pequeñeces, sino que se enfoca en lo que tiene valor eterno. No vive en la carrera de las apariencias, tratando de agradar a su marido con el fin de ganar su aprobación. Porque busca a Dios y no a su marido como su fuente de aceptación y valor. Una esposa centrada en Dios disfruta su relación con su marido, entendiendo que tanto la esposa como el marido son regalos de Dios que se complementan. Ella encuentra su gozo, su paz y su fuerza interna de la única fuente verdadera: Dios mismo.

Quizá estés pensando: *¡Por favor, nadie es perfecta!* Es verdad. Nadie es perfecta; pero eso es lo más increíble acerca del poder redentor de Dios. Dios está en el negocio de tomar criaturas débiles, ordinarias y pecaminosas para redimirlas y convertirlas en preciosas nuevas creaciones. Su poder y su obra en nuestra vida nos hace mejores de lo que nunca hubiéramos soñado ser por nosotras mismas.

## Un hermoso comienzo

Comencemos nuestro estudio de la esposa-logía con un recuento histórico. En los dos primeros capítulos del libro de Génesis leemos que todas las cosas fueron creadas por Dios, y que fueron declaradas buenas. Todas excepto esta: No era bueno que el hombre estuviera solo. Uno podría pensar que si Dios y el hombre vivían en comunión y en armonía en la maravilla del recién creado Huerto de Edén, sería maravilloso. Pero no, no era bueno. Dios sabía que el hombre necesitaba ayuda: un complemento a sus características masculinas. Así que diseñó y moldeó a una mujer como ese complemento perfecto.

En su plan omnisciente, Dios creó al hombre y a la mujer como contrapartes perfectas. Sí, tenían similitudes, pero también tenían diferencias únicas. Dios puso ciertas cualidades y rasgos distintos en el hombre y ciertas cualidades y rasgos distintos en la mujer. Juntos estaban diseñados a operar como una sola carne; debían de bendecirse entre sí. Su propósito era alentar los puntos fuertes del otro y equilibrar sus debilidades. Debían de tomar una posición sacrificada y amorosa en la vida del otro.

Ese plan nunca ha cambiado. Tú y yo fuimos diseñadas por Dios para bendecir, complementar y servir a nuestro cónyuge amorosa e incondicionalmente. ¿Cómo lo sabemos? Pablo nos ofrece una poderosa guía en Filipenses 2:3-5: "Nada hagáis por contienda o por vanagloria; antes bien con humildad, estimando cada uno a los demás como superiores a él mismo; no mirando cada uno por lo suyo propio, sino cada cual también por lo de los otros. Haya, pues, en vosotros este sentir que hubo también en Cristo Jesús". Estas palabras profundas pueden (y deben) aplicarse a nuestro matrimonio tanto como se aplican a el resto de nuestras relaciones. Nuestro objetivo como cristianas es seguir el ejemplo de Cristo y cuidar de los intereses de los demás, especialmente de los de nuestro cónyuge.

En su libro *Fe auténtica*, Gary Thomas alienta a los creyentes a creer más allá de sí mismos. Dice:

> Para experimentar el gozo, la pasión y la plenitud, necesitamos adoptar una *mentalidad* y una *motivación* completamente nuevas. Somos invitados a unirnos a nuestro Señor con el fin de vivir para la gloria del Padre en lugar de para nuestra propia reputación, somos llamados a consagrarnos a la salvación y santificación de la novia de Cristo, la Iglesia, más que a ser consumidos por nuestra propia conveniencia. Esta abnegación santa es la marca más genuina de la verdadera fe, la evidencia de la misericordiosa gracia de Dios en nuestra vida.

Como "esposálogas" necesitamos aplicar las palabras de Thomas a nuestro matrimonio. Ser una esposa estupenda requiere que nos salgamos de nosotras mismas y nos consagremos a Dios, y vivamos su amor por nuestro marido de manera incondicional.

## El instructivo de la "esposáloga"

Cuando pienso en las instrucciones para vivir una vida positiva, centrada en Dios, me viene a la mente Romanos 12. En este capítulo profundo, Pablo les enseñó a los primeros cristianos cómo relacionarse con los hombres y con Dios; ¡en solo veintiún versículos! Vamos a considerar Romanos 12, no solo desde nuestra perspectiva como cristianas, sino más específicamente desde nuestra posición como esposas. Pablo comienza hablando de nuestra relación con Dios.

> Así que, hermanos, os ruego por las misericordias de Dios, que presentéis vuestros cuerpos en sacrificio vivo, santo, agradable a Dios, que es vuestro culto racional. No os conforméis a este siglo, sino transformaos por medio de la renovación de vuestro entendimiento, para que comprobéis cuál sea la buena voluntad de Dios, agradable y perfecta. —Romanos 12:1-2

Qué maravilloso es pensar que la voluntad de Dios para nosotras es buena, agradable y perfecta. ¡Qué increíble es nuestro Padre celestial!

Como Dios entregó a su único hijo en la cruz para morir a nuestro favor, podemos entregarnos voluntariamente como un sacrificio vivo a él. Pablo nos anima a que hagamos justo eso a través de cambiar nuestra forma de pensar; al ya no pensar en la manera en que el mundo piensa (el síndrome de "¿y yo que saco con eso?"), sino más bien, que permitamos que Dios transforme nuestra mente y cambie nuestro punto de vista por uno con más eternidad. Continúa:

> Digo, pues, por la gracia que me es dada, a cada cual que está entre vosotros, que no tenga más alto concepto de sí que el que debe tener, sino que piense de sí con cordura, conforme a la medida de fe que Dios repartió a cada uno. Porque de la manera que en un cuerpo tenemos muchos miembros, pero no todos los miembros tienen la misma función, así nosotros, siendo muchos, somos un cuerpo en Cristo, y todos miembros los unos de los otros. — Romanos 12:3-5

Aquí Pablo nos dice que no tengamos un concepto más alto de nosotras mismas que el que debemos tener. En el mundo de hoy es tan fácil dejar que una pequeña voz dentro de nuestra cabeza nos diga lo mucho que nos merecemos. Siendo honesta, ¿qué tan seguido piensas en términos de *pero es que me lo merezco...* o *tengo derecho de...*? No me mal entiendas. No estoy diciendo que debemos de denigrarnos o de menospreciar nuestro llamado en la vida. Pero Pablo dice, que debemos de tener un concepto honesto de nosotras mismas basado en nuestra fe.

Lo maravilloso es que al poner nuestra fe en Cristo, tenemos gran valor. Nuestro valor está basado en el hecho de que nos volvemos parte de la familia de Dios cuando confiamos en él. Somos realeza; ¡hijas del Rey! El apóstol Juan lo dice de esta manera: "Mas a todos los que le recibieron, a los que creen en su nombre, les dio potestad de ser hechos hijos de Dios; los cuales no son engendrados de sangre, ni de voluntad de carne, ni de voluntad de varón, sino de Dios" (Juan 1:12-13).

¿Has tomado el paso de poner tu fe en Cristo? El plan de salvación de Dios es sencillo. Nuestro maravilloso, amoroso y perfecto Padre celestial ha provisto una manera para que la humanidad sea perdonada de pecado y tener la promesa de vida eterna. De una manera sacrificada dio a su único Hijo, Jesús, para morir por nosotras en la cruz. Cualquiera que crea en Jesús no se perderá, sino que tendrá vida eterna (leer Juan 3:16). ¡Es tan sencillo como creer! Quizá quieras dejar de leer y tomar un momento para hablar con Dios y poner tu fe y tu confianza en su Hijo Jesús. Hazlo, te espero.

*Un matrimonio feliz es un pedacito del cielo en la tierra.* —Heine

Como creyentes, nuestro valor no proviene de lo bien que hagamos todo. No proviene de las cosas importantes que logremos o de los premios que recibamos. Pablo dice que nuestro valor está puesto en nuestra fe. Se basa en que reconozcamos que los dones y talentos que tenemos son de Dios y que sin Él no somos nada. Nunca debemos volvernos soberbias con respecto a nuestros dones y puntos fuertes, sino más bien debemos usarlos como parte del Cuerpo de Cristo para ayudar y animar a otros.

Por supuesto, cuando Pablo habla de "un cuerpo en Cristo", está hablando de los cristianos en general. Aun así no puedo evitar recordar Génesis 2:24: "Por tanto, dejará el hombre a su padre y a su madre, y se unirá a su mujer, y serán una sola carne". En el matrimonio, como en el Cuerpo de Cristo, estamos llamadas a traer nuestros dones y talentos para operar como uno solo.

> De manera que, teniendo diferentes dones, según la gracia que nos es dada, si el de profecía, úsese conforme a la medida de la fe; o si de servicio, en servir; o el que enseña, en la enseñanza; el que exhorta, en la exhortación; el que reparte, con liberalidad; el que preside, con solicitud; el que hace misericordia, con alegría.
> —Romanos 12:6-8

A menudo, cuando consideramos el matrimonio, nos preocupamos de perder nuestra autonomía y nuestra individualidad. Pero "ser uno" no significa perder lo que somos como individuos; más bien, significa que *utilicemos* quiénes somos como individuos para fortalecer el matrimonio. El matrimonio se trata de que dos individuos únicos funcionen juntos como uno solo. El esposo y la esposa son como dos tramos de soga, entrelazados para mayor fuerza y mejor servicio útil. Como dijo Salomón: "Mejores son dos que uno; porque tienen mejor paga de su trabajo" (Eclesiastés 4:9).

¿Quién eres? ¿En qué eres única? ¿Qué talentos y dones posees? ¿Cómo es que tus puntos fuertes complementan a tu esposo? ¿Cómo es que los puntos fuertes de tu esposo equilibran tus debilidades? Dios usa todo lo que somos: nuestros puntos fuertes; nuestras debilidades; nuestros dones, talentos y habilidades; para hacer de nuestro matrimonio todo lo que Él planeó que fuera.

En Proverbios 31 encontramos la descripción de una esposa noble y piadosa. Toma un momento para abrir tu Biblia y leer ese capítulo. Aquí vemos el retrato de una mujer positiva que enriquece su matrimonio con su identidad única. No se disuelve en el matrimonio y se vuelve invisible. Todo lo contrario, Dios usa sus dones para hacerla una corona para su marido y una bendición para su familia. ¡Qué cada una de nosotras utilice sus talentos para el bien de otros en nuestro matrimonio, en nuestro hogar, con nuestros hijos y dentro de la iglesia!

## El amor no es para debiluchas

En los siguientes versículos de Romanos 12, Pablo profundiza en el amor que debemos tener en nuestras relaciones con los demás. Déjame advertirte: este pasaje no es para debiluchas. Pablo está hablando aquí acerca de mostrar verdadero amor y eso no es fácil. No está hablando acerca del amor "lindo y cursi", como el que sentimos en la adolescencia o de esos primeros aleteos que sentimos en el estómago por un novio. Él está hablando acerca del amor consagrado. Amor que requiere un compromiso con los demás. Sería maravilloso ver este tipo de amor en práctica en nuestras iglesias hoy. Si nuestra meta es ser esposas estupendas, es esencial que nos aseguremos que este tipo de amor se practique en nuestro matrimonio. A medida que leamos los siguientes versículos, tomemos el desafío de Pablo. Como cristianas nuestra responsabilidad es amar. Lo extraño es que Pablo nunca menciona que nuestro amor depende de si la otra persona nos trata primero con amor.

El amor sea sin fingimiento. Aborreced lo malo, seguid lo bueno. Amaos los unos a los otros con amor fraternal; en cuanto a honra, prefiriéndoos los unos a los otros. En lo que requiere diligencia, no perezosos; fervientes en espíritu, sirviendo al Señor; gozosos en la esperanza; sufridos en la tribulación; constantes en la oración.(...) Gozaos con los que se gozan; llorad con los que lloran. Unánimes entre vosotros; no altivos, sino asociándoos con los humildes. No seáis sabios en vuestra propia opinión.
—Romanos 12:9-12,15-16

Mostrar amor verdadero significa ayudar a otros a que lleguen a ser mejores personas. No miremos a nuestro marido para horrorizarnos de sus debilidades. Más bien, con ojos de amor, miremos más allá de las fallas de nuestro marido (reconociendo que nosotras mismas tenemos algunos defectos también) y disfrutemos el hecho de que Dios nos ha colocado juntos como complementos armónicos. Sé paciente con tu esposo y con las dificultades que son inevitables en el matrimonio. Busca estar en la misma página con tu cónyuge de forma que cuando él esté feliz, tú te alegres con él. Cuando esté triste busca comprender por qué está triste.

No paguéis a nadie mal por mal; procurad lo bueno delante de todos los hombres. Si es posible, en cuanto dependa de vosotros, estad en paz con todos los hombres. No os venguéis vosotros mismos, amados míos, sino dejad lugar a la ira de Dios; porque escrito está: Mía es la venganza, yo pagaré, dice el Señor. Así que, si tu enemigo tuviere hambre, dale de comer; si tuviere sed, dale de beber; pues haciendo esto, ascuas de fuego amontonarás sobre su cabeza. No seas vencido de lo malo, sino vence con el bien el mal.
—Romanos 12:17-21

Aclaremos algo: este pasaje no se refiere a las relaciones en las que existe maltrato o violencia. Hay momentos en los que la esposa necesita levantarse, alejarse y protegerse a sí misma y a sus hijos de ser lastimados. Pablo no está hablando de ninguna relación de maltrato o de violencia. Más bien, nos está dando principios generales por los cuales vivir con respecto a todas nuestras relaciones. Estas son instrucciones medulares para la vida cristiana que deben de estar presentes en nuestro papel como esposas y como cristianas. Amar a otros como Cristo nos amó significa estar dispuesta a perdonar y a extender gracia, incluso a aquellos que parecen no merecerlo. Por supuesto, nuestra tendencia natural es querer pagar mal por mal. Pero Pablo nos está diciendo que la venganza no es nuestra responsabilidad, sino de Dios.

Como esposas, una de nuestras maneras favoritas de vengarnos de nuestro marido es guardar resentimiento. Le imponemos la ley del hielo, hacemos un berrinche o incluso nos negamos a tener sexo, pensando: ¡Eso le enseñará lo herida que estoy! ¡Pero eso es exactamente lo que Pablo nos dice que no hagamos! ¿Qué derecho tenemos de tenerle resentimiento a alguien cuando nosotras mismas somos recipientes de la gracia de Dios?

Si alguien tuvo alguna vez razón para vengarse fue Pablo. Fue golpeado, apedreado y encarcelado solo por declarar el Evangelio de Jesús. Él pudo haber dicho: "¡No es justo!". Pudo haberse enfadado y haber buscado venganza, pero en lugar de eso decidió perdonar y seguir adelante. Y probablemente fue más feliz por ello.

Tú y yo necesitamos practicar el profundo principio del perdón y dejar de lado las heridas pasadas, no solo por el bien de los demás, sino por el nuestro. Después de todo, ¿en qué nos ayudan las actitudes de enojo, amargura y revancha? ¿Tienen un efecto positivo en nuestra relación o un efecto negativo?

Por supuesto, decidir no vengarnos no significa que nos convirtamos en tapetes. ¡De ninguna manera! La práctica de los principios de Romanos 12 en realidad es una señal de fortaleza. Se requiere fuerza de carácter para perdonar y no guardar resentimiento. Se requiere fuerza para no degradarnos y pagar mal por mal o jugar juegos tontos, sino vivir de manera honorable haciendo nuestra parte para preservar la paz. Esta es una manera sabia de manejar el conflicto, como lo veremos en el capítulo 6. También hay ocasiones en que es necesario defender un punto de vista moral. Pero debemos entregarle al Señor el deseo de "cobrársela" a los demás; incluyendo a nuestro marido.

El perdón es el elemento clave en cualquier relación, pero es especialmente importante en la relación matrimonial. Vamos a profundizar más en los detalles del perdón en el capítulo 4.

## La belleza de nuestras diferencias

¿No sería más fácil el matrimonio si el esposo y la esposa fueran exactamente iguales? ¿Si opináramos igual en cada tema? ¿Si pensáramos igual en cada decisión? ¡No discutiríamos por nada! Pero si no existieran las contradicciones entre nosotros, las negociaciones, los desacuerdos, las segundas opiniones, entonces me atrevo a decir que nos encontraríamos cometiendo errores cada vez más grandes con mayor velocidad en nuestra vida. Lo extraño es que la tensión puede ser buena. La resistencia es lo que desarrolla los músculos. Nos necesitamos para fortalecernos tanto como necesitamos de la fricción causada por nuestras diferencias.

Reflexiona por un momento en todos los artículos complementarios que usamos cada día: tuercas y tornillos, taza y plato, clavos y martillo, hilo y aguja, cuchillo y tenedor, agua y jabón: cada par representa dos objetos individuales y separados que trabajan juntos para ayudar y completar al otro. Necesitamos ver nuestro matrimonio desde una perspectiva similar: como dos individuos trabajando juntos por un bien mayor, y no trabajando uno contra otro solo porque tengamos diferencias. Sinclair Ferguson dijo: "El matrimonio, y el proceso de llegar a él, ¡no es el cielo! Es la unión de dos pecadores necesitados con el fin de tener un compañerismo que es sustancialmente mayor que cualquiera de ellos solos".[3]

## La poderosa influencia de una esposa

Las esposas fueron creadas por Dios para un propósito y un plan importantes. El relato del Génesis aclara que la creación no terminó hasta que apareció la esposa. Eso quiere decir que tú y yo tenemos un lugar poderoso e importante en este mundo. Como esposas, tenemos una influencia asombrosa, y con ella viene una responsabilidad increíble. Con nuestra influencia tenemos el poder de convertirnos en una corona para nuestro marido o en un aguijón en su costado. Proverbios 12:4 dice: "La mujer virtuosa es corona de su marido; mas la mala, como carcoma en sus huesos". En otras palabras, podemos escoger ser dadoras de gozo o aguafiestas. Podemos ser positivas o negativas, una bendición o una maldición. Podemos edificar a nuestro marido para llegar a ser rey, o lo podemos desgastar con amargura, quejas y enojo. Nosotras establecemos el tono para nuestro hogar. Proverbios 19:13-14 dice que: "Dolor es para su padre el hijo necio, y gotera continua las contiendas de la mujer. La casa y las riquezas son herencia de los padres; mas de Jehová la mujer prudente".

Se cuenta la historia de una jovencita que estaba asistiendo a una boda por primera vez. Se inclinó hacia su madre y le preguntó:

—¿Por qué la novia se viste de blanco?

—Porque el blanco representa la felicidad y hoy es el día más feliz de su vida –le explicó su madre.

—¿Entonces por qué el novio se viste de negro? –preguntó la niña.[4]

Asegurémonos de que nuestros maridos puedan recordar su boda como el día más feliz de su vida. Lo puede ser si tú y yo reconocemos que nuestro papel como esposas es ser un regalo de Dios para nuestro cónyuge: una corona, una bendición y un premio para complementarlo y llenarlo.

## La imagen máxima

Quiero cerrar con el retrato más hermoso de un matrimonio que jamás se haya pintado. Tiemblo y se me pone la carne de gallina cuando pienso en la asombrosa ilustración que Dios nos da en su Palabra. Él asemeja la relación especial entre el esposo y la esposa a la amorosa relación que tiene Cristo con su novia, la Iglesia. Pablo explica la analogía en Efesios 5:31-33: "Por esto dejará el hombre a su padre y a su madre, y se unirá a su mujer, y los dos serán una sola carne. Grande es este misterio; mas yo digo esto respecto de Cristo y de la iglesia. Por lo demás, cada uno de vosotros ame también a su mujer como a sí mismo; y la mujer respete a su marido".

El matrimonio fue diseñado por Dios, no es un invento humano. Y puede y debe ser un hermoso reflejo de Cristo y la Iglesia. La verdad es que tú has sido creada y diseñada para ser la amorosa contraparte de tu marido; para completar un retrato eterno cuyo objetivo es darle alabanza y gloria a Dios. Disfruta la responsabilidad. Aquilata tu papel. ¡Decide hoy ser una esposa positiva!

# Punto de Poder

⚙ **Lee:** Efesios 3:14-19; Filipenses 3:12-21. En esta oración por los primeros cristianos en Efesios 3, Pablo nos recuerda el amor de Dios y su fuerza operando en nuestra vida. ¿De qué manera la oración de Pablo te es útil personalmente como esposa? Pablo habla acerca de su alto llamado en Filipenses 3:14. ¿Cómo describirías tu alto llamado? ¿Dónde se encuentra tu verdadera ciudadanía y cómo afecta eso tu enfoque en la vida?

♥ **Ora:** Maravilloso Creador, gracias por la bendición maravillosa de ser esposa. Gracias por mi esposo. Gracias por los puntos fuertes y las debilidades que ambos traemos a nuestro matrimonio. Ayúdanos a complementarnos, bendecirnos y servirnos. Ayúdame a ser una corona y un gozo para mi marido, y guárdame de ser un detrimento para él. Sobre todo, mantén mi mente y mi corazón enfocados en ti. Quiero vivir en la luz de tu amor y dejar que rebose hacia los que están a mi alrededor, especialmente hacia mi marido. En el nombre de Jesús, amén.

💡 **Recuerda:** "Por tanto, dejará el hombre a su padre y a su madre, y se unirá a su mujer, y serán una sola carne" (Génesis 2:24).

☺ **Practica:** Divide una hoja de papel a la mitad. En una mitad escribe tu nombre y en la otra el nombre de tu esposo. En tu mitad haz una lista con algunos de tus puntos fuertes y de tus debilidades. Del otro lado, en la mitad de tu marido, haz una lista con los puntos fuertes y debilidades que complementan o equilibran los tuyos. Observa como Dios los ha hecho corresponder bien entre sí.

# ¡No se trata de ti!
## Se trata de del poder de Dios actuando a través de ti.

*No podría estar sin ti, no puedo resistir solo,*
*No tengo fuerza o bondad, ni sabiduría propias;*
*¡Pero Tú, amado Salvador, eres todo en mí!*
*Y en aquellos que en ti se apoyan hay perfecta fortaleza*
*en la debilidad.*

—F. R. Havergal

El otro día mi amiga Rachel trajo a su hija, Lane, para visitar a mi hija. Al entrar Lane a la casa exclamó: "¡Qué rico se siente aquí adentro!". No entendí su expresión hasta que su madre entró detrás de ella, agotada y empapada en sudor.

"Algo anda mal con los cinturones de seguridad de nuestro coche", explicó Rachel, "y tuvimos que venir hasta acá sin dirección hidráulica y sin aire acondicionado".

¡Imagínate conducir sin dirección hidráulica y sin aire acondicionado en el calor del verano de Texas! Y si alguna vez se ha descompuesto la dirección hidráulica de tu coche sabes lo difícil que es tratar de dar una vuelta con tus propias fuerzas. Requiere cada pedacito de energía, fuerza y poder muscular que puedas desarrollar. Hay una marcada diferencia entre la dirección hidráulica y la carencia de ella.

Nadie escogería manejar un automóvil que no tuviera dirección hidráulica. Sin embargo, ¿no es gracioso como muchas veces tratamos de maniobrar y conducir por el camino de nuestra vida en nuestras propias fuerzas y en nuestro poder? Tendemos a querer depender de nosotras mismas en lugar de depender del poder de Dios en nuestra vida. La ilustración que me viene a la mente es la de Pedro y Vilma Picapiedra pedaleando por Piedradura en su coche prehistórico de tracción animal. Es solo cuando operamos en el plano de la dirección divina y en su fuerza que podemos disfrutar los beneficios de un paseo motorizado.

No estoy diciendo que debamos de relajarnos y no asumir ninguna responsabilidad por hacia dónde vamos o cómo llegar allí. Como esposas positivas debemos de escoger vivir una vida piadosa, pero las buenas noticias son que no tenemos que tratar de vivir en nuestro propio poder. La belleza del caminar cristiano es que tenemos el poder glorioso de Dios trabajando en nosotras y a través de nosotras. El apóstol Pablo lo dice así en su carta a los cristianos de Filipos: "Por tanto, amados míos, como siempre habéis obedecido, no como en mi presencia solamente, sino mucho más ahora en mi ausencia, ocupaos en vuestra salvación con temor y temblor, porque Dios es el que en vosotros produce así el querer como el hacer, por su buena voluntad" (Filipenses 2:12-13). Es nuestra decisión obedecer; es la obra de Dios cumplir su propósito dentro de nosotras.

## Su gran poder en nosotras

Trevor Baskerville cuenta la historia de su visita a una gran planta hidroeléctrica. El guía lo llevó a una presa de más de un kilómetro y medio de largo, y los dos se quedaron allí mirando la abundante cantidad de agua que se derramaba por el borde.

—¿Qué porcentaje del agua de este río en realidad transforman en electricidad, y cuánto se derrama sobre la presa y se pierde? –le preguntó Trevor al guía, quien sacudió su cabeza y respondió:

—No utilizamos ni siquiera una centésima parte.

Sorprendido, Trevor pensó *¿qué tanto del poder de Dios lo transformo en algo útil, y cuánto se queda sin usar y se pierde?*[1]

¡Y pensar en el poder que tenemos a nuestra disposición!; y, sin embargo, ¡cuán pocas veces lo tomamos en cuenta y mucho menos lo usamos! Pablo anhelaba profundamente que los primeros cristianos pudieran ver el gran poder de Dios actuando en su vida. En Efesios 1:18-20 leemos: "Alumbrando los ojos de vuestro entendimiento, para que sepáis cuál es la esperanza a que él os ha llamado, y cuáles las riquezas de la gloria de su herencia en los santos, y cuál la supereminente grandeza de su poder para con nosotros los que creemos, según la operación del poder de su fuerza, la cual operó en Cristo, resucitándole de los muertos y sentándole a su diestra en los lugares celestiales". ¡Qué increíble! ¿Leí bien? ¡El mismo poder de resurrección que levantó a

Cristo de los muertos está operando en nosotras! ¡Piensa en la magnitud de su poder de resurrección!

Más tarde en su carta a los Efesios, Pablo continúa: "Y a Aquel que es poderoso para hacer todas las cosas mucho más abundantemente de lo que pedimos o entendemos, según el poder que actúa en nosotros, a él sea gloria en la iglesia en Cristo Jesús por todas las edades, por los siglos de los siglos. Amén" (Efesios 3:20-21). ¿Para qué necesito el poder y la fuerza de Dios? ¿Para tener paciencia? ¿Entendimiento? Quizá para tener una lengua amable. ¿Necesitas ayuda para vencer la amargura y la ira? ¿Tienes problemas para perdonar? ¿O se te dificulta animar a los demás?

Querida hermana, hay esperanza, porque el poder del Espíritu de Dios esta operando en nuestra vida. Él es capaz de hacer más de lo que pedimos o de lo que imaginamos. Dios nos ha dado la bendita oportunidad de orar y pedir su ayuda, su fuerza, su dirección y su poder. Santiago nos recuerda: "Codiciáis, y no tenéis; matáis y ardéis de envidia, y no podéis alcanzar; combatís y lucháis, pero no tenéis lo que deseáis, porque no pedís" (Santiago 4:2). El poder de Dios está disponible si lo pedimos. ¿Cuándo fue la última vez que buscaste a Dios y le pediste que obrara poderosamente en tu vida?

## Control remoto

Hace unos instantes tomé el control remoto y presioné el botón que dice "Poder" (Power) para encender el lector de discos compactos de mi sistema de sonido. Me encanta escuchar música clásica relajante mientras escribo. El control remoto es fácil de usar; sentarme en la comodidad de mi propio sillón y oprimir botones para crear el ambiente perfecto de trabajo. Tengo que admitirlo, disfruto el sentimiento de poder y control que proviene de tener el control remoto en mi mano. ¡Me enfrasco tanto en ello como mi marido frente al televisor!

Creo que la mayoría de nosotras estaría de acuerdo en que nos gusta el delicioso y tentador sentimiento de estar en control; y estoy hablando de controlar cosas mayores que mi sistema de sonido. ¿Qué es lo que las esposas quieren controlar? Para empezar, las circunstancias. Queremos que las personas y las cosas a nuestro alrededor estén saludables, felices y seguras. Luego, a nuestra familia. Muchas de nosotras queremos controlar a nuestro marido y a nuestros hijos: microadministrar cada palabra y cada acción. Detente por un momento y pregúntate a ti misma: ¿qué aspectos trato de controlar?

# El impacto de una esposa positiva

Tendemos a pensar que si todos y todo está bajo nuestro control, entonces la vida estará libre de preocupaciones o de dolor. ¿No es gracioso? ¿Cómo podemos siquiera comenzar a pensar que podemos controlar mejor las cosas que Dios? ¿Realmente creemos que somos más inteligentes que Él? ¿Por qué pensamos que podemos o deberíamos de poder prevenir que suceda cada problema?

Ciertamente, en la mayoría de las situaciones, hay un momento en el cual se debe de actuar. Darle el control de nuestra vida a Dios no significa que abandonamos nuestras responsabilidades. Simplemente significa que le dejamos la preocupación y los resultados a Dios.

La reina Ester se encontró en una situación que estaba fuera de su control. Una podría pensar que como reina, ella podría haber estado en control de casi todo en su vida. Pero ni siquiera ella podía controlar el futuro incierto de los judíos (y el propio, pues ella era uno de ellos) que estaban condenados a ser asesinados por decreto. Ester con gracia y sabiduría llevó a cabo su responsabilidad de ir delante del rey, pero no sin antes pedirle al pueblo de Israel que oraran y ayunaran delante de Dios a su favor y a favor de ellos mismos. Ester reconoció su responsabilidad, pero también dependió del poder de Dios. ¡Qué buen ejemplo para las esposas!

Vemos defectos y debilidades en nuestro marido y pensamos que nuestra responsabilidad es tomar el control y cambiar sus hábitos. Pero esa no es nuestra responsabilidad; es de Dios. Nosotras no tenemos el poder de cambiar el corazón de nuestro cónyuge ni de convencerlo de que cambie sus hábitos. Esa es responsabilidad de Dios, y nosotras podemos ir a Él en oración para pedirle a Dios su poder y liderazgo en la situación. ¿Cuál es nuestra responsabilidad? Nuestra primera responsabilidad es orar por nuestro marido, pidiéndole a Dios que haga su poderosa obra en él en formas que ni siquiera nos podemos imaginar. Quizá haya momentos en los que necesitemos sugerirle amorosamente a nuestro marido un cambio de curso o, como en el caso de Ester, hacer una petición sabia en contra de una decisión peligrosa; pero nuestra primera responsabilidad es dejar en manos de nuestro sabio y amoroso Padre celestial la necesidad de estar en control.

## Reconoce tus debilidades

El escritor y pensador cristiano clásico Françoise Fénelon (1651-1715) dijo: "¡Es sorprendente lo fuertes que nos volvemos cuando comenzamos a comprender lo debiluchos que somos!"[2] Por supuesto, "debilucho" no es una etiqueta popular en la mentalidad de superviviente del mundo actual. Se nos enseña a valorar la independencia y la fuerza desde una temprana edad. Aun así, la Biblia dice que ser un cristiano efectivo requiere reconocer que somos débiles y que Dios es fuerte. En un pasaje que suele ser llamado Las Bienaventuranzas, Jesús dice: "Bienaventurados [felices] los pobres en espíritu, porque de ellos es el reino de los cielos" (Mateo 5:3).

"Pobre en espíritu" significa ser dependiente por completo de Dios. Significa reconocer que estamos quebradas. Que somos impotentes, pero que Él es poderoso. Fénelon también dijo: "Felices aquellos que se entregan con la cabeza inclinada y los ojos cerrados en brazos del Padre de misericordias y Dios de toda consolación".[3]

¡Qué maravilloso es saber que nuestro amoroso y poderoso Dios quiere derramar su poder en nosotras que somos unas débiles vasijas de barro! Nuestra vida quizá no sea por completo como quisiéramos; nuestro cónyuge quizá no es perfecto; nuestras condiciones de vida quizá no sean todo lo que deseamos; quizá estemos dolorosamente decepcionadas con nuestra propia conducta. Sin embargo, a pesar de nuestras debilidades, todavía podemos buscar a nuestro Dios redentor para que haga brillar su luz a través de nosotras. Pablo le dio a la iglesia de Corinto estas palabras de aliento:

> Porque Dios, que mandó que de las tinieblas resplandeciese la luz, es el que resplandeció en nuestros corazones, para iluminación del conocimiento de la gloria de Dios en la faz de Jesucristo. Pero tenemos este tesoro en vasos de barro, para que la excelencia del poder sea de Dios, y no de nosotros, que estamos atribulados en todo, mas no angustiados; en apuros, mas no desesperados; perseguidos, mas no desamparados; derribados, pero no destruidos; llevando en el cuerpo siempre por todas partes la muerte de Jesús, para que también la vida de Jesús se manifieste en nuestros cuerpos.
> —2 Corintios 4:6-10

¿Cuál es tu mayor debilidad o desafío en tu matrimonio? Todos sabemos que el matrimonio no es un paseo por la Calle de la Facilidad; es más bien como un viaje por la sinuosa Avenida de los Defectos y Debilidades Humanas. Las relaciones son difíciles porque son la unión de dos seres humanos limitados e imperfectos. La pregunta no es: "¿Tienes desafíos?". Sino: "¿A quién acudes por ayuda, por poder y por fuerza para vencer los desafíos?". Como esposas positivas, necesitamos reconocer nuestras debilidades y buscar a Dios para obtener fuerzas. En nosotras mismas somos pobres; en Dios somos ricas. Como Pablo le dijo después a los corintios: "Por lo cual, por amor a Cristo me gozo en las debilidades, en afrentas, en necesidades, en persecuciones, en angustias; porque cuando soy débil, entonces soy fuerte" (2 Corintios 12:10).

## Pon en práctica el poder

Una cosa es hablar de cómo obra el poder de Dios en nuestra vida; y otra es aplicarlo verdaderamente. ¿Cómo pasamos de la idea etérea a la aplicación práctica? No podemos buscar mejor ejemplo que el de Jesús cuando se estaba preparando para salir de este mundo. Al hablar con sus discípulos, les dijo cómo poner en práctica las lecciones celestiales que habían aprendido de Él.

Después de la última cena, Jesús comenzó su recorrido hacia el Huerto de Getsemaní, En el camino se detuvo en un viñedo para dar una lección memorable. Podemos leer su discurso en Juan 15:1-5:

Yo soy la vid verdadera, y mi Padre es el labrador. Todo pámpano que en mí no lleva fruto, lo quitará; y todo aquel que lleva fruto, lo limpiará, para que lleve más fruto. Ya vosotros estáis limpios por la palabra que os he hablado. Permaneced en mí, y yo en vosotros. Como el pámpano no puede llevar fruto por sí mismo, si no permanece en la vid, así tampoco vosotros, si no permanecéis en mí. Yo soy la vid, vosotros los pámpanos; el que permanece en mí, y yo en él, éste lleva mucho fruto; porque separados de mí nada podéis hacer.

Podemos obtener un mensaje claro de las palabras de Jesús: Si tratamos de ser productivos y dar fruto por nuestra cuenta, no vamos a tener éxito; pero si permanecemos en Él y Él permanece en nosotras, seremos eficaces y fructíferas. Me surgen dos preguntas. Primero, ¿qué significa ser fructífera? Para encontrar la respuesta necesitamos buscar lo que la Biblia quiere decir con la palabra *fruto*. En la carta de Pablo a los Gálatas, habla acerca del poder de andar en el Espíritu. Dice que la presencia de Dios trabajando en nosotras produce el fruto del Espíritu, y este fruto es: "[...] amor, gozo, paz, paciencia, benignidad, bondad, fe, mansedumbre, templanza [...]" (Gálatas 5:22-23). Ahora bien, ¡esa es una hermosa lista de cualidades! Imagínate qué pasaría si todas las esposas exhibiéramos esas cualidades en nuestro hogar y en nuestro matrimonio. ¡Qué lindo!

¿El fruto del Espíritu representa cualidades humanas? En otras palabras: ¿solemos responder a las situaciones difíciles con paciencia y templanza? ¿Somos generalmente gozosas, benignas y buenas por

*Entonces respondió y me habló diciendo: Esta es palabra de Jehová a Zorobabel, que dice: No con fuerza, ni con ejército, sino con mi Espíritu, ha dicho Jehová de los ejércitos. —Zacarías 4:6*

naturaleza? ¿El amor y la fe fluyen de forma natural de nuestra personalidad básica? ¡No en nuestro propio poder! Quizá solo esté hablando por
mí misma, pero siento que tú también tienes dificultades con producir
este fruto en tus propias fuerzas. ¡Gracias a Dios llevar fruto es "un
asunto divino" y no "un asunto personal"! No tenemos que tratar de
producir fruto. El Espíritu Santo de Dios hace la obra en nosotras y a
través de nosotras.

Jesús dice que no podemos producir fruto por nosotras mismas; más
bien, la clave para ser fructíferas es "permanecer en Él". Lo que me lleva
a mi segunda pregunta: ¿Qué quiere decir permanecer en Él? Vamos a
ver lo que la Biblia amplificada dice en Juan 15:4: "Mora en mí y yo
moraré en ti. [Vive en mí y yo viviré en ti]. Así como una rama no puede
llevar fruto por sí misma sin permanecer en (estando vitalmente unida
a) la vid, así tampoco ustedes pueden llevar fruto a menos que perma-
nezcan en mí".

Morar, vivir y permanecer con alguien denota una fuerte relación
activa con esa persona. Permanecer en Cristo no se refiere a visitar a
Jesús de vez en cuando (como en días festivos u ocasionalmente en
algún domingo por la mañana). Más bien, indica una profunda cercanía
con Él que se vive momento a momento a lo largo de cada día. Cuando
permanecemos, moramos y vivimos en Cristo, experimentamos el gozo
diario de una relación vibrante, poderosa y dadora de vida.

El hermano Lorenzo, un monje del siglo XVII que trabajaba en la
cocina de la Orden de los Carmelitas Descalzos en Paris, es una persona
que permanecía en Cristo cada momento de todos los días (él lo llamaba
"practicar la presencia de Dios"). Encontraba gran gozo en las tareas
ordinarias de su trabajo en la cocina, viéndose a sí mismo como "un
siervo de los siervos de Dios". No solo desarrolló una fuerte vida de
oración gracias al tiempo que apartaba para orar todos los días, sino que
también hablaba y caminaba con Dios durante todo el día. Teniendo en
mente que el hermano Lorenzo nunca recibió una educación formal, lea
sus obras de profunda iluminación como un testimonio de lo que Dios
puede hacer en la vida de un vaso dispuesto: "Con respecto a mis horas
asignadas de oración, son solo una continuación del mismo ejercicio.
Algunas veces me imagino a mí mismo como una piedra delante de un
escultor que va a labrar una estatua hermosa. Al presentarme delante de
Dios, le pido que moldee su imagen perfecta en mi alma y que me haga
completamente como Él".[4]

¡Si tuviéramos la misma pasión por Dios en nuestra vida diaria como
esposas! ¿Pero qué significa "practicar la presencia de Dios" todo el

día? Significa dirigir nuestro corazón y nuestra mente continuamente hacia Dios y su verdad. Sea que las circunstancias de nuestro día sean ordinarias y desagradables o gozosas y gloriosas, escogemos dirigir nuestra mirada hacia el cielo. Los desafíos y las dificultades toman un aire distinto cuando las vemos a la luz de la eternidad. El afilado cincel del escultor quizá sea justo lo que nos dé forma para ser una hermosa obra de arte.

Me viene a la memoria Colosenses 3:1-2: "Si, pues, habéis resucitado con Cristo, buscad las cosas de arriba, donde está Cristo sentado a la diestra de Dios. Poned la mira en las cosas de arriba, no en las de la tierra". Cuando ponemos nuestra mente en las "cosas de arriba", comenzamos a tener una perspectiva eterna. Estar esperando en la fila de la caja detrás de una persona molesta se vuelve una oportunidad para orar por alguien lastimado. Sentirnos frustradas con nuestro marido se convierte en la oportunidad de pedirle a Dios que obre en su vida y en la nuestra, moldeándonos en las personas que debemos ser para la gloria de Dios.

## Ella lo sabe

Edith Schaeffer fue una esposa positiva que vivió y sirvió a otros en el poder y la fuerza de Dios, aunque sus circunstancias eran menos que perfectas. Profundamente preocupados por el estado espiritual de las iglesias europeas y los pastores después de la Segunda Guerra Mundial, Edith y su esposo Francis, se volvieron misioneros en Europa. Se preguntaban qué impacto podría producir una simple familia en todo un continente de personas desanimadas y agotadas por la devastación de la guerra. Pero el deseo de su corazón era inspirar a los europeos a creer y desafiarlos a defender la verdad de la Palabra de Dios.

Los primeros años de los Schaeffer como misioneros no fueron fáciles. Edith y los niños vivían en un departamento pequeño y desvencijado, mientras que Francis viajaba por distintos lugares de Europa para enseñar y hablar. Hubo periodos en los que los Schaeffer vivieron como nómadas, viajando incansablemente a lo largo del continente para fundar estudios bíblicos y campamentos para niños y niñas. También escribieron un programa de estudio de la Biblia y enviaron su material por toda Europa.

Aunque estaban bastante ocupados, los Schaeffer siempre estaban abiertos a las oportunidades de compartir la verdad de Dios con la gente a su alrededor, fueran estudiantes, aldeanos o soldados. Su calidez y hospitalidad comenzaron a atraer más gente hacia ellos que les hacían preguntas acerca del cristianismo.

En 1955, los Schaeffer enfrentaron un gran desafío cuando fue necesario que dejaran su hogar en Suiza y que encontraran otro lugar dónde vivir. El momento no podría haber sido menos oportuno. A su hijo Franky le acababan de diagnosticar polio y estaba severamente paralizado, y su hija Susan tenía fiebre reumática. Ambos niños se recuperaron de sus enfermedades pero en ese punto la familia estaba en un aprieto terrible.

Contaban con muy poco tiempo para encontrar su siguiente hogar, sin mencionar los recursos limitados para pagarlo. Pero después de muchas decepciones y fracasos en la búsqueda de la casa, Edith finalmente encontró un lugar que ella creía era la respuesta de Dios para sus necesidades. Solo había un problema, el enganche era de mil dólares. Los Schaeffers no tenían esa cantidad de dinero, pero sabían que Dios lo podía proveer si era su deseo que se mudaran a esta casa.

Así que confiando en la sabiduría y en la provisión de Dios, Edith oró que si Dios quería que tuvieran la casa, que les enviara la cantidad exacta que necesitaban en el momento que se necesitara. Y sorprendentemente, el día en que tenían que dar el enganche, ¡llegó una carta con un cheque por mil dólares!

No bien se acababan de mudar a la casa que Dios les había dado, su hija Priscilla les llamó y les preguntó si podía llevar a una compañera adinerada de la universidad a pasar el fin de semana. Su nuevo chalet estaba bastante lejos de estar listo para recibir visitas. Pero cuando Priscilla mencionó que la muchacha había estado estudiando distintas religiones y no sabía qué creer, Edith accedió a que la muchacha los visitara. Le dio una cálida bienvenida a la amiga de Priscilla y amablemente le explicó la verdad de Dios.

Este suceso marcó un punto importante en el ministerio de los Schaeffer. Pronto se supo que los Schaeffer podían recibir a cualquiera en su casa y responder preguntas honestas acerca de Dios. Le pusieron a su chalet "L'Abri" que en francés significa "el refugio". Pronto se convirtió en un centro de estudios internacional, donde gente de todo el mundo acudió a aprender y a discutir la verdad acerca de Dios. Edith y Francis compartieron amorosamente su hogar y su fe. Probaron que tener la razón nunca fue más importante que tratar a sus invitados con amor. Con el tiempo se abrieron sucursales de L'Abri en varios otros países. Francis murió en 1984, pero Edith siguió adelante con la obra en L'Abri. Su vida permanece como un testimonio del poder de Dios, derramado a través de una esposa positiva que confiaba en su fuerza y no en la propia.[5]

## Pacto sagrado

"Un buen matrimonio no es un contrato entre dos personas, sino un pacto sagrado entre tres", escribe Donald Kaufman.[6] ¡Es verdad! Hacer a Dios parte vital del matrimonio añade una dimensión poderosa de fuerza a su cimiento. Como dice Eclesiastés 4:12: "Y si alguno prevaleciere contra uno, dos le resistirán; y cordón de tres dobleces no se rompe pronto". Por supuesto, sería lindo si todos los esposos dependieran de la fuerza de Dios. Pero sea que lo hagan o no, nosotras tenemos la responsabilidad de hacerlo. Aprendí hace mucho tiempo que no podía forzar ni producir un fuerte caminar espiritual en mi esposo Curt. Él es el único responsable por su propia relación con Dios. Es igual con tu marido. Pero como esposas podemos decidir depender de Dios por nosotras mismas e invitar el poder de Dios para que opere en nuestro matrimonio.

Proverbios 19:14 dice: "La casa y las riquezas son herencia de los padres; mas de Jehová la mujer prudente". ¡Ay, qué gran obsequio de Dios podríamos ser para nuestros maridos si solo decidiéramos depender del poder de Dios y reflejar el fruto del Espíritu en nuestro hogar! Las preciosas cualidades de una esposa positiva no son algo que podamos producir a través de nuestros propios míseros esfuerzos; son la evidencia de que Dios está trabajando en nuestra vida. Nuestra parte es practicar su presencia y morar en su amor momento a momento, día a día. Al hacerlo, nuestra vida y nuestro matrimonio serán fortalecidos con la paz, la esperanza y el gozo que vienen de morar y permanecer en Él.

## Punto de Poder

**Lee:** Romanos 8. ¿Recibiste aliento a través de estas palabras de Pablo, de qué tipo? Identifica varios versículos que te recuerden el poder y la fuerza de Dios operando en tu vida.

**Ora:** Maravilloso, poderoso, Padre celestial, gracias por obrar poderosamente en mi vida. Te alabo por tu Hijo, que murió y resucitó a nuestro favor. Te alabo por tu Espíritu Santo, que has dado a todos los que creen. Gracias por el poder y la fuerza que tu Espíritu me da día a día. Ayúdame a morar en ti momento a momento, a producir el hermoso fruto del amor, gozo, paz, paciencia, benignidad, bondad, fe, mansedumbre y templanza en mí. Que tu poder obre en mis debilidades y

*Temible eres, oh Dios, desde tus santuarios; el Dios de Israel, él da fuerza y vigor a su pueblo. Bendito sea Dios.*
*—Salmo 68:35*

tenga un impacto positivo en mi matrimonio, mi hogar y mi comunidad. En el nombre de Jesús, amén.

💡 **Recuerda:** "Y me ha dicho: Bástate mi gracia; porque mi poder se perfecciona en la debilidad. Por tanto, de buena gana me gloriaré más bien en mis debilidades, para que repose sobre mí el poder de Cristo" (2 Corintios 12:9).

😊 **Practica:** Aparta un día esta semana en el que te vas a dedicar a morar en la presencia de Dios todo el día, incluso mientras llevas a cabo tu rutina diaria en el trabajo o en la casa. Quizá encuentres útil ayunar (comida, refrescos o dulces) como una forma de recordarte a ti misma caminar todo el día en su presencia.

# Principio poderoso #1

# El poder del amor

*El amor es una amistad encendida. Es entendimiento en silencio, confianza mutua, compartir y perdonar. Es lealtad en lo bueno y en lo malo. Se conforma con menos que lo perfecto y les da un espacio a las debilidades humanas.*

—Ann Landers

*Y esto pido en oración, que vuestro amor abunde aun más y más en ciencia y en todo conocimiento.*

—Filipenses 1:9

# 3

# La verdad acerca del amor
## Descubre los mitos letales del matrimonio

*La verdadera medida del amor... es amar sin medida.*

—Bernardo de Claravalle

Marilou y Hank habían estado casados durante diecisiete años. (Como a muchas de las personas que aparecen en el libro les cambié los nombres para proteger su identidad.) Habían experimentado algunos baches en el camino, pero en general tenían un buen matrimonio. Disfrutaban su agitada vida juntos, viajando, educando niños, trabajando y ofreciendo su servicio voluntario en varias beneficencias. Como es típico, Hank trabajaba horas extras en la oficina durante la semana para pasar la mayor parte de su fin de semana en casa con su familia. Marilou pasaba mucho de su tiempo libre jugando tenis en el club.

Suena bien, ¿no? Lamentablemente, había un problema: Marilou sufría de *mumpsimus*.

Ahora bien, quizá estés pensando que Marilou tenía algún tipo de enfermedad incurable. Pero déjame asegurarte que el mumpsimus es curable por completo. De acuerdo con mi papá, la definición de *mumpsimus* es: "una creencia persistente en una idea errónea". Los mumpsímuses han existido durante años. Quizá tú misma tengas uno. Estos son algunos de los más comunes:

- Que digan lo que quieran, las palabras no pueden lastimarme.

- El amor significa que nunca tiene uno por qué disculparse.
- Las rubias no son tan inteligentes como las morenas.

¿Cuál era el mumpsimus de Marilou? Ella creía que todas merecemos "estar enamoradas" y que el estado de "estar enamorada" era más importante que el compromiso matrimonial. Así que después de diecisiete años de matrimonio, Marilou dejó a Hank por el instructor de tenis del club. Ella le dijo: "Te amo, pero ya no *estoy enamorada* de ti". A causa de su mumpsimus, Marilou echó por la borda diecisiete años de recuerdos, sueños y lazos familiares por la efímera sensación de "estar enamorada".

Es asombrosa la cantidad de creencias erróneas que existen con respecto al amor y al matrimonio. Este capítulo está dedicado a desmentir algunos de los mitos que pueden infiltrarse en tú manera de pensar acerca del amor y de un compromiso de por vida. Como podrás ver, estos mitos han estado destruyendo matrimonios a lo largo de las edades. Pero Jesús dijo: "Y conoceréis la verdad, y la verdad os hará libres" (Juan 8:32). Conocer y aplicar la verdad acerca del amor puede fortalecer tu relación con tu marido y enriquecer tu matrimonio.

Vamos a examinar tres de los mitos más comunes del matrimonio y a exponer la verdad.

# Mito número 1

*Solo hay un verdadero amor para mí. Tengo que encontrarlo, casarme con él y vivir felices para siempre*

Las películas, las canciones y las novelas románticas nos han engañado al crear una imagen surrealista del romance perfecto. La idea de que solo existe un verdadero amor para cada uno es un concepto peligroso para el matrimonio.

Digamos que acaban de pasar algunos meses (o quizá algunos días) después de la luna de miel. La realidad empieza a manifestarse y comienzas a descubrir las debilidades flagrantes de tu cónyuge. *Oh, oh,* te dices a ti misma, *no es tan perfecto como yo creía.* (¡La verdad es que él está llegando exactamente a la misma conclusión acerca de ti!) ¿Si tú crees que cada una de nosotras tiene solo un verdadero amor en esta tierra, qué haces cuando te das cuenta de que tu cónyuge no es tan fácil de amar a veces? Es fácil comenzar a dudar de tu matrimonio y pensar: *Creo que me equivoqué. A lo mejor esta persona no es mi verdadero amor.* ¿Ves el peligro? Quizá incluso te sientas tentada a comenzar la búsqueda fuera de tu matrimonio por esa alma gemela especial, diciéndote a ti misma: *Si cometí un error, mi verdadero amor debe estar por allí todavía.*

Cuando nos suscribimos a la noción de que hay una persona perfecta para cada una de nosotras, tendemos a pensar que una vez que la encontremos la relación se desarrollará sin esfuerzo de nuestra parte. Ciertamente, debemos buscar un cónyuge que exhiba las cualidades de carácter y los principios cristianos que sabemos que queremos de un compañero de por vida. Pero cuando encontramos al que parecer ser el hombre perfecto, debemos aceptar el hecho de que el amor va a necesitar esfuerzo. El verdadero amor no significa tener una relación fácil; significa tomar continuamente la decisión de amar y perdonar.

De hecho, una de las verdades más importantes que podemos descubrir del verdadero amor es que no es algo que descubrimos, sino algo que desarrollamos. El verdadero amor es el resultado de decidir amar a tu cónyuge cada día. Brota y crece a través del proceso de tomar esa decisión a diario. Muchas parejas que han estado felizmente casadas durante más de treinta años me han dicho que su amor es mucho más profundo y verdadero ahora que cuando recién se casaron. El amor que experimentaron en sus primeros años es solo una pequeña fracción de la plenitud del amor que ahora siente el uno por el otro. Su verdadero amor fue algo que ellos desarrollaron; no algo que simplemente descubrieron.

Mi papá me ha dicho muchas veces: "Karol, toma una decisión y luego haz que sea la decisión correcta". El día de mi boda, tomé la decisión e hice el voto de consagrar mi vida a mi esposo, Curt. Ahora mi responsabilidad es trabajar de continuo para hacer que esa decisión sea la correcta a través de mis acciones amorosas hacia él.

Decidir amar no es siempre fácil, pero eso es lo que se nos ha mandado como cristianas. Jesús no nos dijo: "Amen a aquellos que sean fáciles de amar, y cuando se ponga difícil, ríndanse". Al contrario, su mensaje para nosotras es amar, incluso cuando no sea fácil. Él dijo en Lucas 6:31-36:

> Y como queréis que hagan los hombres con vosotros, así también haced vosotros con ellos. Porque si amáis a los que os aman, ¿qué mérito tenéis? Porque también los pecadores aman a los que los aman. Y si hacéis bien a los que os hacen bien, ¿qué mérito tenéis? Porque también los pecadores hacen lo mismo. Y si prestáis a aquellos de quienes esperáis recibir, ¿qué mérito tenéis? Porque también los pecadores prestan a los pecadores, para recibir otro

tanto. Amad, pues, a vuestros enemigos, y haced bien, y prestad, no esperando de ello nada; y será vuestro galardón grande, y seréis hijos del Altísimo; porque él es benigno para con los ingratos y malos. Sed, pues, misericordiosos, como también vuestro Padre es misericordioso.

Como cristianas, somos llamadas a un tipo de amor más alto. Debemos de amar no solo a los que son fáciles de amar (¡cualquiera puede hacer eso!), sino también a aquellos que son difíciles o desagradables. Esto es especialmente importante en el matrimonio. Debemos de continuar amando a nuestro marido más allá de la fealdad ocasional y de los desafíos inevitables que se nos presentan. El amor matrimonial requiere cierto tipo de *devoción férrea*. Debemos de ser lo suficientemente devotas como para estar dispuestas a arrastrarnos por el lodo de la vida, amando no solamente las cosas agradables de nuestro marido, sino también las desagradables.

Ciertamente, esta es la forma en que Dios nos ama; más allá de nuestra fealdad y pecado. A través de nuestras dificultades. A pesar de nuestras faltas. Y este es el tipo de amor que Él desea que derramemos en los demás, comenzando con nuestro cónyuge.

# Mito número 2

*Para amar a los demás, primero debo de amarme a mí misma*

Este mito en realidad nació de una verdad (como sucede a menudo con los mitos). Muchas personas bien intencionadas han tomado las palabras de Jesús en Mateo 22:39: "Amarás a tu prójimo como a ti mismo" y se han confundido pensando que significan que debemos amarnos a nosotras mismas antes de amar a otros. ¿Perdón? ¡La verdad se les escapó! En este pasaje Jesús está asumiendo básicamente que ya tenemos una tendencia egoísta para ver por nosotras mismas, y ocuparnos de la número uno. Su mandamiento para nosotras es que amemos a los demás de la misma forma: cuidar de ellos y procurarlos con el mismo tipo de interés y atención.

En ninguna parte de la Biblia se nos dice que nos enfoquemos en amarnos a nosotras mismas. Quizá estés pensando: *¡No hay problema, ni siquiera me simpatizo yo misma, mucho menos me amo!* Muchas de nosotras batallamos con un pobre concepto de nosotras mismas. Si lo piensas, todas somos bastante pecaminosas y asquerosas a veces, ¿no? Es comprensible que nos frustremos con nosotras mismas, especialmente cuando vemos nuestros propios defectos flagrantes y debilidades.

Pero Dios no quiere que nos critiquemos a nosotras mismas. Después de todo, ¡el no nos rechaza! Dios nos valora tanto que envió a su único Hijo para pagar por nuestros pecados en la cruz. Somos tan importantes para nuestro Padre que nos ha invitado a pasar la eternidad con Él.

Por el bien de nuestro matrimonio, es vitalmente importante que reconozcas tu valor y tu dignidad eterna. ¿Por qué? Si no reconoces tu valor personal en Cristo, vas a tender a mirar a tu cónyuge para obtener valor; e incluso exigirlo. Pero depender de tu marido para hacerte sentir bien acerca de ti misma solo te llevará al temor, la decepción y a necesidades no satisfechas.

¿Te puedo confiar un pequeño secreto? He batallado con mi propia autoestima durante muchos años y he tratado muchas veces de poner la carga en Curt para que me haga hacer sentir mejor conmigo misma. La verdad es que, mi autoestima debe de venir de arriba y no de mi cónyuge (o de cualquier otra persona). Estas son cuatro claves que me han ayudado a desarrollar un fuerte sentido de mi valía personal en Cristo. Creo que tú también puedes encontrarlas útiles.

## 1. Deja de pensar en ti misma

Criticarte de continuo es una señal de que estás pensando y concentrándote en ti misma. ¡Si yo moro, moro y moro en "mí, yo y yo", lo más seguro es que me decepcione con lo que vea! Nuestro enfoque puede consumirnos, así que seamos consideradas con aquello en lo que nos concentremos. Lee los siguientes versículos para ver adónde debemos de dirigir realmente nuestros pensamientos.

> Puestos los ojos en Jesús, el autor y consumador de la fe, el cual por el gozo puesto delante de él sufrió la cruz, menospreciando el oprobio, y se sentó a la diestra del trono de Dios. —Hebreos 12:2

> No mirando cada uno por lo suyo propio, sino cada cual también por lo de los otros. Haya, pues, en vosotros este sentir que hubo también en Cristo Jesús, el cual, siendo en forma de Dios, no estimó el ser igual a Dios como cosa a que aferrarse, sino que se despojó a sí mismo, tomando forma de siervo, hecho semejante a los hombres. —Filipenses 2:4-7

> Poned la mira en las cosas de arriba, no en las de la tierra. —Colosenses 3:2

> Tú guardarás en completa paz a aquel cuyo pensamiento en ti persevera; porque en ti ha confiado. —Isaías 26:3

*Un mandamiento nuevo os doy: Que os améis unos a otros; como yo os he amado, que también os améis unos a otros.*
—Juan 13:34

Al poner nuestro enfoque en lo maravilloso que es Dios, en el sacrificio de Jesús y en las necesidades y los intereses de los demás, nuestras propias debilidades se vuelven menos importantes para nosotras. Lo que me lleva al siguiente punto:

## 2. Entrégate a amar, servir y perdonar a los demás

Nada te puede ayudarnos a incrementar tu autoestima que una dosis saludable de amor por los demás. A medida que ames a la gente a tu alrededor de manera activa y honesta, serás fortalecida porque sabes que has hecho algo bueno por alguien más.

Jesús dijo: "Dad, y se os dará; medida buena, apretada, remecida y rebosando darán en vuestro regazo; porque con la misma medida con que medís, os volverán a medir" (Lucas 6:38). ¿Eres generosa con el amor? Va a regresar a ti en la misma medida. Al dar, recibimos.

## 3. Considera tu estilo de vida

Muchas veces nos sentimos mal con nosotras mismas porque estamos viviendo en cierto grado de desobediencia a Dios y a sus mandamientos. El gozo abundante solo es posible cuando vivimos en obediencia a Él. Escucha las palabras que les dijo Jesús a sus discípulos: "Si guardareis mis mandamientos, permaneceréis en mi amor; así como yo he guardado los mandamientos de mi Padre, y permanezco en su amor. Estas cosas os he hablado, para que mi gozo esté en vosotros, y vuestro gozo sea cumplido. Este es mi mandamiento: Que os améis unos a otros, como yo os he amado" (Juan 15:10-12).

¡Qué gozo tan grande experimentamos cuando andamos en los caminos de Dios, seguimos sus principios de vida y obedecemos sus mandamientos! ¡Qué dolor, tristeza y dolor de corazón cuando vivimos en rebelión en contra de Él! Vivir un estilo de vida pecaminoso quizá se sienta bien durante un tiempo, pero en cualquier momento le cobra un alto precio a tu autoestima. Toma un momento para examinar tu vida. ¿Hay algún pecado habitual del cual te tengas que apartar? Ciertamente como cristianas estamos perdonadas en la gracia de Dios, pero las consecuencias del pecado todavía pueden causar un gran dolor en nuestra vida y en la vida de los demás.

## 4. Reconoce que Dios te creó, que te ama y que todavía está trabajando en ti

Tú y yo somos obras amadas en progreso. Salmo 139:13-14 nos recuerda que nuestro Padre celestial nos creó y nos dio forma en el vientre de nuestra madre. ¡Hemos sido hechas de una forma maravillosa por Dios! Nuestros puntos fuertes y debilidades son parte del maravilloso paquete que armó. ¿Ya terminó con nosotras? ¿Está todavía trabajando en nosotras? Considera los siguientes versículos:

> En él asimismo tuvimos herencia, habiendo sido predestinados conforme al propósito del que hace todas las cosas según el designio de su voluntad, a fin de que seamos para alabanza de su gloria, nosotros los que primeramente esperábamos en Cristo.
> —Efesios 1:11-12

> Porque somos hechura suya, creados en Cristo Jesús para buenas obras, las cuales Dios preparó de antemano para que anduviésemos en ellas. —Efesios 2:10

> Estando persuadido de esto, que el que comenzó en vosotros la buena obra, la perfeccionará hasta el día de Jesucristo. —Filipenses 1:6

> Mirad cuál amor nos ha dado el Padre, para que seamos llamados hijos de Dios; por esto el mundo no nos conoce, porque no le conoció a él. —1 Juan 3:1

¿Qué otra cosa podría hacerte sentir con más confianza que saber que Dios, el Creador del universo, te ha diseñado a ti, te ama, te perdona y que todavía está trabajando en ti? ¡Podríamos usar esta verdad como nuestra fuente de ánimo y fuerza! Dios no está mirando hacia la tierra meneando la cabeza diciendo: "¿Cuándo les va a amanecer?". No, Dios nos está viendo con amor a través de los ojos de la gracia diciendo: "Te amo y te voy a ayudar". ¡Siente su cálido abrazo! Sus brazos de amor están siempre dispuestos a abrazarte cuando enfrentes tristeza, para ayudarte a vencer los desafíos y para dirigirte en una dirección positiva por el sendero que ha planeado para ti.

# Mito número 3

## *Puedo dejar de amar a mi cónyuge*

¿Recuerdas la historia de Hank y Marilou al principio del capítulo? La idea de que el amor matrimonial es algo que de pronto aparece y desaparece es una creencia lamentable y, sin embargo, común. Es casi cómico pensar en la gente andando por el sendero de la vida enamorándose, comprometiéndose a amarse por siempre, pero luego de pronto, perder el amor por completo. Es como si estuvieran en piloto automático y tuvieran que tomar el camino que el "amor" les marca. Como si no tuvieran voz ni voto en el asunto. Cuando la definición del amor es algo que viene y que se va, el amor se vuelve un ente con voluntad propia.

Bueno, estos mitos quizá funcionen bien en las películas, pero no ayudan a sacar a flote el barco matrimonial. Como esposas positivas, necesitamos asegurarnos de que nuestra definición de amor es segura y que tiene bases firmes.

En su libro *Los cuatro amores*, C. S. Lewis describe los diferentes tipos de amor que experimentamos en la vida. Comienza con "el tipo de amor más humilde y más difundido de todos", el *afecto* (llamado *storge* por los griegos). La belleza de este amor la podemos observar en, por ejemplo, la relación entre una madre y su hijo. El afecto es un tipo de amor por sí mismo, pero también se combina con otros tipos de amor y los acentúa.

De acuerdo con Lewis, el segundo tipo de amor es la *amistad* (*filos* en griego, de donde obtenemos la palabra *Filadelfia,* "la ciudad del afecto fraternal"). En esta época la gente no considera que la amistad esté en la categoría de "amor", pero Aristóteles clasificó al "filos" entre las grandes virtudes. Como Lewis explica: "Para los antiguos, la amistad parecía ser el amor más feliz y más plenamente humano de todos los tipos de amor; la corona de la vida y la escuela de la virtud. El mundo moderno, en contraste, lo ignora". La amistad es una forma válida de amor. Expresa la belleza del compañerismo. Es más una decisión que un afecto natural.

El siguiente tipo de amor que Lewis presenta a sus lectores es *eros*. Esto es lo que en general conocemos como estar enamoradas. Es el amor entre los amantes. *Eros* es un profundo deseo integral por el amado; y el placer sexual es una de las formas en que este amor se expresa.

El último amor que Lewis describe es *caridad,* o amor divino (*agape* en griego). Es un amor que trasciende todos los amores terrenales. Es un amor incondicional, que se da, el tipo de amor que Dios demostró en su abundante amor y perdón por nosotras. Vemos el *agape* descrito de una manera elocuente en 1 Corintios 13:4-8. Vas a reconocer este pasaje porque se lee a menudo en las bodas: "El amor es sufrido, es benigno; el amor no tiene envidia, el amor no es jactancioso, no se envanece; no hace nada indebido, no busca lo suyo, no se irrita, no guarda rencor; no se goza de la injusticia, mas se goza de la verdad. Todo lo sufre, todo lo cree, todo lo espera, todo lo soporta. El amor nunca deja de ser; pero las profecías se acabarán, y cesarán las lenguas, y la ciencia acabará."[1]

¿Te suena como algo que puede aparecer y luego desaparecer caprichosamente? ¡No lo creo! Lo que 1 Corintios 13 describe es un amor profundo, un amor que requiere que nos demos por completo a otra persona.

Lo que en realidad quiere decir la gente cuando dice que ya no ama a alguien es: "Ya no estoy dispuesta a seguir esforzándome por amarte. Prefiero seguir mis propios placeres y buscar a otra persona que me haga sentir bien conmigo misma". El colmo de todo es que nadie es fácil de amar. Es verdad que hay personas con las que es más fácil llevarse que con otras; pero todos los humanos tienen sus defectos. El verdadero amor ama más allá de las debilidades y construye sobre los puntos fuertes. El amor "todo lo sufre, todo lo cree, todo lo espera, todo lo soporta" como dice la Biblia en 1 Corintios 13:7.

¿Cuál de estos amores descritos por Lewis encontramos en el matrimonio? ¿Te exasperas igual que yo cuando lees la descripción del amor de 1 Corintios 13? ¡Ten esperanza, querida hermana! Cuando se trata del amor, tenemos ayuda divina.

## El poder de amar

¿Alguna vez has escuchado de una criatura llamada *tardígrado criptobiótico?* Este extraño pequeño ser puede vivir durante cien años en estado inerte, encogido en su caparazón espinudo. Puede vivir sin agua, oxígeno o calor; sin embrago, cuando es humedecido, de inmediato vuelve a la vida. Sus patas y su cabeza salen de su caparazón semejante a un féretro. ¡Es asombroso! El tardígrado criptobiótico puede pasar de un estado inerte a la vida vibrante con solo un toque de agua.[2]

Algunas veces sentimos como si el amor por nuestro marido se encuentra en un estado durmiente, inerte, digamos. ¿Qué puede resucitar ese amor? ¿Qué puede hacer que nuestro amor sea vibrante y fuerte y mantenerlo así? ¡Un poco de agua divina! El poder y la habilidad de amar se pueden encontrar en la fuente del verdadero amor: Dios mismo. Lee conmigo lo que considero es el pasaje más glorioso y poderoso del amor:

> Amados, amémonos unos a otros; porque el amor es de Dios. Todo aquel que ama, es nacido de Dios, y conoce a Dios. El que no ama, no ha conocido a Dios; porque Dios es amor. En esto se mostró el amor de Dios para con nosotros, en que Dios envió a su Hijo unigénito al mundo, para que vivamos por él. En esto consiste el amor: no en que nosotros hayamos amado a Dios, sino en

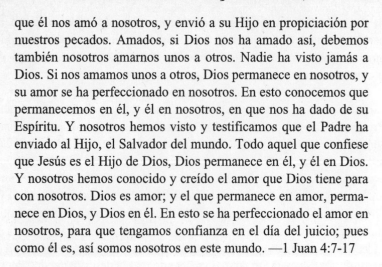

que él nos amó a nosotros, y envió a su Hijo en propiciación por nuestros pecados. Amados, si Dios nos ha amado así, debemos también nosotros amarnos unos a otros. Nadie ha visto jamás a Dios. Si nos amamos unos a otros, Dios permanece en nosotros, y su amor se ha perfeccionado en nosotros. En esto conocemos que permanecemos en él, y él en nosotros, en que nos ha dado de su Espíritu. Y nosotros hemos visto y testificamos que el Padre ha enviado al Hijo, el Salvador del mundo. Todo aquel que confiese que Jesús es el Hijo de Dios, Dios permanece en él, y él en Dios. Y nosotros hemos conocido y creído el amor que Dios tiene para con nosotros. Dios es amor; y el que permanece en amor, permanece en Dios, y Dios en él. En esto se ha perfeccionado el amor en nosotros, para que tengamos confianza en el día del juicio; pues como él es, así somos nosotros en este mundo. —1 Juan 4:7-17

En pocas palabras, el amor es un asunto de Dios. ¡Qué amor tan asombroso y abrumador tiene nuestro Padre celestial por nosotras! Solázate en él. Disfrútalo. ¡Llena tu corazón de él! A medida que reconocemos y recibimos el amor de Dios por nosotras, despierta nuestro amor por los que nos rodean. Acerquémonos a la fuente de este amor puro y hermoso y bebamos de su fuente cada día.

## Un cimiento verdadero

A medida que reflexionamos en los mitos acerca del amor y el matrimonio, ¿identificaste algún mumpsimus en tu propia relación con tu esposo? No vamos a cerrar el capítulo con el enfoque puesto sobre los mitos; más bien, vamos a terminarlo con las verdades importantes que hemos obtenido de este estudio:

- *Principio número 1 del amor verdadero:* El verdadero amor no solo se descubre; se desarrolla y eso cuesta trabajo.

- *Principio número 2 del amor verdadero:* Amar plenamente a mi cónyuge no se basa en mi propia autoestima, sino, sobre todo, en comprender mi valor desde la perspectiva de Dios.

- *Principio número 3 del amor verdadero:* El amor matrimonial es un compromiso que abarca afecto, amistad, placer y amor incondicional.

Al abrazar estos principios del amor verdadero, podemos comenzar a edificar nuestro matrimonio sobre un cimiento firme. Un castillo de

*Es por medio de amar y no por ser amado que uno puede acercarse lo más posible al alma de otro.*
—George MacDonald

naipes se cae con facilidad, pero una casa construida sobre la verdad y el amor va a resistir las pruebas del tiempo y los vientos de las circunstancias. Como esposas positivas, no edifiquemos nuestra casa sobre mitos, sino sobre la verdad sólida del amor de Dios.

# Punto de Poder

**Lee:** Romanos 8:28-39. ¿Qué aprendiste del amor de Dios por nosotras en este pasaje? Como somos amados de forma genuina, somos capaces de dar amor generosamente. ¿De qué manera el pasaje te ayuda a amar a tu cónyuge en el verdadero sentido de la palabra?

**Ora:** Dios de amor, Padre de misericordias, derrama tu hermoso y abundante amor a través de mí. Te alabo porque tu amor es perfectamente pleno. Gracias por amarme por completo y con pureza. Que ame a mi esposo con este tipo de amor. Dame el poder y la fuerza de amarlo con paciencia y benignidad. Ayúdame a soportarlo todo, a creerlo todo y a esperarlo todo cuando se trate de nuestro compromiso matrimonial. Por favor, permíteme ser un reflejo de tu amor en mi hogar. En el nombre de Cristo, amén.

**Recuerda:** "Amados, amémonos unos a otros; porque el amor es de Dios. Todo aquel que ama, es nacido de Dios, y conoce a Dios" (1 Juan 4:7).

**Practica:** Programa una caminata con tu esposo una tarde o un sábado por la mañana. Mientras caminan, dile que has estado leyendo un capítulo en este libro acerca de la definición del amor. Hablen acerca de como nuestra cultura define al amor e identifiquen algunos conceptos equivocados que existen; luego conversen sobre la forma en que ustedes como pareja definen el amor. Finalmente, hablen acerca de como se pueden mostrar ese amor de una mejor manera.

# El gozo más grande y la travesía más difícil

## Llena tu hogar de perdón

*El gozo más grande, que pocas veces prueban, aquellos que viven libres de contiendas; es la parte más tierna del amor: perdonarse entre sí.*

—John Sheffield, Duque de Buckingham

El primero de julio de 1992, fue un día que le cambió al vida a Martha Edwards y a sus tres pequeños. El marido de Martha, John, quien había estudiado derecho en la Facultad de Derecho de la Universidad de Baylor, y que ahora servía como abogado en la prestigiosa firma de Haynes and Boone, se encontraba trabajando en un caso en la Corte del Condado de Tarrant cerca de Fort Worth ese día. Un hombre llamado George Douglas Lott también se encontraba en la corte, ya que estaba siendo juzgado por cargos de abuso sexual. Es imposible saber con exactitud lo que estaba pasando por la mente de Lott, pero a las 9:30 a.m. sacó una pistola y abrió fuego dentro de la corte. John Edwards se encontraba de pie en la corte cuando se hicieron los disparos. Corrió para pedir ayuda, pero Lott lo siguió y le disparó a quemarropa en las escaleras de la corte. John murió, habiendo atraído heroicamente al agresor para desviarlo de sus blancos en la corte y habiendo salvado muchas vidas más ese fatídico día. Lott, fue capturado más tarde cuando entró a una estación de televisión para solicitar una entrevista con el conductor principal del noticiario.

Martha Edwards también fue una heroína en la historia. Siendo una cristiana fuerte, Martha decidió responder a su pérdida con perdón en lugar de con amargura. Diez años después del suceso, apareció en el telediario *Dallas Morning News* diciendo: "Tuve que aprender a perdonar y a salir adelante, y tuve que aprender lo poderoso que es el perdón". Añadió que con la ayuda de su familia, sus amigas y su fe, pudo poner a un lado el odio y el resentimiento años atrás.

"Se dice que uno se amarga o mejora, y es tan cierto", dijo. "Apreciamos y respetamos el pasado. Eso es parte del legado. Pero en realidad llevamos una vida divertida, equilibrada y maravillosa, y los muchachos se han beneficiado de este punto de vista positivo". Martha le dio a sus hijos y a ella misma uno de los mayores obsequios que una persona puede dar: el regalo del perdón. Ella no lo hizo tanto a favor de George Lott (aunque quizá se sintió aliviado de saber que la ira de la familia en su contra se había disipado); sino más bien a favor de todos los que conocían y amaban a John. Hay un poder sanador tremendo en la decisión de perdonar y seguir adelante.[1]

Con lo difícil que es perdonar a un completo desconocido, como lo hizo Martha, es todavía más difícil perdonar a alguien que conocemos y amamos; como a nuestro marido, por ejemplo. Pero el perdón es como el hermoso aroma que llena nuestros hogares con la fragancia del verdadero amor. La amargura y el enojo también tienen aroma, pero es la pestilencia pútrida de la corrupción y la destrucción. La falta de perdón destruye el hogar; el perdón lo levanta. Como el matrimonio se compone de dos pecadores trabajando juntos bajo un mismo techo, necesitamos asegurarnos de que tengamos el aroma celestial del perdón llenando de continuo el ambiente. Me gusta lo que dijo Martín Lutero: "Un matrimonio feliz es la unión de dos personas habituadas a perdonar".[2]

## Las facetas del perdón

¿No es extraño que muchas de las características que al principio eran tan atractivas de nuestro marido terminan siendo exactamente las mismas que consideramos ofensivas? Tomemos, por ejemplo, la pasión de Mark de llevar a Susan a pasear a restaurantes caros y gastar liberalmente en ella cuando estaban saliendo. En sus años de universitaria fue completamente arrollada por este trato de reina. Ahora, las tendencias pródigas de Mark la hacen enojar y la frustran cada vez que ella se sienta a hacer cuentas.

O, considera el espíritu humilde y la personalidad amable de Steve que Lori tanto admiraba cuando estaban saliendo. A través de los años, esta misma característica la ha hecho enojar y resentirse con él; ya que la falta de agresividad de Mark en el ambiente laboral ha provocado que no lo tomen en cuenta para ascensos y el ingreso de la familia ha sido afectado fuertemente. La característica más estimada de Steve se ha convertido en un monstruo horrible que vive en su casa.

Aceptémoslo. Todas nosotras nos enojamos con nuestro marido. Algunas nos enojamos con ellos con más frecuencia que otras. En el matrimonio tenemos que perdonar de continuo a nuestro marido por:

- Ofensas intencionales: cosas que me dice o hace con el solo propósito de lastimarme.

- Errores involuntarios: accidentes que nos afectan de cierta forma.

- Fallas y debilidades: mañas que nos molestan o que nos decepcionan (¡desde luego, nosotras tenemos pocas, si es que alguna!).

- Heridas pasadas: ofensas añejas que nuestra memoria sigue sacando a luz una y otra vez (muchas veces distorsionadas para hacerlas ver peores de lo que realmente fueron en el momento).

- Suposiciones: pensamientos que tenemos de los motivos o intenciones de nuestro marido que provocan que nos enojemos o nos sintamos heridas (¡sí que sabemos leer la mente!).

Sin importar la ofensa, nos va a ser difícil perdonar a nuestro marido si no tenemos una comprensión clara de lo que es el perdón. ¿Cómo definirías *perdón*? El diccionario Webster define el verbo *perdonar* de la siguiente manera: "renunciar al resentimiento o al deseo de castigar; dejar de estar enojado con alguien; renunciar a todo derecho de castigar". En otras palabras. Aunque quizá nos sintamos con el derecho de estar enojadas o de guardar resentimiento, renunciamos a ese derecho y decidimos perdonar.

Pero el perdón es más que un acto de la voluntad; es una actitud del corazón. No es un suceso de una sola vez; es un acto continuo. Mateo 18:21-22 registra una conversación entre Pedro y Jesús que subraya la naturaleza continua del perdón: "Entonces se le acercó Pedro y le dijo: Señor, ¿cuántas veces perdonaré a mi hermano que peque contra mí? ¿Hasta siete? Jesús le dijo: No te digo hasta siete, sino aun hasta setenta veces siete".

En el matrimonio, los esposos y las esposas necesitan permanecer en un estado de perdón continuo. Debemos decidir con nuestra voluntad perdonar cada vez que una vieja ofensa viene a nuestra mente a molestarnos. (Admítelo, como mujeres tendemos a papachar viejas heridas emocionales y las repasamos una y otra vez). Cuando decimos:

"Te perdono", es necesario perdonar y seguir perdonando sin papachar y revivir la misma vieja herida cientos de veces.

Algunas ocasiones uno de los cónyuges repite el mismo error varias veces. Mi amiga Holly, que está en su primer año de casada, ha dañado o chocado el coche de su maridito cuatro veces. Así es, cuéntalas bien: cuatro veces (y el año todavía no termina). ¿Qué es lo que ha necesitado Holly de parte de Mac por lo menos cuatro veces? ¡Perdón! Gracias a Dios, Mac ha practicado el principio de Mateo 18:22-23 de una forma linda y amorosa, perdonando por completo a su nueva esposa por cada incidente. (Por supuesto, ahora se cuida un poco más de permitirle a Holly que conduzca su coche).

¿El perdón continuo significa que le podemos dar carta blanca a nuestro cónyuge para que siga provocándonos dolor? ¡Claro que no! ¿Recuerdas nuestra definición? El perdón es un acto de la voluntad y una actitud del corazón. Es una decisión que tomamos de no guardarle resentimiento al ofensor. Es rendir nuestro derecho de estar enojadas. No es ingenuidad, estupidez o colocarnos de continuo en el camino del peligro o del maltrato. No es aceptar el pecado del otro. Aunque Jesús perdonó a la mujer acusada de adulterio, le dijo: "Vete, y no peques más" (Juan 8:11). Y la verdad es que, aunque quizá perdonemos una ofensa en nuestro corazón y nuestra mente, permanecen ciertas responsabilidades, y no se pueden evitar ciertas consecuencias. (Vamos a hablar de ello con mayor profundidad más tarde en este mismo capítulo).

## ¿Por qué perdonar?

John Plummer, un ministro de Purcellville, Virginia, se sintió acosado durante muchos años por una fotografía de la era de la Guerra de Vietnam que ganó el premio Pullitzer. Quiza incluso tú misma la recuerdes: una pequeña niña vietnamita, la niña de nueve años Fan Ti Fuc, corriendo desnuda con quemaduras terribles después de un ataque con napalm a su aldea. Para John esta foto tenía una importancia profunda. En 1972 había sido responsable de organizar el ataque aéreo a esa aldea, llamada Trang Bang. Le aseguraron dos veces que no había civiles en la zona. Y aunque el sabía en su corazón que había hecho todo lo posible por asegurarse de que no hubiera civiles en Trang Bang sentía un dolor profundo cada vez que veía la fotografía de la niña. La información recibida había estado trágicamente equivocada. Anhelaba decirle lo arrepentido que estaba.

John se volvió cristiano en 1990 y sintió el llamado al ministerio. De una manera extraordinaria, el verano de 1996 supo que Kim Fuc seguía con vida y que residía en Toronto. Al siguiente mes, estando en una convención militar conoció a alguien que conocía a la niña y al fotógrafo. También se enteró de más detalles de ese fatídico día de 1972. Al parecer, Kim Fuc y su familia habían estado refugiándose en una pagoda cuando cayó una bomba sobre el edificio. Kim Fuc y otros salieron corriendo a la calle donde fueron alcanzados por una descarga de napalm que fue arrojada por otro avión. Al correr, Kim Fuc se arrancó la ropa. Dos de sus primas murieron durante el ataque. El fotógrafo, junto con otros periodistas, le echaron agua de sus cantimploras sobre las quemaduras. Pocos minutos después de que se tomó la famosa fotografía, se desmayó y se la llevaron de emergencia al hospital. Fue operada por un cirujano plástico de San Francisco y pasó catorce meses en el hospital.

John se enteró de que Kim Fuc iba a hablar en el monumento de los veteranos de la guerra de Vietnam en Washintgon, D.C., así que fue a escucharla. Durante su discurso dijo que si algún día tuviera la oportunidad de conocer al piloto responsable por sus heridas, le diría que lo había perdonado. Dijo que aunque no podían cambiar lo que había sucedido en el pasado, ella esperaba que pudieran trabajar juntos en el futuro.

John se las arregló para avisarle que estaba entre el público y que quería conocerla. Cuando estuvieron cara a cara, Kim Fuc vio la profundidad de su tristeza, su pesar y su dolor. Le extendió los brazos a John y lo abrazó. Mientras él le repetía una y otra vez: "Perdóname", ella le respondió una y otra vez: "Esta bien; está bien. Te perdono; te perdono". John pronto se enteró de que aunque Kim Fuc había sido criada como budista, se convirtió a Cristo en 1992.[3]

¿Qué fue lo que impulsó a una jovencita tan lastimada en sus emociones y en su cuerpo a perdonar a la persona que lo provocó todo? Aunque no conozco todos los detalles de la travesía de Kim Fuc hacia el perdón, sé que la esencia de la fe cristiana está enraizada en el perdón y el amor. Nuestro Padre celestial derramó su perdón y su amor a través de Jesús. Lo que le sucedió a Kim Fuc fue una atrocidad terrible. El milagro es que ahora está llena de amor y de perdón. ¡Todas las cosas son posibles para Dios!

¿Por qué perdonar? Creo que hay tres razones.

## 1. Perdonamos porque fuimos perdonados

Me sobrecoge la gratitud y el amor cuando considero el perdón que Dios derramó en nosotras. ¡Si solo pudiéramos comprender la magnitud

*Vestíos, pues, como escogidos de Dios, santos y amados, de entrañable misericordia, de benignidad, de humildad, de mansedumbre, de paciencia.* —Colosenses 3:12

de su abundante amor descrito en Salmo 103! Solázate conmigo en las palabras del salmista:

> Sus caminos notificó a Moisés,
> Y a los hijos de Israel sus obras.
> Misericordioso y clemente es Jehová;
> Lento para la ira, y grande en misericordia.
> No contenderá para siempre,
> Ni para siempre guardará el enojo.
> No ha hecho con nosotros conforme a nuestras iniquidades,
> Ni nos ha pagado conforme a nuestros pecados.
> Porque como la altura de los cielos sobre la tierra,
> Engrandeció su misericordia sobre los que le temen.
> Cuanto está lejos el oriente del occidente,
> Hizo alejar de nosotros nuestras rebeliones.
> Como el padre se compadece de los hijos,
> Se compadece Jehová de los que le temen.
> Porque él conoce nuestra condición;
> Se acuerda de que somos polvo. —Salmo 103:7-14

¡A cada una de nosotras se nos ha perdonado tanto! ¿Qué derecho tenemos de negarnos a perdonar a otro? En Mateo 18 Jesús relató la parábola acerca del siervo que no estuvo dispuesto a perdonar; la historia nos da una gran lección acerca de nuestra deuda de perdón. Un rey quiso hacer cuentas con sus siervos, así que un hombre que le debía diez mil talentos (una cantidad enorme de dinero) fue traído delante del trono. El rey ordenó que vendieran al hombre, a su familia y sus posesiones para pagar la deuda, pero el hombre rogó y suplicó misericordia. El rey le tuvo lástima, le canceló la deuda y lo dejó ir.

Ese mismo hombre se fue directo con otro siervo que le debía a él una pequeña cantidad de dinero y le exigió que le pagara. El deudor le rogó misericordia, pero cuando no pudo pagar, el hombre lo echó en la cárcel. Varios siervos más fueron testigos de lo sucedido y le reportaron el incidente al rey, quien llamó de vuelta al hombre perdonado a su presencia.

"Siervo malvado", le dijo, "toda aquella deuda te perdoné, porque me rogaste. ¿No debías tú también tener misericordia de tu consiervo, como yo tuve misericordia de ti?" Entonces su señor, enojado, le entregó a los verdugos, para ser torturado hasta que pagara todo lo que le debía (Mateo 18:32-33).

Nosotras estamos obligadas a perdonar. Hemos sido perdonadas; por lo tanto, debemos de perdonar a otros; ¡especialmente a nuestro marido! Efesios 4:32 lo dice todo: "Antes sed benignos unos con otros, misericordiosos, perdonándoos unos a otros, como Dios también os perdonó a vosotros en Cristo". Nuestra obligación de perdonar es tan vital que Jesús dio la siguiente advertencia en el Sermón del Monte: "Porque si perdonáis a los hombres sus ofensas, os perdonará también a vosotros vuestro Padre celestial; mas si no perdonáis a los hombres sus ofensas, tampoco vuestro Padre os perdonará vuestras ofensas" (Mateo 6:14-15).

¡Qué bárbaro! Eso sí está fuerte. Pero seamos claras: el perdón de Dios no es un resultado directo de nuestro perdón. Más bien, nuestro fracaso para perdonar a los demás le demuestra a Dios que no hemos reconocido o que no apreciamos la profundidad de su perdón hacia nosotras.

## 2. Perdonamos porque es algo que nos sana emocionalmente

Como descubrieron Martha Edwards y Kim Fuc, cuando extendemos el perdón se lleva a cabo una tremenda sanidad en el corazón. Cuando no perdonamos, nosotras somos las que cargamos con el bulto, no el ofensor. Cada vez que nos rehusamos a perdonar, le añadimos una carga pesada a nuestro corazón y a nuestra mente.

Imagínate que llegaste a tu matrimonio llevando una mochila vacía grande y hermosa. Cada vez que te rehúsas a perdonar a tu cónyuge por una falta u ofensa, le añades un paquete de un kilogramo de harina a tu mochila. En poco tiempo te vencería el peso con una carga que te estaría rompiendo la espalda y eso no es saludable; ni para ti ni para tu matrimonio.

La amargura y la tristeza nos mantienen viviendo en el pasado, provocando que nos estanquemos en nuestra travesía por el sendero de la vida. Por otro lado, el perdón y el amor, nos permiten vivir en el presente y salir adelante con vidas productivas victoriosas. Recuerdo Hebreos 12:1: "Por tanto, nosotros también, teniendo en derredor nuestro tan grande nube de testigos, despojémonos de todo peso y del pecado que nos asedia, y corramos con paciencia la carrera que tenemos por delante". Los corredores de distancias largas saben que no pueden competir si llevan peso extra, así que se deshacen de todo lo que tiene el potencial de dejarlos atrás. En el maratón de la vida, necesitamos hacer lo mismo al dejar a un lado el lastre de la amargura que pudiera obstaculizarnos a alcanzar el pleno potencial de Dios para nuestra vida.

## 3. Perdonamos porque nos ayuda a ser mejores personas

Piensa en lo que el perdón ha significado para ti. Cuando fuiste perdonada te sentiste como una persona nueva con un comienzo fresco, ¿no? Ahora, piensa en el efecto que el perdón puede tener en tu matrimonio. Cuando decides dejar ir la amargura o el resentimiento contra tu marido, incluso cuando crees tener el derecho de sentirte así, tu marido recibe un comienzo fresco. Es libre de tomar nuevas decisiones, mejores decisiones.

El riesgo que corres es que quizá decida seguir en su falta o en su pecado. Pero el hecho es que, la falta de perdón siempre atora y estanca. El perdón, aunque es riesgoso, conlleva un potencial enorme de sanidad y crecimiento.

Cuando nos volvimos cristianas, nuestros pecados fueron perdonados por medio de Cristo, y comenzamos una nueva vida. Pablo lo dijo de esta manera: "De modo que si alguno está en Cristo, nueva criatura es; las cosas viejas pasaron; he aquí todas son hechas nuevas. Y todo esto proviene de Dios, quien nos reconcilió consigo mismo por Cristo, y nos dio el ministerio de la reconciliación" (2 Corintios 5:17-18). Como criaturas perdonadas, hemos sido refrescadas, hemos recibido gozo y la renovación que viene con la reconciliación. Extendámosle esa misma oportunidad a nuestro marido.

# ¿Pero cómo perdono?

Nadie dijo que perdonar fuera fácil. De hecho, es bastante posible que sea uno de los caminos más difíciles que tú y yo jamás tomaremos. Quizá requiera perseverancia continua, la conquista diaria de un gran dolor y el esfuerzo constante de seguir avanzando lejos de la amargura. Las más de las veces, va a requerir una fuerza más allá de la propia: la fuerza de Dios. Nuestra tendencia humana es que se nos dé una fórmula sencilla paso a paso para perdonar con facilidad. Pero las fórmulas no funcionan ya que cada oportunidad para perdonar tiene que ver con circunstancias y personas distintas. En lugar de una fórmula, quiero presentar algunos principios generales para personar que se pueden aplicar a la mayoría de las situaciones.

*Reconocer.* Algunas veces ni siquiera notamos que el sucio demonio de la ira y la amargura se han infiltrado por la puerta trasera de nuestro corazón. La actitud de resentimiento puede ser bastante insidiosa. Por eso es tan importante para nosotras reflexionar periódicamente para identificar cualquier ofensa que tengamos en contra de nuestro marido o de cualquier persona.

Muchas veces estamos tan ocupadas en nuestras rutinas diarias que no nos tomamos el tiempo para ese tipo de meditación. Personalmente he encontrado que el día de reposo es un buen momento para reflexionar en mis relaciones y hacer una "revisión de perdón". La intención de Dios al apartar un día de la semana para Él era darnos tiempo para la renovación espiritual, física y emocional. Pocas cosas traen una sensación mayor de renovación que el hecho de dejar de lado nuestras heridas y extender perdón.

Déjame animarte a apartar tiempo regularmente para hacer una revisión de perdón. Pídele a Dios que te revele cualquier falta de perdón entre tu esposo y tú que necesite ser sanada y corregida.

*Darse cuenta.* Para poder perdonar a nuestro marido, debemos de darnos cuenta de tres cosas. Primero, a causa de lo que hizo Jesús por nosotras en la cruz, no tenemos el derecho de guardar resentimiento contra otra persona. A través del poder de la sangre de Cristo, se nos ha perdonado mucho. Nuestra respuesta de agradecimiento es perdonar a los demás como hemos sido perdonadas.

Segundo, todos caen. Quizá no caigamos en el mismo lugar, en la misma forma o en la misma frecuencia que nuestro marido. Pero así como nosotras necesitamos que se nos extienda la cálida mano del perdón, nosotras también requerimos extenderles perdón, gracia y misericordia a nuestro cónyuge y a los demás.

Tercero, debemos darnos cuenta de que dependemos del poder de Dios para perdonar. Somos humanas; cuando nos hieren o nos ofenden luchamos contra sentimientos fuertes de enojo y amargura y el deseo de venganza. En nuestra propia fuerza, siempre se nos va a hacer difícil perdonar. Necesitamos la fuerza de Dios.

¿Cómo recibimos el poder y la fuerza de Dios para perdonar? Pidiéndolo. Considera hacer una oración similar a esta. Inserta el nombre de tu marido en los espacios en blanco.

Querido Señor, sé lo que necesito para perdonar a _____, pero lo que él ha hecho no merece perdón. Pero, ninguna persona merece ser perdonada. Gracias por tu gracia. Gracias por tu perdón a través de la sangre de Cristo. Ayúdame a través del poder de tu Espíritu Santo a perdonar a _____. Dame la fuerza para hacer una decisión consciente de perdonarlo y seguir adelante. Soy débil, pero tú eres fuerte. Derrama tu perdón y tu amor a través de mí. Trabaja en la vida de _____ para que llegue a ser una nueva persona y utiliza mi perdón como un paso del proceso. En el nombre de Jesús, amén.

*Soltar.* Imagínate una cubeta llena de las decepciones, ofensas y errores que tienes en contra de tu cónyuge: que ha llegado tarde a cenar más veces de las que puedes contar, tirar al piso los calcetines sucios, comprarte un regalo barato en tu aniversario, hacer una inversión equivocada y perder dinero en la bolsa de valores, olvidar sacar la basura o llevar al perro a pasear, no llegar a la reunión; y la lista podría seguir y seguir. Imagínate sosteniendo esta cubeta sobre la cabeza de tu marido. Ahora mentalmente, toma la cubeta y camina hacia el barandal de un barco imaginario en alta mar. Sostén la cubeta sobre el agua y déjala caer. ¡Suéltala! Libérate del peso de esa fuente de enojo y frustración.

La verdad es que desde un principio tú no tenías por qué estar guardando cosas en la cubeta. Salmo 103:12 dice: "Cuanto está lejos el oriente del occidente, hizo alejar de nosotros nuestras rebeliones". Tú y yo debemos hacer lo mismo por nuestro cónyuge.

*Continuar.* Creo que no cometería un error si asumiera que la mayoría de nosotras no estábamos sosteniendo una gran cubeta de enojo y resentimiento sobre la cabeza de nuestro marido cuando nos casamos. Me imagino que tú, así como yo, no habías tomado en cuenta las faltas y debilidades de tu marido y lo único que veías era a un novio cautivante el día de tu boda. Todas comenzamos nuestro matrimonio con una cubeta vacía. Pero las cosas cambiaron y con el tiempo la cubeta comenzó a llenarse.

Una vez que hayamos soltado nuestras pesadas cubetas en el profundo y ancho mar del perdón, necesitamos retomar nuestra relación matrimonial desde la posición de un comienzo limpio. Esto puede ser difícil en nuestras propias fuerzas, pero nuestras debilidades nos dan la oportunidad de permitir que el poder de Dios obre a través de nosotras.

El perdón se debe de reflejar en nuestras acciones. ¿Recuerdas el estudio de Romanos 12 en el primer capítulo? En los versículos 17 y 18 leemos: "No paguéis a nadie mal por mal; procurad lo bueno delante de todos los hombres. Si es posible, en cuanto dependa de vosotros, estad en paz con todos los hombres". Luego en el versículo 21: "No seas vencido de lo malo, sino vence con el bien el mal".

Ahora mismo comienza a llevar a cabo las acciones necesarias para retomar tu relación con tu marido. Háblale con amabilidad. Acércate a su lado como su complemento y edifícalo. Ayúdalo a ser la persona que Dios planeó que el fuera. Bendícelo, no lo maldigas.

Después de todo, ¿qué tiene de bueno decir con nuestra boca que hemos perdonado a nuestro marido si no mostramos evidencia de ello en nuestras acciones? Recuerdo a una mujer que conozco, llamémosla

Sandy, que dice que ha perdonado a su marido e incluso cita versículos bíblicos acerca del perdón. Pero que también dice cosas terribles de él a sus espaldas, y es grosera y enojona delante de él. Para todos a su alrededor es obvio que ella no ha tirado su cubeta al mar. Las acciones hablan mucho más cuando se trata del perdón y del amor. Debemos de escuchar las palabras de 1 Juan 3:18: "Hijitos míos, no amemos de palabra ni de lengua, sino de hecho y en verdad".

*Cumple con tu responsabilidad.* El perdón no borra las consecuencias ni niega la responsabilidad. Al amar y perdonar, también debemos de ayudar a la persona que hemos perdonado a que sea una mejor persona. Si tu marido te está siendo infiel continuamente o está endeudando a la familia a cada rato, o lo atrapas varias veces consumiendo drogas, puedes perdonarlo; pero también tiene que aprender a vivir responsablemente. El pecado continuo indica la necesidad de ayuda y nuestro perdón no debe de ser un auxiliar del progreso del pecado. Sí, debemos de perdonar a nuestro marido por completo en nuestra mente y en nuestro corazón. Pero luego, si lo ves enlodado en un pecado habitual o continuo, necesitas amarlo lo suficiente para ayudarlo a salir de eso.

Aunque la restauración completa está en manos de Dios, tenemos ciertas responsabilidades. (Por supuesto, si eres maltratada, tu responsabilidad es alejarte y alejar a tus hijos de la situación.) Pablo le escribió a los Gálatas: "Hermanos, si alguno fuere sorprendido en alguna falta, vosotros que sois espirituales, restauradle con espíritu de mansedumbre, considerándote a ti mismo, no sea que tú también seas tentado. Sobrellevad los unos las cargas de los otros, y cumplid así la ley de Cristo" (Gálatas 6:1-2). Jesús habló del mismo tema en Mateo 18:15-17:

> Por tanto, si tu hermano peca contra ti, ve y repréndele estando tú y él solos; si te oyere, has ganado a tu hermano. Mas si no te oyere, toma aún contigo a uno o dos, para que en boca de dos o tres testigos conste toda palabra. Si no los oyere a ellos, dilo a la iglesia; y si no oyere a la iglesia, tenle por gentil y publicano.

El desafío para muchas de nosotras como esposas es recordar que no somos el Espíritu Santo personal de nuestro marido. ¡No es nuestro llamado ser Cuchillito de Palo Santo! Pero si tu marido es atrapado continuamente en un pecado, ayúdalo. Dirige tu amor y perdón hacia su restauración. Camina por el sendero de la recuperación de su mano. Por supuesto, cada matrimonio tiene su propio juego único de circunstancias. No debo ni puedo decirte lo que tienes que hacer en cada situación que tenga que ver con la conducta destructiva o pecado habitual de tu

*No tiene caso enterrar un hacha si vas a marcar el lugar donde la sepultaste.* —Sydney Harris

cónyuge. Pero en la mayoría de los casos, estos cuatro recursos pueden ser bastante útiles:

1. *Un consejero cristiano piadoso* que use la Biblia como su recurso principal. Si tu marido no quiere ir contigo, visita sola al consejero para saber cómo responder de la mejor manera a tu cónyuge y ayudarlo a lograr la victoria. Un consejero también te puede ayudar a decidir si es necesaria algún tipo de intervención.

2. *Amigos cristianos fuertes y responsables* que estén dispuestos a reunirse regularmente con tu marido, hacerle las preguntas difíciles y llamarlo a cuentas. (Por supuesto, tu marido tiene que estar dispuesto a someterse a rendirles cuentas a ellos).

3. *Buen material de lectura.* Tanto para obtener sabiduría como ánimo, te recomiendo fuertemente los siguientes libros: *How to act right when your spouse is wrong* (Cómo hacer lo correcto cuando tu pareja hace lo que está mal) de Leslie Vernick (WaterBrook Press, 2001); *El amor debe ser firme* del Dr. James Dobson (Editorial Vida, 1997), *The art of forgiving* (El arte de perdonar) de Lewis B. Snedes (Ballantine Books, 1996).

4. *Oración.* Orar por tu marido es tu llamado más alto y tu responsabilidad más importante como su esposa. El pecado habitual refleja una batalla espiritual. Tú puedes pelear fielmente esa batalla utilizando el arma espiritual de la oración.

Antes de seguir adelante, déjame hacerte dos preguntas con suavidad. Primera: ¿Podría ser que tú seas la que esté atrapada en un pecado habitual y tu marido sea el que esté perdonándote? Si es así, por favor habla con tu marido, considera los cuatro recursos que hemos mencionado, y toma los pasos para recibir ayuda juntos. La travesía hacia la recuperación no es un viaje sencillo, pero te garantizo que será un camino de sanidad tanto para ti como para tu marido.

Segundo, ¿tienes resentimientos contra personas de tu infancia o de otra época? El matrimonio no solo sufre cuando los cónyuges le dan cabida a la falta de perdón entre sí; también sufre cuando uno o ambos compañeros guardan resentimiento en su corazón contra personas que estuvieron en su vida antes del día de su boda.

Por ejemplo, a muchas de nosotras se nos hace fácil culpar a nuestros padres de nuestros fracasos. Acumulamos ira y resentimiento hacia ellos incluso de adultas, usando sus pecados o debilidades como excusas para vivir una vida de derrota. Necesitamos soltar el enojo y las excusas, junto con cualquier derecho que creamos tener de guardarles resentimiento a nuestros padres. Son pecadores que necesitan ser perdonados tanto como el resto de nosotras. Si sigues teniendo resentimiento contra tus padres o alguna persona de tu pasado, la persona a la que estás dañando más es a ti misma. También estás lastimando a tu cónyuge, quien debe enfrentar los efectos de tu actitud de resentimiento. ¿Por qué no experimentar el gozo y la paz que trae el perdón? ¡Comienza el proceso de sanidad hoy mismo!

## Reinas del perdón

La historia nos dice que el rey Luis XII de Francia tenía muchos enemigos antes de llegar al trono. Cuando llegó a ser rey, sus opositores se llenaron de temor. La razón es que Luis había hecho una lista de sus enemigos y había marcado sus nombres con una cruz negra al lado de cada uno. Las personas que estaban en la lista no sabían lo que significaba la cruz negra; pero asumiendo lo peor, no perdieron tiempo en huir de Paris lo más lejos posible.

¡Imagínate su sorpresa cuando cada uno de ellos fue llamado a regresar del exilio y se les aseguró que habían sido perdonados por el rey! Resultó que la cruz negra al lado del nombre de cada uno de ellos no era una marca de castigo o de muerte como ellos habían supuesto; más bien era un símbolo de perdón. La cruz negra era un recordatorio para el rey de que, así como él había recibido el perdón de Dios por la sangre derramada por Jesús en la cruz, él debía perdonar a los demás. Su ejemplo era Cristo, quien pudo haber reunido una legión de ángeles para ayudarlo y vengarlo, pero que en lugar de eso decidió orar por sus asesinos diciendo: "Padre, perdónalos porque no saben lo que hacen".[4]

Como esposas positivas y reinas de nuestro hogar, necesitamos tener la misma actitud real. Hemos sido perdonadas por Cristo. Ahora sigamos su ejemplo y perdonemos a los que están a nuestro alrededor; especialmente a nuestro esposo.

## Punto de Poder

**Lee:** Mateo 26:31-35,69-75; Juan 21:1-17. ¿Cómo crees que se sintió Pedro por lo que hizo la noche en que Jesús fue entregado? ¿Por qué piensas que Jesús le preguntó tres veces a Pedro en el pasaje de Juan? ¿Qué te indica que Jesús perdonó realmente a Pedro?

♡ **Ora:** Glorioso Señor y Padre perdonador, ¡qué maravilloso es tu amor hacia mí! No puedo siquiera comenzar a conocer su altura o profundidad, pero sé que nada puede separarme de ese amor. Gracias por tu amor y por el perdón que me has dado a través de la muerte de tu Hijo, Jesús, en la cruz. Te doy gracias de que murió y resucitó, dándome la promesa del perdón y la vida eterna. Ayúdame ahora a derramar este perdón a todos a mi alrededor y especialmente en mi marido. Dame la fuerza y la capacidad de perdonar. Ayúdame a seguir adelante y a no guardar resentimientos. Ayúdame a soltar cualquier resentimiento que tenga contra mi cónyuge, y ayúdame a amarlo a través de perdonarlo como yo he sido perdonada. En el nombre de Jesús, amén.

💡 **Recuerda:** "Antes sed benignos unos con otros, misericordiosos, perdonándoos unos a otros, como Dios también os perdonó a vosotros en Cristo" (Efesios 4:32).

☺ **Practica:** Aparta un momento el próximo fin de semana para descansar y reflexionar, y pedirle a Dios que te revele cualquier falta de perdón en tu corazón. Luego, pasa por el proceso que describimos en este capítulo: *reconoce* el resentimiento, *date cuenta* de que no tienes derecho de aferrarte a él, *suelta* la amargura y el enojo, *continúa* tu relación con un comienzo limpio, y ayuda a *restaurar* a tu marido si se encuentra atrapado en patrones destructivos de conducta o en un pecado habitual.

# Principio poderoso #2

# El

# poder

# del

# compromiso

*El matrimonio es una promesa compartida solo por dos personas:*
*un voto de amar y soñar y planear juntos durante toda la vida.*

—Louis Fromm

*Y el Señor encamine vuestros corazones al amor de Dios,
y a la paciencia de Cristo.*

—2 Tesalonicenses 3:5

# Un bien escaso
## Lealtad duradera en una sociedad de "mejora continua"

*Tienes que caminar con cuidado al principio del amor;*
*el correr por el campo hasta llegar a los brazos de tu amante*
*solo puede venir después cuando estés segura de que*
*no se reirá de ti si te tropiezas.*

—Jonathan Carroll

Una preciosa familia de palomas hace su nido cada año en lo alto de una columna en nuestro porche trasero. Nos encanta verlas desde la ventana del antecomedor mientras vuelan de un lado al otro preparando el nido. En un par de semanas, comenzamos a escuchar el dulce piar de pequeñas palomas que emergen de la seguridad de sus pequeños cascarones. De vez en cuando alcanzamos a ver sus piquitos rogando por comida. Y luego por supuesto viene la emoción de ver a estos pequeñitos tomar el vuelo. Nos sentimos casi como si fueran nuestros pequeños dejando el nido para encontrar un nuevo hogar.

Quizá nos gusta tanto mirar estas palomas porque hace muchos años Curt y yo criamos un par de hermosas palomas blancas. Disfrutamos mucho ver a nuestras aves crecer, madurar, anidar y después tener pequeñas palomitas. Fue un día triste en la residencia Ladd cuando el palomo se enfrentó a una muerte prematura a manos de un depredador. Pero fue todavía más triste para las palomas que le sobrevivieron.

La hembra pronto comenzó a verse enferma, y yo no podía hacer que comiera nada. En unos días ella también murió. Yo quedé perpleja y triste, y quería comprender que le había sucedido. En mis investigaciones descubrí que nuestras preciosas mascotas eran de hecho palomas huilotas. Las palomas huilotas se aparean de por vida y cuando una de ellas muere, el cónyuge pronto le sigue. Mi paloma murió de quebranto de corazón.

¡Qué increíble ilustración de lo que es el compromiso! Si solo pudiéramos ver estas mismas cualidades en los seres humanos (no me refiero a la parte de llorar una pérdida hasta la muerte, sino a la parte de tener un compañero de por vida). En nuestra cultura, es triste decirlo, nuestro nivel de compromiso ha descendido al punto en que la mayoría de nosotras solo nos comprometemos con lo que es conveniente. Las estadísticas nos dicen, por ejemplo, que el índice de divorcio para todas las parejas casadas en Estados Unidos se encuentra en la actualidad en cincuenta y cuatro por ciento; y de acuerdo con cierto estudio, setenta por ciento de esos divorcios fueron probablemente "innecesarios". En otras palabras, las parejas no se divorciaron a causa de maltrato, adicciones o infidelidad, sino más bien por asuntos como inmadurez, cambio de estilo de vida o incompatibilidad.[1] Su compromiso con sus matrimonios se desvaneció cuando se volvieron inconvenientes.

## Esenciales

El compromiso es un tipo de adhesivo que mantiene unido el matrimonio. Muchas veces decimos que el amor es ese adhesivo; pero es nuestro compromiso con el otro y nuestra dedicación a nuestros votos matrimoniales lo que en realidad sella el pacto. El amor y el compromiso son similares en algunos aspectos, pero no son lo mismo. Cuando decimos que amamos a alguien, se asume el compromiso, pero cuando decimos que estamos comprometidos con alguien, el amor puede estar o no presente. Se *puede* tener compromiso sin amor. Sin embargo, la mayoría del tiempo los dos van de la mano.

Quizá la mayor diferencia entre el amor y el compromiso es que el amor es una actitud del corazón y una decisión de la voluntad; el compromiso es un asunto de carácter. Cuando digo que voy a encontrarme con alguien en cierto lugar en un día en particular, es un asunto de carácter guardar mi palabra. Es lo mismo cuando digo que voy a servir en el comité de la escuela de mis hijos o llevar a cabo una responsabilidad en el trabajo. Cuando digo que voy a hacer algo, debo de hacerlo. Eso es compromiso basado en la integridad de mi palabra.

## Un voto es un voto

Cuando hacemos un voto o tomamos un juramento, nos comprometemos; damos nuestra palabra de que vamos a hacer lo que decimos.

# Un bien escaso

En la mayoría de los votos matrimoniales, por ejemplo, juramos amar, honrar y cuidar "hasta que la muerte los separe". Pero las estadísticas muestran que muchas de nosotras no cumplimos con ello. En estos días la gente permanece casada hasta que "mis necesidades no sean satisfechas" o "dejemos de llevarnos bien".

La forma fácil de salirse del compromiso es declarar "diferencias irreconciliables". ¡Todas las parejas tienen diferencias! Lo que la gente debería decir es: "Parece ser que ya no podemos dejar de lado nuestras diferencias, así que nos rendimos". Si fuéramos honestos las cortes tendrían que poner un sello en los juicios de divorcio que dijera: "Falta de compromiso". Pero, por supuesto, "diferencias irreconciliables" parece mucho más agradable, porque no pone el carácter de nadie en tela de juicio. "Falta de compromiso" implica que no mantenemos nuestra palabra y eso no se ve bien.

¿Cuáles son las razones para la falta de compromiso en los matrimonios de hoy? Ciertamente uno de los factores es el incremento de la deshonestidad y la devaluación general de la integridad en la sociedad actual. Nuestra cultura se ha desviado bastante de honrar la verdad. Hubo una época en que era noble guardar la palabra empeñada; en la actualidad a nadie le sorprende cuando alguien no lo hace. En 1844 Ralph Waldo Emerson escribió: "La verdad es la cúspide del ser".[2] No obstante, por 1922 Christopher Morley dijo con exactitud: "La verdad no es una dieta, sino un condimento".[3] ¿No es triste pensar en lo rápido que dejamos de valorar la verdad como una aptitud esencial del carácter y comenzamos a considerarla un "extra"? ¡Piensa en lo mucho que ese valor ha caído desde 1922!

Jesús estaba bastante consciente de la condición del corazón humano y los desafíos que enfrentamos cuando se requiere que cumplamos nuestros compromisos. En el Sermón del Monte dijo:

> También fue dicho: Cualquiera que repudie a su mujer, dele carta de divorcio. Pero yo os digo que el que repudia a su mujer, a no ser por causa de fornicación, hace que ella adultere; y el que se casa con la repudiada, comete adulterio. Además habéis oído que fue dicho a los antiguos: No perjurarás, sino cumplirás al Señor tus juramentos. Pero yo os digo: No juréis en ninguna manera; ni por el cielo, porque es el trono de Dios; ni por la tierra, porque es el estrado de sus pies; ni por Jerusalén, porque es la ciudad del gran Rey. Ni por tu cabeza jurarás, porque no puedes hacer blanco o negro un solo cabello. Pero sea vuestro hablar: Sí, sí; no, no; porque lo que es más de esto, de mal procede. —Mateo 5:31-37

¿Dirías que Jesús tenía ideas fuertes acerca del poder de un voto? Claramente, rescindir un voto no es un asunto ligero; especialmente un voto matrimonial. Retractarnos de nuestros votos matrimoniales es romper nuestra palabra en el sentido más amplio. No solo le expresamos nuestros votos a nuestro marido, sino que delante de Dios y de los hombres hicimos un compromiso público.

Lamentablemente, mientras que Dios espera que cumplamos con nuestros votos, la gente en general no. Quizá has escuchado el chiste que dice que la cantidad de dinero gastado en una boda es inversamente proporcional a la cantidad de años que el matrimonio durará en realidad. Recientemente escuché que alguien dijo que sesenta por ciento de los invitados que van a presenciar el intercambio de votos de una pareja, en su interior creen que el matrimonio está condenado al fracaso. No estoy segura de cómo es que alguien pudo llegar a esa estadística sin una encuesta de salida nupcial. Pero la implicación obvia es que hemos perdido la confianza en nuestros pares humanos de guardar un voto matrimonial. No necesitamos ver más allá de Hollywood para verlo (donde la pregunta más común es: "¿Este es su cuarto o quinto matrimonio?").

## ¿Feliz o santa?

La devaluación de nuestra palabra definitivamente ha sido un factor destructivo en el matrimonio, pero es probable que solo dé cuenta de una fracción de la verdadera razón por la que tantos matrimonios de hoy terminan en un "divorcio innecesario". Estoy convencida de que una razón con mayor influencia es la creencia errónea que dice: "Se supone que el matrimonio debe hacerme feliz, y si no soy feliz entonces debo de huir". Recuerda el tiempo de tu noviazgo y los primeros años de matrimonio. ¿No creías que tu marido estaba allí para amarte, quererte y hacerte feliz? (¡Yo sí!) Ese pensamiento fascinante se ha infiltrado en toda nuestra cultura.

Pero la verdad es que es un mumpsimus. Yo le llamo el mumpsimus matrimonial; quizá la mayor creencia errónea y la más difundida en el mundo de hoy. En su libro *Matrimonio sagrado,* Gary Thomas desafía el mumpsimus matrimonial con esta pregunta: "¿Y si Dios diseñó el matrimonio para hacernos santos, más que para hacernos felices?".[4] ¡Qué idea tan novedosa en el mundo de hoy!

La realidad es que no es fácil vivir con otra persona. Como cristianas, somos llamadas a reconocer ese hecho y luego a perseverar en los tiempos difíciles, sea que nos sintamos "felices" o no. Nunca se nos promete que la vida será fácil. Sino al contrario; se nos advierte en las Escrituras que la vida no va a ser maravillosa todo el tiempo.

Los primeros cristianos sabían de qué se trataba la perseverancia. Pablo le escribió a Timoteo en 2 Timoteo 2:3: "Tú, pues, sufre penalidades como buen soldado de Jesucristo". Los cristianos del primer siglo entendían el costo del compromiso. Muchos dieron su vida por la causa de Cristo. ¡Y aquí estamos *nosotras*, quejándonos: "Pero es que es tan insensible", o: "Es que no me entiende", o: "Es que gasta demasiado dinero"! Nuestros antepasados cristianos deben estar molestos de ver nuestro nivel tan frágil de compromiso.

Por favor, no me malinterpretes. Si la esposa está en una relación de maltrato o violencia, definitivamente debe alejarse de la situación y pedir ayuda. Pero por lo menos, el compromiso matrimonial *debería* darnos la motivación de soportar esas pequeñas manías o cualidades que no nos gustan o que no disfrutamos de nuestro marido. *Debería* darnos la perseverancia de resistir en los tiempos difíciles que son inevitables en cada matrimonio.

Como sugiere Gary Thomas, quizá el objetivo principal de Dios para nosotras no es que seamos felices, sino hacernos más como Jesús. Y quizá la perseverancia en el matrimonio es una de las herramientas que Dios quiere usar para conformarnos a su imagen. Y quizá la verdadera felicidad y el gozo no provienen de perseguir nuestro propio placer o beneficio, sino de obedecer a Dios y de buscar primeramente su Reino.

¿Qué pasaría si miráramos las diferencias de nuestro marido y nuestras dificultades matrimoniales y dijéramos: "¿Qué será lo que Dios quiere que aprenda de esta relación? ¿Cómo quiere que madure en esta situación con el fin de hacerme más como Cristo?". Qué pasaría si además dijéramos: "¿Cómo puedo ser una bendición para él en estas circunstancias?". No sería maravilloso que comenzáramos a ver a nuestro marido con compasión y aliento en lugar de con disgusto y frustración? ¿No seríamos todas mucho más felices?

## No estamos solas

La mayoría de nosotras recibimos consuelo de saber que no somos las únicas que pasamos por una dificultad particular. Recuerdo que, cuando era una joven madre, descubrí que otras madres jóvenes tenían dificultades con la disciplina y los berrinches de sus hijos. ¡Ese momento "¿Tú también?" fue tan consolador! Lamentablemente, como muchas de nosotras llegamos a la iglesia el domingo por la mañana con sonrisas de plástico y respuestas estándar: "Estoy bien, ¿y tú?", a menudo pensamos que

*Podemos hacer lo que sea nuestro deseo, siempre y cuando nuestro deseo sea lo suficientemente fuerte.*
—Katherine Mansfield

somos las únicas que tenemos alguna dificultad matrimonial. ¡Anímate, hermana! La verdad del asunto es que siempre que dos pecadores se unen en una sola carne, tienen problemas; es verdad que algunos más pronunciados que otros, pero todos los tenemos. Si alguna esposa dice que su matrimonio no tiene problemas, está mintiendo o tiene dos días de casada.

Nuestros desafíos como esposas vienen en distintas formas y tallas. Para algunos matrimonios la dificultad mayor es el dinero; otros batallan con la confianza o con el sexo o con la comunicación. Lo más común es que nosotras como esposas nos sintamos incomprendidas; eso viene incluido en el paquete. ¿Por qué? Porque Dios creó a los hombres y a las mujeres de manera diferente, y hablando en general, no pensamos igual. ¿Crees que tu marido es insensible? ¡Únete al club! Con pocas excepciones la mayoría de los hombres no están hechos para ser particularmente sensibles a los sentimientos de una mujer. Lamento decírtelo, pero, siendo honesta, vas a tener que ajustarte a eso. Tanto como tú quieres ser comprendida, tu marido quiere que comprendas que no te puede comprender. ¿Si me estás siguiendo?

No deberíamos de sorprendernos cuando surjan problemas. Son normales y muchos les suceden a la mayoría de los matrimonios también. Más bien, como esposas positivas debemos de decidir amar *a través* de las dificultades y *más allá* de las diferencias. Necesitamos tomar una decisión consciente de no tomar en cuenta las faltas de nuestro marido y enfocarnos en su potencial. (Vamos a hablar más de cómo hacer esto en el capítulo 8.) El matrimonio es un compromiso de por vida. ¡No podemos rendirnos solo porque haya problemas!

El psicólogo John Gottman asevera poder predecir si una pareja va a "permanecer felizmente casada o se va a disolver". De sus investigaciones obtiene la conclusión siguiente: "Las parejas felizmente casadas no son más listas, ricas o astutas psicológicamente que otras. Pero en su vida cotidiana, han descubierto una dinámica que previene que sus pensamientos y sentimientos negativos acerca del otro (los cuales todas las parejas los tienen) sobrepasen los positivos".[5] En otras palabras, deciden ver más lo bueno en el otro y menos lo malo. ¿Por qué ciertas parejas hacen esto tan bien mientras que a las demás se les dificulta? Estoy segura que es porque se han anclado en la creencia fundamental de que el matrimonio es de por vida, y saben que tienen que sacarle el máximo provecho.

Comencé esta sección con el subtítulo "No estamos solas". Esa frase tiene dos significados. El primero es que no estamos solas por que *todos* los matrimonios experimentan cierto grado de dificultad. Hay otras mujeres que están pasando por luchas semejantes a las que estamos enfrentando. Y, segundo, no estamos solas porque tenemos un maravilloso y amoroso Dios. Su amor hacia nosotras permanece, dándonos la motivación y el impulso de derramar ese mismo amor duradero en nuestro marido.

¿Sientes que simplemente no puedes pasar por alto las faltas más obvias de tu marido? Lleva esas faltas delante del Padre. Pídele su ayuda a Dios para ver más allá de ellas y para madurar por su causa. Pídele que te muestre maneras amables, que no importunen a tu marido, de ser un complemento y ayudar a tu cónyuge. Sobre todas las cosas, ora para que los defectos de tu marido disminuyan, pero asegúrate de incluir una oración por tus propios defectos también.

## Sin válvulas de escape

¿Recuerdas el día en que descubriste por primera vez una mala palabra, tú sabes, una "palabrota"? Nunca voy a olvidar el día en que mi hermana, Karen, y yo estábamos sentadas en el asiento trasero del coche mientras mi mamá estaba sacando el automóvil del estacionamiento. Teníamos las ventanas abiertas y un vecinito hábilmente aventó (quizá debería decir: graciosamente lanzó) una pelota de papel por la ventana del coche que cayó en el regazo de mi hermana.

Karen, quien apenas estaba aprendiendo a leer, procedió a abrir el papel y a leer en voz alta la palabra que venía escrita. No te voy a decir qué palabra era. ¡No es necesario decir que cuando esa palabra pasó por los labios de mi hermana mi madre se horrorizó! Al principio se enojó con Karen, pero cuando se enteró de lo que había sucedido, se puso realmente furiosa contra el vecinito que había tenido el atrevimiento de echar ese papel, y esa palabra, en nuestro coche. Para su buena fortuna, para cuando mi madre entendió todo el asunto, ya se había ido.

Pero espérate, se pone peor. De hecho, el incidente que estoy a punto de describir forma parte de la lista de los momentos más vergonzosos de mi madre. Por principio de cuentas, estábamos en el coche porque íbamos hacia la tienda de abarrotes. (¿Te estás poniendo nerviosa?) Ya en los pasillos atestados de la tienda, una de nosotras (Karen y yo todavía discutimos sobre cual de las dos fue) le preguntó a mi mamá en voz alta: "¿Mami, qué significa _____?".

Ya te podrás imaginar la reacción de mi dulce madre en este momento. ¿Cómo le explicas a una multitud de personas que de pronto dejaron de hacer lo que estaban haciendo para voltear a verte, que un vecinito

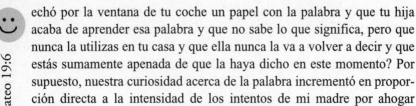

*Así que no son ya más dos, sino una sola carne; por tanto, lo que Dios juntó, no lo separe el hombre.* —Mateo 19:6

echó por la ventana de tu coche un papel con la palabra y que tu hija acaba de aprender esa palabra y que no sabe lo que significa, pero que nunca la utilizas en tu casa y que ella nunca la va a volver a decir y que estás sumamente apenada de que la haya dicho en este momento? Por supuesto, nuestra curiosidad acerca de la palabra incrementó en proporción directa a la intensidad de los intentos de mi madre por ahogar nuestro interés. No te necesito decir que salimos de la tienda sin haber terminado de comprar lo que venía en la lista de compras.

Hay ciertas palabras que nunca deberíamos añadir a nuestro léxico. Gracias a un vecinito problemático, Karen y yo descubrimos una de ellas a una corta edad. Cuando me comprometí con Curt, una mujer sumamente sabía y maravillosa me enseñó otra. La única palabra que jamás se debe pronunciar en una relación matrimonial, me dijo, es la palabra con D: *divorcio*. Nunca debemos dejar que salga de nuestros labios.

¿Por qué? Porque decir la palabra *divorcio* es la llave que abre la válvula de escape en nuestro matrimonio. En el calor del momento, durante una acalorada discusión, es tentador decirla. ¡No lo hagas! Las palabras tienen una fuerza poderosa, y cuando dices la palabra con D, introduces un nuevo concepto por la ventana de tu matrimonio. Entre líneas aceptas que hay una manera de zafarte y comienzas a pensar en cómo llevarlo a cabo. Excepto en los casos de infidelidad o de maltrato, los votos matrimoniales se deben de guardar.

Que esta imagen esté guardada en tu mente: ¡no hay válvula de escape! Tu compromiso matrimonial es un voto de permanecer con tu marido en las buenas y en las malas. Entraste en un pacto y necesitas cumplirlo incluso cuando el camino se ponga difícil. Si ya permitiste que la palabra con D entré en tu matrimonio, permíteme animarte: ¡Deshazte de ella hoy mismo! Así como las mamás les lavan la boca con jabón a sus hijos cuando dicen una mala palabra, limpia tu relación y purifícala de esa palabra. Acuerda con tu cónyuge en nunca volver a pronunciar la palabra con D.

## Nunca te rindas

Soy una gran admiradora de Winston Churchill. Fue un líder increíble y un estadista inspirador que fortaleció y animó al pueblo inglés durante algunos de sus años más desafiantes. Churchill, quien también era un orador de gran profundidad es conocido por uno de sus mejores discursos, el cual también fue el más corto, pero cargado de un efecto poderoso. Esto es lo que dijo: "Nunca se rindan, nunca se rindan, nunca,

nunca, nunca, nunca; en nada, grande o pequeño, importante o pasajero; nunca se rindan excepto a convicciones de honor y buen juicio".[6]

Algunas veces no es lo largo del mensaje lo que cuenta, sino el contenido. Para su público, el breve discurso de Churchill fue avivador e invaluable, y todavía tiene eco en nosotras en la actualidad. ¿Estás dispuesta a prestar oídos a su invitación? ¿Más allá de las debilidades de tu marido, de sus fracasos, de sus problemas y los tuyos, estás dispuesta a no rendirte nunca? ¿Estás dispuesta a vivir para la eternidad y no para el momento?

En 1 Corintios 13:8 Pablo proclama: "El amor nunca deja de ser". Y continúa con una lista de cosas que van a desaparecer: la profecía, las lenguas y la ciencia. Pero dice que la fe, la esperanza y el amor van a permanecer; y: "El mayor de ellos es el amor" (1 Corintios 13:13). ¿Sientes ganas de rendirte en tu matrimonio? ¡No lo hagas! Ten fe en que Dios puede ayudarte en tus dificultades actuales. Sostente de la esperanza de que Él puede resucitar incluso al matrimonio más muerto de todos. Sobre todo, permite que el amor redentor de Dios se derrame en ti y llene el vacío de tu corazón. Tú *puedes* decidir no rendirte nunca, nunca, nunca, nunca. El amor de Dios derramado en ti y a través de ti nunca dejará de ser.

# Punto de Poder

⚙ **Lee:** Momentos destacados del matrimonio de Sara y Abraham en Génesis 12:1-6,10-20;20:1-17;21:1-5. Menciona algunos de los desafíos que Abraham y Sara tuvieron en su matrimonio. ¿Qué errores cometió Abraham? ¿Qué evidencia tenemos de que Sara soportó las dificultades?

♥ **Ora:** Eterno Padre celestial, gracias por nunca rendirte conmigo. ¡Tu amor es impetuoso y perdurable! Gracias por amarme a pesar de mis faltas y fracasos. Que mi amor por mi marido también persevere. Renueva nuestro matrimonio, y ayúdanos a comprometernos nuevamente de por vida. Haz que seamos fieles a nuestros votos matrimoniales hasta que la muerte nos separe. Sella nuestro matrimonio con tu amor perene, así como con tu perdón, esperanza y perseverancia. Te lo pido en el nombre de Jesús, amén.

💡 **Recuerda:** "No nos cansemos, pues, de hacer bien; porque a su tiempo segaremos, si no desmayamos" (Gálatas 6:9).

# Principio poderoso #2: El poder del compromiso

☺ **Practica:** Escríbele una notita de amor a tu marido. Dile lo contenta que estás por estar casada con él y haz una lista con algunas de las cualidades que posee y que te hacen estar agradecida. Concluye la notita diciéndole que estás comprometida con él por el resto de tu vida. Dale la notita cuando vuelva a casa del trabajo o envíasela a su trabajo. (¡Asegúrate de enviarla con carácter de "confidencial"!)

# El arte de discutir
## Técnicas y sugerencias para desacuerdos positivos

*El conflicto es inevitable. Lo importante es cómo se maneje.*

—Michael J. McManus

Le Anne tenía prisa por terminar el betún de la hermosa torta de chocolate alemán que había cocinado para el cumpleaños de su suegra. Se sentía un poco presionada, porque tenía una buena cantidad de ropa que lavar, varios paquetes qué hacer y bastantes mensajes de correo electrónico que revisar antes de empacar a la familia en el coche para el viaje de una hora a la fiesta de cumpleaños.

Justo en el momento de ponerle los detalles finales a la cubierta, su esposo, Paul, llegó de su partido dominical de golf con los muchachos. Volteó a ver la torta y dijo:

—Eso nunca va a funcionar.

—¿Qué? –dijo Le Anne en un tono no muy amigable.

—Mi madre es alérgica a las nueces. Se va a inflar como globo si se come el betún de esa torta.

—¡Pues, puede poner el betún a un lado y comerse lo demás –explotó Le Anne–, porque yo no voy a hacer otra torta!

—No le puedes regalar una torta de cumpleaños que no se pueda comer.

Le Anne volteó a ver a su marido furiosa.

—¡Si tú no hubieras estado todo el día jugando golf podrías haber estado aquí para decirme que tipo de torta *sí* puede comer!

El tema de la discusión pronto dejó de ser el betún con nueces. Pasó rápidamente a las ausencias constantes de Paul los fines de semana, su "obsesión" con el golf y su incapacidad para comprender la tensión y la presión de la vida tan ocupada de su esposa. Finalmente terminó en que Le Anne le compró una torta a su suegra en la pastelería local y en que no le dijo una sola palabra a Paul durante el camino a casa de su suegra. ¡Supongo que Paul tuvo suerte de que siquiera lo acompañara!

¿Te suena medio familiar? Cambia los nombres, algunos detalles y la escena se ha desarrollado en la vida de todas nosotras. ¡Esas cosas insignificantes que llevan a las mayores explosiones en un matrimonio!

No se puede negar que todas las parejas discuten de vez en cuando. Los conflictos surgen en el matrimonio por cualquier cantidad de razones, grandes o pequeñas. Y mientras que podemos dar por sentado que las parejas que más discuten tienen mayores posibilidades de llegar al juzgado para divorciarse que las que discuten con menos frecuencia, la investigación publicada por The Christophers, una organización sin fines de lucro que tiene sus oficinas en la ciudad de Nueva York, observa que las parejas que se divorcian no discuten más que las parejas que permanecen casadas. De los datos recabados, The Christofers concluyen que la clave para el éxito o el fracaso en el matrimonio no es la *cantidad* de desacuerdos que una pareja pueda tener, sino más bien la *forma* en que esos desacuerdos se desarrollan.[1]

El conflicto marital puede ser natural, pero no tiene por qué complicarse. Discutir con éxito es un arte. Como esposas positivas, necesitamos aprender técnicas adecuadas para que nuestros desacuerdos inevitables con nuestro marido lleven a la comprensión mutua en lugar de a la división. Necesitamos aprender a pelear limpio. Eso es de lo que se trata este capítulo.

## ¿Vale la pena que nos peleemos?

Antes de llegar a las reglas específicas de las discusiones, vamos a ponernos de acuerdo en un punto: No todas las discusiones valen la pena. Ahora, no estoy sugiriendo que se establezca un límite a la cantidad de discusiones que tengamos. (Qué barbaridad, esta es la tercera discusión de la semana. Ya nos pasamos de la cuota. Cualquier otra discusión la tendremos que atender hasta la próxima semana.) Pero *es* sabio no discutir por cualquier cosa. Hay algunas cosas por las que vale la pena pelearse; otras no.

El matrimonio, como todas las relaciones, tiene que ver con dar y recibir. No se trata solamente de lo que *yo* quiero, lo que a *mí* me gusta, lo que *yo* necesito. Algunas veces lo mejor que podemos hacer en una situación es pasar por alto la ofensa, tragarnos el orgullo y dejar a un lado nuestros deseos y necesidades. Como Ellen Fein y Sherrie Schneider escribieron en su libro *The Rules of Marriage* (Las reglas del matrimonio), hay ciertas cosas que simplemente tenemos que dejar pasar. "La vida no es justa. No seas una contadora que lleve el marcador de todo lo que una hace contra lo que hace el otro",[2] sugieren. Algunas veces tenemos que ceder nuestros "derechos" por aquello que *es* correcto.

Nuestro manual para la vida, la Biblia, dice mucho acerca de nuestros derechos en el momento de manejar un conflicto. Por ejemplo, Jesús nos dice que pongamos la otra mejilla cuando alguien nos ofenda (Mateo 5:39). No enseña que debemos ser pacificadoras (Mateo 5:9). También dice que si un hermano peca contra nosotras, que debemos ir, mostrarle su falta y tratar de resolver el asunto (Mateo 18:15). El apóstol Pablo hace eco de este tema cuando dice que, en lo que dependa de nosotras, estemos en paz con todos (Romanos 12:18). Y se refirió al tema de los "derechos" muchas veces en sus cartas a las primeras iglesias. Consideremos un par de versículos clave:

Haced todo sin murmuraciones y contiendas, para que seáis irreprensibles y sencillos, hijos de Dios sin mancha en medio de una generación maligna y perversa, en medio de la cual resplandecéis como luminares en el mundo; asidos de la palabra de vida, para que en el día de Cristo yo pueda gloriarme de que no he corrido en vano, ni en vano he trabajado. Y aunque sea derramado en libación sobre el sacrificio y servicio de vuestra fe, me gozo y regocijo con todos vosotros. Y asimismo gozaos y regocijaos también vosotros conmigo. —Filipenses 2:14-18

Pero cuantas cosas eran para mí ganancia, las he estimado como pérdida por amor de Cristo. Y ciertamente, aun estimo todas las cosas como pérdida por la excelencia del conocimiento de Cristo Jesús, mi Señor, por amor del cual lo he perdido todo, y lo tengo por basura, para ganar a Cristo, y ser hallado en él, no teniendo mi propia justicia, que es por la ley, sino la que es por la fe de Cristo, la justicia que es de Dios por la fe. —Filipenses 3:7-9

Estos versículos nos recuerdan tener una perspectiva eterna: reconocer que esta vida en la tierra no es el único reino para el cual vivimos.

Las cosas que parecen ser un gran problema en esta vida a menudo son de poca importancia cuando las consideramos a la luz del panorama completo. Ganar una discusión y obtener lo que queramos quizá sea agradable en el corto plazo, pero obtenemos más a largo plazo si seguimos el ejemplo de Jesús y Pablo y rendimos nuestra vida, y nuestros derechos, por los demás.

Eso no quiere decir que nunca debamos de discutir con nuestro cónyuge. *Hay* momentos en los que tenemos que defender lo que queremos o necesitamos. Hay momentos en los que debemos de sacar a tema una herida o una frustración y hablar sobre ella. Si cierto tema en particular va a seguir molestándonos, no debemos pasarlo por alto. Es mejor hablar de un asunto que dejarlo alimentarse y crecer en un problema mayor. Hacer que nuestro marido esté al tanto de nuestros intereses, necesidades y deseos es saludable. Pero desatar una guerra por esos intereses, necesidades y deseos, la mayoría de las veces, no es sano ni necesario.

Digamos que Amy quiere redecorar la sala de estar, pero Steve siente que la habitación está bien como está y no ve la necesidad de un cambio drástico. Amy podría montarse en su macho, quejarse, insistir, molestar y discutir hasta salirse con la suya. ¿Pero en realidad vale la pena esa guerra? Un camino mejor podía ser considerar la posición de su marido y formularse algunas preguntas. Por ejemplo: ¿cuáles son las objeciones principales de Steve? ¿Tenemos el dinero para redecorar en este momento? ¿Cuáles son los beneficios de redecorar y qué es lo que realmente se necesita hacer? ¿Mi motivación es pura, o solo estoy tratando de no quedarme atrás de mis amigas? ¿Podría esperar? ¿Podrían haber algunos cambios sencillos en los que Steve y yo podamos estar de acuerdo? Después de que Amy se tome el tiempo de orar y evaluar cuidadosamente la situación, estará en una mucho mejor posición para hablar de sus esperanzas y deseos con Steve de una forma positiva.

Debemos recordar que no todos los sueños se harán realidad en esta vida. La mayoría de nosotras hemos dicho en un momento u otro: "Siempre he querido _____" (completa el espacio en blanco). Pero solo porque "siempre hayamos querido" algo no significa que debamos tenerlo o que necesitemos exigirlo. Dios nos ha creado de tal forma que nuestros mayores sueños y deseos solo podrán cumplirse en nuestra morada celestial. No estoy diciendo que debamos renunciar a nuestros intereses y deseos terrenales; estoy diciendo que a veces debemos estar dispuestas a morir a nuestros propios intereses y vivir para nuestro futuro hogar y no para este actual.

Santiago nos da un buen consejo: "Por esto, mis amados hermanos, todo hombre sea pronto para oír, tardo para hablar, tardo para airarse; porque la ira del hombre no obra la justicia de Dios. Por lo cual, desechando toda inmundicia y abundancia de malicia, recibid con mansedumbre la palabra implantada, la cual puede salvar vuestras almas" (Santiago 1:19-21). Llegado el momento, pocos asuntos exigen el desacuerdo. Esta es una pequeña lista que podemos considerar:

- La desobediencia a Dios (por ejemplo: adulterio, ira fuera de control, mentiras).

- La desobediencia a la ley (evadir impuestos, gastar de más continuamente o meterse en deudas, conducir en estado de ebriedad, utilizar sustancias ilegales y demás).

- Lastimarse a uno mismo o a los demás (maltrato físico o verbal dirigido a ti o a tus hijos u otro miembro de la familia).

Aunque quizá tengamos el derecho e incluso la obligación de disentir en esas situaciones, aun así lo debemos hacer en una manera respetuosa y positiva. Pero seamos honestas. La mayoría de las discusiones que tenemos con nuestro marido no tienen que ver con lo que acabamos de mencionar, ¿o sí? Más bien, a menudo surgen en el calor del momento por situaciones sin importancia que se encienden en llamas por mil detalles del pasado que hemos permitido que prendan fuego con el tiempo.

## Las reglas del juego

La mayor parte del tiempo las discusiones simplemente "suceden". No las estamos esperando, no las deseamos y no tenemos la oportunidad de planearlo por adelantado. Muchas veces se vuelven bastante emocionales, y terminamos haciendo y diciendo cosas que luego lamentamos. Por eso, si vamos a ser esposas positivas, necesitamos tener ciertas reglas determinadas de antemano. Esta es "La lista de reglas para el conflicto de la esposa positiva".

### Haz lo siguiente

- Escucha más de lo que hablas (Santiago 1:19).
- Guarda la calma y no subas la voz (Proverbios 15:1).
- Habla del asunto actual, y deja atrás los asuntos del pasado (Filipenses 3:13).
- Evita frases condescendientes o críticas a la personalidad del otro (Efesios 4:29-32).

*Así que, sigamos lo que contribuye a la paz y a la mutua edificación.* —Romanos 14:19

- Enfatiza los hechos, no las especulaciones (2 Corintios 10:5).

- Disponte a pedir perdón o a perdonar (Colosenses 3:13).

- Habla con claridad, consideración y respeto (Colosenses 4:6).

- Guarda tu lengua de decir algo de lo que te arrepientas después (Santiago 3:9-10).

- Oren juntos (1 Tesalonicenses 5:17).

- Ve al grano (1 Timoteo 6:20).

## *No hagas lo siguiente*

- Nunca utilices la palabra con "D" (divorcio).

- No uses frases como "tú siempre" o "tú nunca".

- No grites ni alces la voz.

- No le impongas la ley del hielo.

- No mientas ni manipules.

- No hagas lo que sabes que le enfada.

- No traigas a memoria los pecados o las ofensas del pasado.

Si sigues estas reglas, te ayudarán a asegurarte de que sea una pelea justa y te darán una mejor oportunidad de lograr una resolución positiva del conflicto. Sin embargo, esa resolución, no tiene que venir en la forma de un vencedor y un perdedor. De hecho, las mejores discusiones tienen dos resultados: una disminución en importancia del conflicto inicial y la comprensión de la perspectiva del otro. Eso no es perder-ganar; sino ganar-ganar.

Hace poco, estaba leyendo una lista de chistes breves que me enviaron por correo electrónico. Uno de ellos decía así: "Si no comprendes a alguien camina un kilómetro en sus zapatos. Así, te quedas con sus zapatos y estás a un kilómetro de distancia de él". ¡Ese no es el tipo de solución que buscamos como esposas positivas! Pero creo que necesitamos ponernos en los zapatos de nuestro marido más a menudo y tratar de ver las cosas a través de sus ojos. En un conflicto debemos de buscar no tanto ganar sino asegurarnos que tanto nosotras como nuestro marido lleguemos a una mejor comprensión del punto de vista del otro.

Algunas veces deseamos tanto ganar que no dejamos pasar nada. Admito (y Curt puede confirmarlo) que soy una experta en despedazar un tema, cruel y lentamente hasta su muerte emocional (aunque estoy mejorando en el aspecto de soltar las cosas). He aprendido por la experiencia que hablar una y otra vez del mismo tema hasta enterrarlo no es una buena forma de discutir. Es mucho mejor ponerle una hora límite en nuestra mente al desacuerdo. De esa forma, es más probable que llegues directo al grano y que te refrenes de desviarte del tema con frustraciones o dolores del pasado. Y el solo hecho de saber que una discusión *va* a terminar es un gran consuelo cuando uno está en medio de ella.

La verdad es que la mayoría de las discusiones surgen sin planeación por lo que tendrás que establecer tu límite de tiempo sobre la marcha. Dale una rápida mirada a tu reloj y toma la decisión mental de dar por terminada la discusión en, digamos, diez minutos, aun y cuando no hayas ganado. No olvides que la mejor forma de cerrar una discusión es "estando de acuerdo en estar en desacuerdo". ¡Esa es una solución perfectamente válida! Déjame repetirlo: está bien resolver una discusión acordando con el otro estar en desacuerdo. Si el tema lo amerita, puedes acordar estar en desacuerdo durante un periodo y luego programar un día para hablar de ello nuevamente. Quizá te sorprenda lo mucho que tu corazón, tu mente y tus deseos pueden cambiar cuando dejas un periodo largo para pensar y orar.

# La oportunidad lo es todo

El comediante Dave Barry da esta interesante descripción del tiempo. "Aparte del velcro, el tiempo es la sustancia más misteriosa del universo. No lo puedes ver o tocar, sin embargo, el plomero te puede cobrar setenta y cinco dólares una hora de él, sin haber arreglado nada necesariamente".[3] Quizá no seamos capaces de comprender el tiempo o de tomarlo en nuestras manos; pero como esposas positivas, necesitamos conocer lo suficiente sobre el tiempo para usarlo con sabiduría en nuestro matrimonio.

¿Cuándo es el peor momento para hablar de un tema difícil o tener un desacuerdo con tu cónyuge? Mi esposo te lo puede decir, porque yo solía escogerlo demasiado a menudo: la hora de dormir. Nunca es sabio sacar a tema un problema o derramar tus heridas justo antes de irse a dormir. Efesios 4:26 nos dice que no permitamos que el sol se ponga sobre nuestro enojo. Debemos manejar las situaciones y los problemas durante el día, no después del anochecer cuando todo mundo está cansado e irritable. Si piensas que tu marido es insensible con tus sentimientos, observa como esa insensibilidad aumenta conforme se acerca el momento de irse a la cama. ¿Por qué? Porque todo lo que él quiere hacer es irse a dormir. Lo último que él quiere hacer cuando su cabeza golpea la almohada es hablar de un tema difícil, especialmente si es un asunto que toca las emociones.

Si vas a abordar a tu marido con un asunto que quizá desate un desacuerdo, escoge el momento con sabiduría. Si es necesario, establece una cita con él. Dile: "Amor, se que la hora de dormir no es el mejor momento para comenzar una conversación, y realmente necesito hablar contigo. ¿Podemos quedar en hablar mañana a las 18:45, justo después de la cena?".

Siempre vete a la cama en paz, incluso si eso significa dejar a un lado tu frustración y tu enojo. Quizá descubras que el asunto no parece tan grande después de un buen descanso. Sé que siempre que llevo mis pensamientos de enojo o ansiedad al Señor, y permito que me esperen durante la noche, al día siguiente parecen menos intensos.

La hora no es la única variable a considerar al programar una conversación con tu cónyuge; el día del mes es importante también. ¿Has notado que hay ciertos días durante un mes promedio en el que tu marido deja los calcetines sucios en el piso, se queja de la mancha en la alfombra, se le olvida sacar la basura y te dedica menos tiempo que al control remoto y que no te molesta tanto? Luego, hay otros días del mes en los que con una ligera insinuación sobre la calidad de la cena, explotas y le das una cátedra de treinta minutos acerca de cómo ser sensible y amable con los sentimientos de una persona, y que además *no* es una cátedra agradable.

Lo sé porque a mí me ha pasado, y algo me dice que a ti también. ¿Cuál es el factor oculto que impulsa nuestras reacciones? Dos palabras: hormonas fluctuantes. Durante la parte desagradable de nuestros ciclos mensuales, los cambios hormonales pueden hacernos sentir inseguras y que no somos amadas. En su libro *Las mujeres y el estrés*, Jean Lush enumera una variedad de síntomas que pueden surgir durante este tiempo, incluyendo sentimientos de desaliento, actitudes negativas hacia nosotras mismas y los demás, impulsividad, fatiga y un sentir de pérdida.[4] Las buenas noticias son que estos síntomas generalmente ceden después de algunos días.

Pero durante esos días en particular, simplemente no manejamos bien las cosas. Es fácil para nosotras exagerar. ¿Eso significa que podemos usar las hormonas como un pretexto para hacer daño en nuestra relación matrimonial? ¡De ninguna forma! Más bien, debemos reconocer el papel que nuestras hormonas tienen en nuestra vida y adaptarnos a ello.

Por ejemplo, he aprendido a tomar un descanso extra durante mis días sensibles del mes. Aligerar mi horario y tomar tiempo para hacer cosas que me refresquen (como leer un buen libro, dar un paseo o que me den un masaje en el cuello) que a menudo son justo lo que necesito para evitar que me salga de mis casillas.

También me ha resultado útil advertirle a Curt que estoy batallando con mis hormonas. Pongo un letrero en el baño que dice: "Alerta hormonal; proceda con precaución". Esta es mi manera de dejarle saber que necesita ser un poco más lindo que lo normal conmigo y que se abstenga de hacer preguntas como: ¿Entonces qué fue lo que hiciste durante todo el día?". También es mi manera de recordarle que si me enojo por algo, que no lo tome de manera personal. Quizá mi problema no sea él, sino mis hormonas.

Eso no quiere decir que tengo luz verde para abrir fuego si Curt dice algo que me haga enojar. No está bien que le grite: "¿Qué no leíste el cartel? ¡Déjame en paz estoy en mis días!". Poner un letrero no me da permiso de actuar como un extraterrestre verde y feo devorador de maridos. Pero ayuda a producir una mayor comprensión entre nosotros.

Como esposas positivas, necesitamos hacer lo que sea necesario para lograr la armonía entre nuestro marido y nuestras hormonas. Si tienes dificultades con síntomas pre-menstruales intensos o haz llegado a la menopausia, quizá quieras consultar un médico o buscar métodos de reemplazo hormonal. Y si te enfureces con tu marido por una simpleza o te descubres haciendo una tormenta en un vaso de agua, respira profundamente, y luego ve a revisar el calendario. Quizá el problema sea tuyo y no suyo.

## Nosotras en contra de ellos

Una de mis películas favoritas de todos los tiempos es *Iron Will*. Está basada en la historia verdadera de un adolescente llamado Will quien tomó el desafío de competir en una carrera intercontinental de trineos tirados por perros. El público sigue a Will a través de momentos de gran peligro. Vemos sus victorias. Observamos con expectativa como lucha con tormentas de nieve, con la fatiga y con las acciones malignas de su enemigo (un competidor que quiere ganar a toda costa). Pero, ¡hurra por nuestro héroe! En uno de esos momentos épicos de película los perros del villano pelean entre ellos e incluso lo atacan. Y, como puedes adivinar, Will se adelanta y obtiene la victoria final.

¿Por qué gana Will la carrera? Porque sus perros trabajaron juntos para tirar de su trineo sobre los kilómetros de terreno escarpado. Trabajaron juntos como equipo y se movieron al unísono todo el camino hasta la meta. Mientras que los perros que tiraban del trineo del villano no trabajaron juntos hasta el final. Se atacaron e hicieron de sí, no de los otros corredores, sus peores enemigos.

Como esposas positivas necesitamos estar unidas con nuestro marido para derrotar al enemigo. ¿Y quién es nuestro enemigo? Pedro nos dice: "Sed sobrios, y velad; porque vuestro adversario el diablo, como león rugiente, anda alrededor buscando a quien devorar" (1 Pedro 5:8). A Satanás le encantaría disolver nuestro matrimonio porque es una imagen de Cristo y la Iglesia. El matrimonio fue instituido y diseñado por Dios para funcionar como el fundamento moral y espiritual de nuestra cultura. Sin embargo, el enemigo a menudo utiliza tentaciones de nuestra misma cultura para atacar y destruir los lazos matrimoniales. Pablo habla de esta batalla espiritual en Efesios 6:10-12: "Por lo demás, hermanos míos, fortaleceos en el Señor, y en el poder de su fuerza. Vestíos de toda la armadura de Dios, para que podáis estar firmes contra las asechanzas del diablo. Porque no tenemos lucha contra sangre y carne, sino contra principados, contra potestades, contra los gobernadores de las tinieblas de este siglo, contra huestes espirituales de maldad en las regiones celestes".

Cuando un problema los divida a ti y a tu marido, trata de verlo con ojos espirituales. Tu marido no es el enemigo, sino Satanás. Únete a tu marido y trabajen juntos, al unísono, para encontrar una solución al problema que los está amenazando. Me encanta lo que dijo Benjamín Franklin cuando nuestros antepasados estadounidenses se unieron contra su enemigo común: "Debemos permanecer unidos, o nos colgarán por separado".[5] Si nos atacamos, nos debilitamos; pero al trabajar unidos, nos fortalecemos. Al resistir al enemigo como pareja, podemos avanzar en el duro camino de la vida con la fuerza del Señor.

Jesús dijo: "Y si una casa está dividida contra sí misma, tal casa no puede permanecer" (Marcos 3:25). En todos los matrimonios habrá conflictos, pero también soluciones. Decide hacer pareja con tu marido en las tormentas y en la calma. Trabaja con él, no lo ataques, para llegar a entenderse. Ora por él, anímalo, ayúdalo, pero no te pelees con él. Él no es el enemigo. Peleen la buena batalla como pareja, no en contra del otro, sino en contra de cualquier cosa que pudiera destruir la unidad de su matrimonio.

Si se enojan, no sigan enojados. Es tentador alimentar viejas heridas y guardar resentimiento. Pero más bien decide resolver el problema y salir adelante. Deja que el problema se muera; para que tu matrimonio sobreviva. Como John Gottman dice: "En cierto sentido, un matrimonio vive o muere por las discusiones, por lo bien que las diferencias y las ofensas son traídas a la luz. La clave es la manera de discutir, sea que su estilo incremente la tensión o lleve a un sentimiento de solución".[6]

Las discusiones le pueden suceder incluso a la mejor pareja. La pregunta es si vamos a dejar que nos separen o si las vamos a usar para estar más unidas a nuestro marido que nunca. Nuestras discusiones no tienen por qué terminar en ganador-perdedor. Cada conflicto puede terminar como ganador-ganador si practicamos el arte de discutir positivamente.

## Punto de Poder

**Lee:** Santiago 3:13-4:3. ¿Qué herramientas para un matrimonio positivo puedes obtener de estos versículos? ¿Qué convicciones personales emergen de estas palabras?

**Ora:** Amoroso Padre celestial, hermoso Salvador, gracias por rescatarme del pecado y de las tinieblas. Gracias por hacerme una nueva criatura. Gracias por mi maravilloso marido. Ayúdanos a resolver nuestros conflictos en una manera positiva. Únenos de tal forma que trabajemos juntos en contra del conflicto y no en contra del otro. Júntanos de continuo en amor y perdón. Muéstranos cuándo morir a nosotros mismos y pasar por alto una ofensa. Atráenos más cerca de ti y lejos de las influencias del enemigo. Te lo pido en el nombre de Jesús, amén.

**Recuerda:** "Pero la sabiduría que es de lo alto es primeramente pura, después pacífica, amable, benigna, llena de misericordia y de buenos frutos, sin incertidumbre ni hipocresía" (Santiago 3:17).

**Practica:** En una hoja de papel, escribe la lista "Haz lo siguiente" de la sección "Las reglas del juego" de este mismo capítulo. Busca el versículo que viene aparejado con cada punto y toma nota de los puntos principales. Quizá quieras poner tu papel en un sobre transparente o en un marco para ayudarte a recordar y (sí, memorizar) estos consejos importantes para manejar los desacuerdos con dignidad y gracia.

# El poder del respeto

*Enséñame, mi Dios y Rey, a verte en todas las cosas,*
*Y que lo que haga, lo haga para ti.*

—George Herbert

*Honrad a todos. Amad a los hermanos. Temed a Dios.*
*Honrad al rey.*

—1 Pedro 2:17

# Su deseo secreto
## El regalo del respeto

*El respeto es amor vestido de civil.*

—Frankie Byrne

Durante unos momentos recuerda tus años en la escuela primaria. ¿Recuerdas haber traído a casa un dibujo muy valioso para ti que habías hecho con cariño en clase? Lo más probable es que tu madre al verlo haya hecho todo tipo de expresiones de admiración (sin jamás preguntar qué habías dibujado), te abrazó y luego fijó el dibujo con una tachuela en la pared o con un imán en la puerta del refrigerador. ¡Te sentiste tan orgullosa! Tu madre había recibido con calidez tu obra de arte. La estimó, la respetó y le dio un lugar de honor.

¿Por qué lo hizo? ¿Porque la técnica artística era magnífica? ¿Porque tu dibujo mostraba rasgos de genialidad en las líneas, en los colores y en las texturas que escogiste? ¡Para nada! La llana y sencilla verdad es que tu madre respetó y amó tu obra de arte porque *tú* la hiciste. Porque fue elaborada por la única y gran tú. Tu madre la trató como si valiera un millón de dólares, no por la obra misma, sino en reconocimiento de la persona que la hizo.

Ahora bien, echemos un vistazo a la obra de arte que llamamos "El Marido". ¿Tiene algunos defectos? ¿Es un equilibrio perfecto de sensibilidad, responsabilidad y buen parecer? Bueno, quizá no, pero una vez más, nosotras tampoco. Como el dibujo que nuestras madres aquilataron y respetaron solo porque nosotras lo hicimos, podemos valorar y respetar a nuestro marido solo porque Dios lo hizo. Fue diseñado y moldeado por nuestro amoroso Padre celestial. Es verdad que Dios ha permitido ciertas imperfecciones mientras moremos en nuestro estado pecaminoso aquí en la tierra. Pero cuando dejamos de escudriñar la creación y recordamos al Creador, toda nuestra perspectiva cambia.

## ¿Mejor que el sexo?

Desde que Paramount publicó la película de Mel Gibson *Lo que ellas quieren* hace algunos años, al parecer el interés por encontrar la "exclusiva" sobre lo que el sexo opuesto realmente quiere ha aumentado exponencialmente. Quizá hayas visto las encuestas que han estado circulando en libros, revistas y mensajes de correo electrónico. ¿Qué es lo que crees que está en el primer lugar de la lista de lo que la mayoría de los esposos quieren de sus esposas? Pues el sexo, ¿no? Esa fue mi primera opción también. En el clima cultural actual es fácil asumir que el sexo domina los pensamientos, las esperanzas y los sueños de todos los hombres. Y es verdad que el sexo es de lo primero en la lista de lo que la mayoría de los esposos desean. Pero pregúntale a los hombres qué es lo primero y más importante que ellos quieren de su esposa y la mayoría no va a decir: "Sexo". Van a responder: "Respeto".

El apóstol Pablo no se sorprendería con esa respuesta. En una de sus cartas a los primeros cristianos, Pablo animó a los maridos a *amar* a su esposa y a las esposas a *respetar* a su marido (Efesios 5:33). En su sabiduría celestial, Pablo sabía lo que los hombres y las mujeres realmente quieren del otro. La mayoría de las esposas desean sobre todas las cosas ser amadas completa y honestamente por su marido. Pablo reconoció que los hombres necesitan que se les recuerde eso. Los esposos algunas veces se ocupan con su trabajo o se embeben en sus pasatiempos y pierden el enfoque de amar a su esposa; o por lo menos, se distraen de mostrarlo.

Ya que no estoy escribiendo *El poder del esposo positivo*, no voy a tratar de enseñarles a los maridos cómo amar a su esposa. Ese tendría que ser el tema de otro libro. Pero como *estoy* escribiendo un libro para esposas positivas, déjame preguntar: ¿Por qué piensas que Pablo consideró necesario decirle a las mujeres que *respetaran* a su marido? ¿Será porque fácilmente nos deslizamos de respetar a nuestro marido y comenzamos a criticarlo y a fijarnos solamente en sus debilidades? Pablo les dejó a las esposas un recordatorio santo: respeto, respeto, respeto. El respeto no es solo lo que el marido quiere; es lo que tu matrimonio necesita. Una esposa que le demuestra respeto a su marido está provocando que su matrimonio corra con suavidad y le permite a su cónyuge que se convierta en todo lo que debe ser.

Observa que Pablo no dijo: "*Si* el marido ama a su esposa, *entonces* la esposa puede respetar a su marido". Efesios 5:33 no es una proposición condicional. Incluso si el marido no hace su parte, una esposa aun así debe hacer la suya. La buena nueva es que cuando un cónyuge hace su parte, el otro cónyuge pronto le sigue. Como esposas positivas no necesitamos esperar a que nuestro marido nos demuestre amor antes de actuar; necesitamos tomar la iniciativa y demostrarle respeto de todos modos. Muchas veces la reacción que vendrá es una demostración de amor.

Un ejemplo hermoso de una esposa positiva lo podemos observar en la primera dama Laura Bush. Como mujer de principios y sabiduría, Laura demuestra un respeto obvio por su marido, el presidente George W. Bush. George W. ha dicho de su mujer: "Siempre me pregunta qué estoy haciendo para resolver esto o lo otro, pero creo que confía en que tomo las decisiones correctas".[1] Laura honra a su marido con respeto a través de la confianza y el apoyo que le muestra continuamente. Es una maravillosa ayudadora de nuestro cuadragésimo tercer presidente y una gran inspiración para el resto de nosotras.

## La perspectiva del respeto

Para la mayoría de nosotras, el respeto se demuestra con la amabilidad y la reverencia que le demostramos a otra persona o cosa. Significa que tenemos algo o a alguien en alta estima. Pero el significado bíblico de la palabra va más allá. A menudo, me gusta revisar la versión de la Biblia en inglés, The Amplified Bible, para entender lo que abarca una palabra o frase. Así es como aparece Efesios 5:33 en esta versión: "Que la esposa se asegure de respetar *y* reverenciar a su marido [que le ponga atención, le tenga consideración, le dé honor, lo prefiera, lo venere y lo estime; y que se rinda a él, lo alabe y lo admire excesivamente]".

Bien, pues eso no suena tan difícil, ¿o sí? ¡Nunca me imaginé que en una pequeña palabra pudieran caber tantas acciones! ¿Qué hombre no amaría a una mujer que hiciera todo esto?

Vamos a volver sobre el pasaje y a considerar cada frase a la luz de la manera en que nos relacionamos con nuestro marido. A medida que vayas leyendo la lista siguiente, sustituye el pronombre "ella" con tu nombre y las palabras "a él" con el nombre de tu marido.

- Ella le pone atención a él.

- Ella le tiene consideración a él.

- Ella le honra a él.

- Ella lo prefiere a él.

- Ella lo venera a él.

- Ella lo estima a él.

- Ella se rinde a él.

- Ella lo alaba a él.

- Ella le demuestra amor a él.

- Ella le muestra admiración excesiva a él.

¿Qué tal te fue? Yo me quedé un poco corta. Mi propósito al examinar este versículo no es hacernos sentir ineptas o incompetentes, sino más bien que obtengamos una comprensión más completa de la *actitud* detrás del respeto. Es una actitud que dice que vamos a recibir a nuestro marido, sin importar quien es él o cómo empata con nuestros estándares. Es una actitud que dice que vamos a respetar a nuestro marido incondicionalmente.

Yo sé que eso también es difícil. Todo el capítulo nueve de este libro está dedicado al tema de cómo demostrarle respeto a nuestro marido, incluso cuando no se lo merezca. Por ahora, es suficiente decir que así como tu madre tenía en gran estima tus dibujos, no por tu trabajo en sí, sino porque *tú* los hiciste, de la misma manera tú debes de estimar y respetar a tu marido, no porque lo merezca, sino porque fue creado por Dios. Él es tu hermano en Cristo y tu pareja escogida. El respeto no siempre te va a fluir con facilidad, pero es esencial para tener un matrimonio positivo y lleno de propósito.

Por supuesto, el respeto debe tener su equilibrio. Respetar a tu marido no significa que lo adores (como casi se puede entender por el texto amplificado). Existe el peligro de que al estar tan cautivada por tu marido comiences a vivir para él en lugar de para el Señor. Una perspectiva saludable del respeto pone siempre primero a Dios. Tu esposo nunca suplirá todas tus necesidades; solo Dios puede hacerlo. Dale a Dios el honor, la reverencia y el respeto debido a su nombre; y respeta a tu marido en obediencia a Dios.

## Una palabra dura

Cuando Pablo escribió Efesios 5:33, en realidad estaba dando punto final a un argumento que había comenzado un poco antes en su carta.

Para entender mejor este pasaje, necesitamos regresar varios versículos para obtener el contexto más amplio. Advertencia: Estos versículos contienen una palabra que puede ser ofensiva para las mujeres. A la luz de la cultura actual y el empuje moderno por la igualdad femenina, esta palabra sería lo que yo llamaría *de contracultura* por decir lo menos. Por esta razón, quiero preceder lo que estás a punto de leer con la afirmación de que Jesús fue un gran liberador de las mujeres. En la sociedad judía de la época de Jesús, las mujeres eran consideradas bajas e insignificantes. Jesús las trajo a un estatus más alto y las puso en un lugar de honor.

Las mujeres tuvieron una participación importante en su ministerio y en las primeras iglesias. Eran tenidas en alta consideración tanto por Pedro como por Pablo.

Al leer estas palabras de Pablo, pues, entiende que no está hablando del valor de la mujer, sino que está dando principios de funcionamiento para el matrimonio: "Someteos unos a otros en el temor de Dios. Las casadas estén sujetas a sus propios maridos, como al Señor; porque el marido es cabeza de la mujer, así como Cristo es cabeza de la iglesia, la cual es su cuerpo, y él es su Salvador. Así que, como la iglesia está sujeta a Cristo, así también las casadas lo estén a sus maridos en todo" (Efesios 5:21-24).

Ahí la tenemos, la palabra con S: *sumisión*. Pero no te precipites. ¿Alguna vez has considerado una obra de arte en un museo y has pensado: *¡Qué horrible! Eso no es arte, es basura?* Sin embargo, quizá hubieras tenido una perspectiva distinta si hubieras escuchado la explicación del artista sobre su propia obra y hubieras entendido el significado detrás de ella. De la misma forma, es probable que tengas una idea distinta de la palabra *sumisión* una vez que escuches el corazón del que lo escribió y comprendas sus intenciones al hacerlo.

Muchas veces tenemos reacciones negativas a la idea de la sumisión porque no hemos captado todo su significado. Quizá se nos dificulte someternos a la autoridad en general, especialmente a la autoridad de Dios. Pero la sumisión es un aspecto común de la vida. Está presente de continuo en nuestra relación con los demás. Piensa por un momento en las muchas circunstancias de la vida en las que nos sometemos. En la escuela, el alumno se somete a la autoridad del maestro. Los ciudadanos se someten a las leyes del país. En las amistades nos sometemos de ida y vuelta a los intereses del otro. Como cristianos nos sometemos de continuo a la autoridad de Dios.

La palabra griega original de donde se tradujo la palabra *sumisión* en Efesios 5:21-22 es *hupotasso,* que quiere decir "sujeto" o "sujeción". Es principalmente un término militar, así como un soldado de menor rango cede voluntariamente sus derechos delante de un superior. Así como ese orden funcional es crucial para el éxito de cualquier ejército, es igual de crucial para el éxito de cualquier matrimonio.

En el matrimonio no somos independientes de nuestro cónyuge; somos *inter*dependientes. Somos un equipo, trabajando hacia una meta común. La pregunta es: ¿cuál es la mejor forma para que dos personas de igual valía pero con distintos puntos fuertes, habilidades y atributos, puedan llevar a cabo algún proyecto? La respuesta es: sumisión. Cuando no sometemos voluntariamente al liderazgo de nuestro marido, podemos operar de manera más eficaz para cumplir con los planes que Dios tiene para nuestra vida juntos.

Esta estructura de autoridad no tiene el propósito de ser una cadena en nuestro cuello, sino una cobertura amorosa protectora que Dios nos ha dado. Así como Cristo es cabeza de la Iglesia, nuestros maridos tienen el liderazgo en el hogar; y junto con ello la gran responsabilidad delante de Dios de guiar a su familia de una manera piadosa. Y así como la Iglesia se somete al amor y a la autoridad de Cristo, nosotras las esposas somos llamadas a someternos al amor y la autoridad de nuestro marido.

Eso no significa que nos convirtamos en sus tapetes. Tampoco significa que permanezcamos en silencio cuando tenemos ideas y opiniones. Por el contrario, el matrimonio es un trabajo en equipo, es complementar los talentos y habilidades del otro. En un matrimonio piadoso, los pensamientos y opiniones de la esposa deben de ser tan altamente valorados como los de su marido. Nos desviaríamos de lo que dijo Pablo si pensáramos que una esposa sumisa nunca debería de estar en desacuerdo con su marido o que un esposo nunca debería tomar en cuenta la opinión de su esposa. En el Huerto de Edén, Eva le fue dada a Adán como complemento y ayuda; no como sirvienta. Fue formada de una costilla tomada de su costado y no de un hueso arrancado de la planta de su pie.

No es tan a menudo que las parejas se encuentren en el punto de una decisión que requiera que el cónyuge de "mayor rango" tome la decisión final. Cuando esto sucede, el marido tiene la autoridad final; pero también lleva el peso de la responsabilidad delante de Dios para tomar la mejor decisión para su familia. Como esposas positivas, debemos estar dispuestas a someternos en esas instancias.

Pero mientras que estos actos reales de sumisión son escasos, la actitud básica de respetar el liderazgo de nuestro marido tiene que ser continua. La sumisión en realidad se trata de decidir respetar a nuestro marido en su papel dado por Dios. Una actitud continuamente respetuosa

*Por lo demás, cada uno de vosotros ame también a su mujer como a sí mismo; y la mujer respete a su marido.*
—Efesios 5:33

es un aroma fragante que puede aliviar un matrimonio e inundar todo el hogar.

# El regalo

Recientemente, me dio gran placer leer *Zig,* la autobiografía de Zig Ziglar. En esta pintoresca historia real de un hombre verdaderamente positivo, también vi la imagen de una esposa profundamente positiva. Zig se refiere a ella afectuosamente como "la Pelirroja". A lo largo de los años de dificultades financieras y cambios de empleo, los Ziglar se mudaron muchas veces. Esto sería suficiente para exasperar a la mayoría de las esposas, pero no a la Pelirroja. Ella siguió amando, honrando y respetando a Zig a lo largo de los años de austeridad. En su libro, Zig menciona muchas veces lo bendecido que fue de tener una esposa que siempre lo apoyó y creyó en él.[2]

Posiblemente no exista un regalo mayor que le podamos dar a nuestro marido que el regalo del respeto. Sí, el respeto es un regalo. No se da por interés. No es condicional. El respeto se envuelve en el hermoso papel de las palabras amables y tiernas y se ata con el enorme moño de un espíritu amoroso. Es darnos a nosotras mismas. Es ir más allá de lo que queremos y ofrecerle a nuestro marido lo que necesita. No es un regalo fácil de dar.

Pero de igual forma, las mayores bendiciones de la vida raramente son gratis. Vienen con un precio alto, porque son de gran valor. Me acuerdo de Gretchen que invirtió muchas horas de investigación, desarrollo y trabajo duro para comenzar un negocio de joyería. No fue fácil, pero tener y operar su propio negocio siempre fue su sueño. El resultado final, ella te lo puede decir, ha valido la pena el sacrificio.

Recuerdo a Patti, quien junto con su marido, construyeron la casa de sus sueños. La pareja invirtió muchas horas planeando, comprando y considerando muestras de alfombra y de pintura. Voluntariamente hicieron el esfuerzo porque la casa tenía un gran valor para ellos. El resultado final es una casa maravillosa que ahora pueden disfrutar con su familia y sus amigos.

El matrimonio es un bien valioso que requiere una inversión de autosacrificio y respeto, tanto del marido como de la mujer. Pero sea que el esposo haga su parte o no, nosotras como esposas positivas debemos de hacer la nuestra. Necesitamos extender el regalo del respeto y el honor a nuestros maridos, ayudándolos a convertirse en los hombres que Dios quiso que fueran. Aunque el respeto es un regalo sin motivos ocultos recibimos algo a cambio: la bendición de un marido que tiene la capacidad de alcanzar su potencial y convertirse en el hombre que Dios quiere. Nuestro respeto es un catalizador que impulsa a nuestro marido hacia la grandeza. Tú has escuchado el dicho: "Detrás de cada gran hombre, hay una gran mujer". ¡Es verdad! La grandeza de un hombre fluye del respeto y el honor que su esposa le da.

En Proverbios 31 leemos acerca de las características de la mujer virtuosa. El versículo 23 nos dice: "Su marido es conocido en las puertas, cuando se sienta con los ancianos de la tierra". ¿Por qué crees que su marido es respetado en las puertas (el lugar donde estaban los juzgados en tiempos bíblicos)? Yo creo que es porque su esposa le da el regalo del respeto en casa. Su respeto es el catalizador que lo capacita a salir a la comunidad con confianza e integridad y ganarse el respeto de los demás.

Como esposas positivas necesitamos entender que el respeto es una herramienta poderosa en nuestras manos. ¿Qué sucede cuando una esposa respeta a su marido? Él avanza, sabiendo que la persona más cercana a él en todo el mundo ve su potencial y lo respalda. Es algo poderoso tener gente en tu vida que crea en ti y que te anime a usar tus dones y talentos y a perseguir tus sueños. ¿No es maravilloso ser capaz de darle ese mismo tipo de apoyo a tu marido?

¿Qué sucede cuando una esposa se niega a respetar a su marido? Se desanima. Pierde la motivación para salir adelante. Una esposa quejumbrosa lo obstaculiza y lo desalienta. Después de todo, si su propia esposa no lo respeta, ¿cuáles son las probabilidades de que se respete a sí mismo? Se convierte en el "carcoma en sus huesos" del que habla Proverbios 12:4. ¡Qué nunca sea así en nuestro hogar!

¿Qué aspecto tiene la falta de respeto? Considera la lista siguiente:

- Fruncir el ceño
- Mirarlo con impaciencia o burla
- Criticarlo o menospreciarlo
- Discutir constantemente
- Hacer comentarios derogatorios que insinúen que no es un buen proveedor o un buen líder espiritual
- Mentirle
- Condicionar el sexo
- Criticarlo frente a sus amigos o frente a tus amigas
- Desechar las normas que él establece contigo para las finanzas familiares
- Ignorarlo

¿Qué aspecto tiene el respeto? Se muestra de las siguientes formas:

- Sonreírle
- Abrazarlo cuando regresa a casa
- Darle un voto de confianza
- Escribirle una nota de ánimo
- Verlo con una chispa en la mirada que diga: "¡Después de todos estos años, sigo pensando que eres el mejor!"
- Presumirlo delante de los demás
- Admirar sus habilidades
- Poner en práctica los acuerdos financieros a los que hayan llegado
- Prestarle atención
- Escucharlo
- Cocinar su cena favorita
- Animarlo a alcanzar sus metas y seguir sus sueños
- Darle tiempo para que lleve a cabo sus pasatiempos
- Alentar sus (buenas) amistades con los muchachos
- Levantarlo y apoyarlo frente a los niños

¡La lista podría seguir y seguir, pero creo que ya entendiste la idea!

## Una visita a una galería

Curt y yo recientemente celebramos nuestro vigésimo aniversario con un viaje a California. Una de nuestras actividades favoritas al viajar es visitar las galerías locales, así que nos detuvimos en una galería que tenía varios dibujos originales de Rembrandt y Matisse. Los dibujos eran burdos y no tenían mucho que verles, pero ¡sí que costaban dinero! Basándome en el precio puedo decirte que eran tenidos en gran estima. ¿Por qué? Porque habían salido de las manos de unos de los artistas más reconocidos del mundo. Una vez más, recordé que no es la obra de arte misma la que la hace valiosa, sino el artista.

Nuestro marido es una creación única de Dios. Como esposas positivas mirémoslo con respeto; como si estuviéramos frente al dibujo de un gran artista. Quizá nuestro marido es una obra en proceso (¿no lo somos todas?). Eso no importa; él es valioso por el que lo hizo. Préstale atención, hónralo, prefiérelo, estímalo. Recuerda que ha llegado a ti por medio de las manos de tu maravilloso Padre celestial, el mejor artista de todos.

# Punto de Poder

✿ **Lee:** 2 Samuel 6:12-23. Aquí vemos la imagen lamentable de la falta de respeto en un matrimonio, que demuestra lo importante que es el respeto para un marido. ¿Qué hizo David que su esposa Mical no aprobó? ¿Cómo le faltó al respeto? ¿Cómo se sintió David por su falta de respeto? ¿Cuáles fueron las consecuencias?

♡ **Ora:** Glorioso Señor y Salvador, gracias por la maravillosa cobertura que has puesto sobre nosotras como esposas. Gracias por mi marido. Ayúdame a darle el regalo del respeto todos los días de nuestro matrimonio. Que mi sumisión a él refleje la sumisión de la Iglesia a Cristo. Enséñame formas creativas y nuevas de cómo mostrarle respeto para edificarlo y animarlo para seguir tu llamado sobre su vida. Trabaja en su vida y en la mía, permitiéndonos convertirnos en todo lo que fuimos creados para tu gloria. Te lo pido en el nombre de Jesús, amén.

💡 **Recuerda:** "Por lo demás, cada uno de vosotros ame también a su mujer como a sí mismo; y la mujer respete a su marido" (Efesios 5:33).

☺ **Practica:** Aparta un momento para estar a solas con Dios y reflexiona sobre tu relación con tu marido. Sométete a la guía de Dios y pídele que te revele la forma en que le faltas al respeto a tu marido. Pídele a Dios que te ayude a respetar y a estimar a tu marido en esos aspectos en particular. Busca varias oportunidades en la semana para decir o hacer algo que le demuestre a tu marido que lo respetas.

# La actitud lo es todo
## Cómo construir un mejor matrimonio con una expectativa brillante

*La mayor parte de nuestra felicidad o tristeza depende de nuestra disposición y no de nuestras circunstancias.*

—Martha Washington

Nuestra familia visitó recientemente una posada maravillosa que está perfectamente ubicada en un lago silencioso en las faldas de las montañas Smokey. Greystone Inn es uno de los lugares más felices que he visitado. ¿Por qué? Creo que la razón se remonta a los propietarios de la posada, Tim y Boo Boo (sí, así se llama, Boo Boo) Lovelace. En cualquier día puedes encontrar a esta pareja optimista conversando con sus huéspedes durante el té de la tarde en el porche principal. Al acercarse el atardecer, a Tim le gusta llevar a los huéspedes en un crucero alrededor del lago en su bote eléctrico para ver la puesta de sol. A Tim y A Boo Boo les encanta lo que hacen; pero, sobre todo, aman la vida y a la gente en su vida.

Esta actitud parece filtrarse hacia al administrador y al maletero de la posada. Reciben a los huéspedes con calidez, respeto y un espíritu que dice: "¿Qué puedo hacer por usted para hacer su estancia maravillosa?". De allí, la perspectiva positiva se derrama sobre el resto del personal, quienes sonríen y conversan con los huéspedes y se ofrecen a ayudar más allá del llamado del deber. Nuestra estancia fue maravillosa porque estuvimos rodeados de amabilidad y parabienes durante todo el fin de semana. Incluso percibimos que nosotros mismos nos animábamos y nos servíamos más entre nosotros. ¡La actitud de aliento era contagiosa!

Una actitud positiva tiene un efecto poderoso en las personas que nos rodean. Quizá estés pensando: *Pero no me siento con ganas de ser positiva y alegre todo el tiempo.* Tener una actitud positiva no significa que neguemos nuestros sentimientos o que pasemos por alto las heridas. Hay "tiempo de llorar, y tiempo de reír; tiempo de endechar, y tiempo de bailar" como dice en Eclesiastés 3:4. Nunca debemos de negar nuestras emociones, pero en medio de estar experimentándolas, nuestra actitud *puede* permanecer constante. Una actitud positiva no es un sentimiento sino una perspectiva básica que tenemos hacia la gente y hacia la vida. Representa una esperanza y una fe que están enraizadas dentro de nuestro corazón.

## Perfume de mujer

¿Has escuchado decir que algunas personas iluminan una habitación con su sola presencia, mientras que otras la iluminan al irse? Nosotras queremos ser de las que iluminamos las habitaciones, no de las murmuradoras pesimistas. Jesús les dijo a sus seguidores: "Así alumbre vuestra luz delante de los hombres, para que vean vuestras buenas obras, y glorifiquen a vuestro Padre que está en los cielos" (Mateo 5:16). No estaba diciendo que deberíamos ser María Sonrisas, Marcela Fachadas o Perfecta González; estaba diciendo que Dios ha colocado su Evangelio de verdad, gozo y esperanza en nuestro corazón y que no deberíamos de esconderlo.

Uno de mis autores favoritos es Robert Louis Stevenson. Quien fue un escritor talentoso, bastante prolífico de adulto, pero que de niño se enfermaba a cada rato. Como se resfriaba con tanta facilidad con los frescos vientos invernales en su pueblo natal de Edimburgo, Escocia, sus padres lo mantenían dentro de la casa durante toda la temporada. Todo lo que él veía del mundo durante esos meses era a través de la ventana de su cuarto. Mucha de su niñez la pasó en la cama, pero el pequeño Robert le sacaba el mejor partido a su situación a través de jugar con sus barcos de juguete y soldaditos de plomo y construyendo ciudades imaginarias en lo que llegó a llamar "el agradable país del cobertor". Sus reflexiones sobre esta época se convirtieron en la base de su poema "El país del cobertor":

Cuando me enfermaba y me metían en cama,
Tenía dos almohadas debajo de mi cabeza,

Y todos mis juguetes alrededor de mí
Para mantenerme feliz todo el día.
Y algunas veces durante una hora o más
Veía a mis soldados de plomo salir,
Con distintos uniformes y vestimentas,
Por entre las sabanas, a lo largo de las montañas;
Y algunas veces enviaba mis barcos en flotas,
Arriba y abajo de las cobijas;
O sacaba mis árboles y mis casas,
Y plantaba ciudades por todos lados.
Yo era el gigante, grande y quieto
Que se sienta en la colina de la almohada,
Que veía delante de él, llano y plano,
El agradable país del cobertor.[1]

Aunque podría haber alimentado una actitud amarga hacia la vida debido a sus restricciones físicas, Stevenson decidió ver el mundo en una forma positiva y brillante. Aprendió a sacarle el mejor partido a su situación. ¿De dónde provenían las raíces de esta actitud? De las dos mujeres de la infancia de Stevenson que más influyeron en la perspectiva de su vida. Una de ellas era su madre "la joya más valiosa de todas", que así la llamaba. Quien hacia de su monótono cuarto un lugar esplendoroso y feliz. Aunque ella misma no tenía tampoco un cuerpo fuerte, siempre estaba lista para jugar con su hijo en su habitación. La otra mujer fue su enfermera, Alison Cunningham (Cummie, para el pequeño Robert) quien era paciente amable y que siempre estaba presente para ahuyentar sus temores y aliviar su dolor.

En la primavera, Robert ya no seguía confinado a su habitación y pasaba mucho tiempo en el jardín de su abuelo. Como las flores, "comenzaba a levantar su cabeza para crecer fuerte en la luz del sol", escribió uno de sus biógrafos. "Era un mundo distinto parta él cuando el sol brillaba y el cielo era azul y los espléndidos colores de las flores hacían de sus días una revuelta arcoiris de gozo".[2]

Se cuenta que más tarde en su vida, cuando estaba sufriendo con la tuberculosis, su esposa lo escuchó arqueándose y tosiendo y que entró en su habitación. "Supongo que todavía crees que es un día maravilloso" comentó con cinismo. Stevenson se volteó hacia la ventana, que estaba refulgente de la luz del sol y respondió: "¡Así es! Nunca voy a dejar que una hilera de medicinas bloqueen mi horizonte".[3]

Stevenson mantuvo su actitud positiva a lo largo de los tiempos difíciles de su vida. La vida se da, y no siempre es agradable. Pero sin importar los altibajos, una cosa *puede* permanecer constante: la perspectiva que escojamos tener en la vida. Tenemos el poder de influir y establecer el tono de nuestra vida con nuestra actitud. ¿Escogeremos ver al mundo en los tintes esperanzadores del color vibrante o decidiremos pintar nuestros problemas de un gris triste y fatalista? La decisión es nuestra así como fue decisión de Robert Louis Stevenson. Qué triste es pensar que su esposa no tomó la decisión positiva que él tomó.

## Sin "hubieras"

Quizá te estés preguntando qué tiene que ver respetar a nuestro marido con tener una actitud positiva. El respeto tiene que ver con decisiones positivas. Debemos de decidir hablar con amabilidad acerca de nuestro cónyuge y no hablar mal de él a sus espaldas. Debemos de decidir ver y honrar sus buenas cualidades mientras que decidimos pasar por alto algunos de sus errores. Debemos de escoger edificar nuestro hogar con respeto y no derribarlo con rivalidad; y ese proceso comienza con la actitud que escojamos. Recuerdo las palabras de Salomón en Proverbios 14:1: "La mujer sabia edifica su casa; mas la necia con sus manos la derriba". Que seamos edificadoras o derribadoras depende de la actitud de nuestro corazón y la perspectiva que escojamos.

Muchas esposas malgastan su vida con la enfermedad del "hubiera": "Si mi marido hubiera trabajado con más ahínco". "Si mi marido hubiera sido un líder espiritual en nuestra casa". "Si hubiera sido más sensible con mis sentimientos". "Si hubiera pasado un poco de más tiempo conmigo". "Si hubiera..." (completa la frase).Todas tenemos cosas que deseamos fueran distintas en nuestra vida, en nuestro matrimonio y especialmente con nuestro cónyuge. Pero la *hubieritis* solo sirve para consumirnos por dentro y propicia enojo y falta de respeto contra nuestro marido. Debemos de decidir a diario no dejarnos vencer por él.

En una columna reciente de "Querida Abby" (Dear Abby) presentaron varias cartas que fueron enviadas para opinar sobre el viejo refrán: "Si los hubieras fueran vasos y cántaros, no tendrían trabajo los alfareros". Una sabia mujer que escribió, explicó su filosofía sobre la actitud:

No solo recuerdo a mi madre diciéndome el mismo refrán, sino que además tenía otro: "Si los deseos fueran caballos, los pordioseros cabalgarían". Ambos son de una generación pasada que no quería tener nada que ver con la mentalidad del "hubiera" o del "me gustaría". En otras palabras, si quieres que algo suceda en tu vida, trabaja por ello. Si sucede algo que no te gusta resuélvelo, madura y sal adelante. No solo sueñes, te quejes y culpes. Podríamos servirnos un poco más de esa sabiduría que te ponía los pies en la tierra en esta época de demandas frívolas, trampas en la escuela y en los negocios, y demás.[4]

Podríamos añadir a su lista los divorcios provocados por culpar al otro o faltarle al respeto. La enfermedad del hubiera se ha difundido tanto en nuestra sociedad que siempre le echa la culpa a alguien más. Pero las Escrituras nos dan una receta para evitar que esta enfermedad se establezca en nuestro corazón, en nuestra mente y que destruya nuestro matrimonio.

Se encuentra en Filipenses 4:4-9. Advertencia: ¡Esto es poderoso! Ingiérelo diariamente hasta que se vuelva parte de tu vida.

Regocijaos en el Señor siempre. Otra vez digo: ¡Regocijaos! Vuestra gentileza sea conocida de todos los hombres. El Señor está cerca. Por nada estéis afanosos, sino sean conocidas vuestras peticiones delante de Dios en toda oración y ruego, con acción de gracias. Y la paz de Dios, que sobrepasa todo entendimiento, guardará vuestros corazones y vuestros pensamientos en Cristo Jesús. Por lo demás, hermanos, todo lo que es verdadero, todo lo honesto, todo lo justo, todo lo puro, todo lo amable, todo lo que es de buen nombre; si hay virtud alguna, si algo digno de alabanza, en esto pensad. Lo que aprendisteis y recibisteis y oísteis y visteis en mí, esto haced; y el Dios de paz estará con vosotros.

¡Qué increíble! Es medicina de la que todas podemos disponer cuando queramos, aunque sea difícil de tragar. Confieso que la necesito. La enfermedad del hubiera se manifiesta en mi vida cuando pienso: *Si Curt me hubiera abrazado en la iglesia, entonces yo sabría que me ama verdaderamente.* ¡Qué ridículo! Curt no es del tipo de hombre que se la pase abrazándome. Yo lo sé. Solo porque no me abrace no significa que no me ame. *¡Déjate de cosas y madura, Karol!* Me tengo que decir a mí misma. *Enfócate en lo que Curt hace para demostrarte su amor y cariño.*

O pienso: *Si solo no hubiéramos venido a vivir a Dallas, donde todas las mujeres son hermosas por su ropa cara y cuerpos contorneados (gracias a la cirugía plástica).* De nuevo tengo que decirme a mí misma: *¡Ya basta, Karol! Deja de ver lo que las demás tienen o lo que han logrado y concéntrate en la verdad. ¿Y cuál es la verdad?* Que dondequiera que yo viva, voy a encontrar personas hermosas y personas

*Mejor es morar en tierra desierta que con la mujer rencillosa e iracunda.* —Proverbios 21:19

no tan hermosas. Que hay mucho más en la vida que luchar por obtener riquezas o belleza. Que lo importante es desarrollar cualidades hermosas duraderas en mi ser interior; en lo escondido del corazón. ¡A veces una fuerte dosis de Filipenses 4:4-9 es justo lo que necesito para aliviar la actitud destructiva de los deseos, anhelos y hubieras!

# Recuento de bendiciones

¿Cuándo fue la última vez que reflexionaste en las bendiciones que has experimentado? Dios está obrando en nuestra vida a diario, pero a veces olvidamos tomar en cuenta lo bueno que está haciendo. Con facilidad notamos las cosas que no nos gustan o cosas que nos gustaría que fueran de otra forma; ¡pero rara vez meditamos en lo bueno que llega a diario a nuestra puerta!

En su profundo libro *El factor generosidad*, Ken Blanchard y S. Truett Cathy recomiendan hacer un "recuento de bendiciones".[5] Al escribir una lista de las cosas buenas que suceden en tu vida a diario, así como de todo lo bueno que te ha sucedido en tu vida, tu actitud y tu perspectiva se transforman. Tus ojos se abren a lo bueno y a lo hermoso en tu vida. Comienza la lista mencionando las personas que son o han sido una bendición para ti. Una vez que comiences, tus pensamientos empezarán a fluir y tu lista va a crecer. Sobre todo, tu corazón se va a comenzar a llenar de gratitud. En circunstancias difíciles o desafiantes, este ejercicio puede ayudarte a mantener las cosas en perspectiva.

La idea del recuento de bendiciones fue ilustrada hermosamente en las vidas de Martin y Gracia Burnham, quienes fueron misioneros estadounidenses capturados por la Guerrilla de Abu Sayaf en 2001. Durante su dramático rescate del cautiverio en la primavera de 2002 Martin quedó en medio del fuego cruzado y murió. Pero su vida y la de Gracia son un testimonio del poder y la belleza de una actitud positiva y agradecida. Durante el tiempo en que estuvieron cautivos, Martin se ofrecía generosamente a cargar cosas de sus captores así como de los otros rehenes. Cada noche, cuando Martin era encadenado a un árbol por un guerrillero, le daba las gracias al guardia y le daba las buenas noches. De acuerdo con el relato de Gracia, Martin era altamente respetado por todos los guerrilleros que los tenían en custodia ya que continuamente demostraba el amor y la compasión de Cristo.

Un día, después de una caminata larga y cansada con los guerrilleros, los Burnham instalaron su hamaca y se sentaron a conversar. Martin reflexionó: "Ha sido un año difícil, pero también ha sido un buen año". Entonces comenzaron a darle gracias al Señor por todo lo que se les venía a la mente, comenzando con la hamaca y las botas. Siguieron dándole gracias a Dios por todos los creyentes que habían conocido, y Dios animó su corazón al recordar a cada persona, pareja, familia e iglesia que sabían estaban orando por ellos.

A menudo, el Salmo 100:2 venía a la mente de Martín: "Servid a Jehová con alegría; venid ante su presencia con regocijo". Martin decía: "Quizá no salgamos con vida de esta jungla, pero por lo menos podemos dejar este mundo sirviendo a Dios con *alegría*. Podemos servirlo justo aquí donde estamos, y con alegría".

Justo antes de que Martin pasara de este mundo a su morada celestial, los Burnham oraron juntos, le dieron gracias a Dios por su fidelidad y luego se recostaron para tomar una siesta. Despertaron por el intercambio de fuego entre los guerrilleros y un grupo de exploradores filipinos que habían venido a rescatar a los rehenes. Martin fue alcanzado por las balas y llevado a la presencia de su amoroso Señor.

Haber sido tomados como rehenes no era obstáculo para que los Burnham le dieran gracias a Dios, lo alabaran y reflexionaran en sus bendiciones. Llevar la cuenta de sus bendiciones no solo les dio fuerza, sino que edificó su fe y la fe de los que los rodeaban.[6] ¡Si los Burnham podían darle gracias a Dios en medio de su cautiverio primitivo en la selva filipina, con toda seguridad podemos vivir una vida agradecida en la comodidad y seguridad de nuestra propia casa!

## La decisión es nuestra

Tenemos la tendencia de hacer que nuestra actitud dependa de nuestras circunstancias. Pero si nos esperamos hasta que "nos nazca", quizá nunca se produzca una actitud positiva en nosotras. No, nuestra actitud proviene de una decisión que debemos tomar a diario. ¿Me voy a enfocar en lo que está mal en mi vida, o voy a decidir ver lo que Dios puede hacer en y a través de mis circunstancias? Estoy agradecida de que Pablo decidió usar los lentes brillantes de la esperanza en medio de sus circunstancias. En numerosas ocasiones terminó en una celda solo por predicar acerca de Jesús. Tenía la justificación perfecta para llorar y decir: "¡No es justo!" "¡No es justo que esté aquí! ¡No es justo que Dios permita que esté aquí cuando todo lo que estaba haciendo era su voluntad!".

¿Cuándo fue la última vez que clamaste: "No es justo"? Quizá lo dijiste porque estabas comparando tu situación con la de alguien más. "No es justo que su marido sea amable y sensible, mientras que el mío ignora como me siento". "No es justo que mi marido trabaje hasta tarde

todo el tiempo y que otros maridos no". "No es justo que _____"
(completa la frase).

Hubiera sido fácil para Pablo considerar sus circunstancias, detenerse
y renunciar a su tarea. Pero en lugar de ver su celda como un callejón
sin salida, la vio como una oportunidad para difundir la esperanza. Les
ministró a los prisioneros y a sus custodios. Les escribió cartas a las
primeras iglesias cristianas y a sus compañeros en la obra de Cristo.
Estas cartas fueron mensajes de esperanza y ánimo. De hecho, las palabras que leímos anteriormente en Filipenses 4 fueron escritas por Pablo
mientras estaba en prisión: "Regocijaos en el Señor siempre".

Pablo habla de estar contentos en toda circunstancia. Y termina
diciendo una de las más grandes declaraciones de fe jamás pronunciadas: "Todo lo puedo en Cristo que me fortalece" (Filipenses 4:13).
Quizá ya hayas escuchado esta frase como una herramienta de motivación demasiadas veces antes, pero ¿sabías que Pablo estaba hablando
acerca de contentarse?

La clave de Pablo para el contentamiento y una perspectiva positiva
era simple: Reconoce que puedes salir airosa de cualquier circunstancia
por medio de la fuerza que solo Cristo te puede dar.

¿Tienes tu fuerza en Cristo? ¿Dependes de Él para que te ayude en
lo bueno y en lo malo? ¿En las circunstancias en las que te encuentras
en este momento, estás dependiendo de Jesús para ayudarte en medio
de ellas?

De nuevo, no estoy diciendo que debamos de estar sonrientes y
alegres en las situaciones difíciles. Hay tiempo para endechar y tener
luto. No obstante, incluso en medio del dolor, podemos mantener una
chispa de esperanza. Una esperanza en Dios. Una esperanza de que Dios
no nos dejará, sino que estará con nosotras, incluso en el valle de sombra
de muerte.

Nuestra esperanza no está en nosotras mismos o en otras personas o
en mejores circunstancias. Nuestra esperanza está en un Dios redentor
que puede tomar una relación muerta y transformarla en una relación
vibrante de nuevo. Él puede tomar una vida quebrantada y restaurarla.
Con la misma seguridad con la que Dios resucitó de los muertos a Jesús,
así nuestro amoroso Padre celestial puede resucitar una situación sin
vida; incluyendo un matrimonio estéril. Quizá no lo haga como pensamos
que lo debería de hacer o como queremos que lo haga. Pero una vez
más, Él es nuestro Creador y nuestro Amigo, y podemos descansar en la
seguridad de que siempre va a actuar a nuestro favor; incluso cuando no
sabemos qué es lo que nos conviene.

Finalmente, una perspectiva positiva no proviene de las circunstancias externas, sino de la posición de nuestro corazón. Proviene de una fe segura en la soberanía amorosa de Dios. La decisión es nuestra. ¿Nos lamentaremos en el desaliento, o estaremos esperanzadas con expectación?

## Nuestra actitud y la acción de respetar

Hace varios años le pregunté a Curt qué era lo que él necesitaba más cuando regresaba a casa de un cansado día de trabajo. ¿Una casa limpia? (Yo esperaba que no fuera eso). ¿Qué la cena estuviera servida? (Eso sí lo puedo hacer, solo que no insista en que todos los platillos hayan sido cocinados por mí). Curt meditó su respuesta con cuidado. ¡Creo que sabía que no se lo volvería a preguntar en mucho tiempo! Finalmente dijo: "Karol, lo que realmente necesito cuando llego a casa en la tarde es que me recibas con una actitud alegre y con una sonrisa".

Mi primer pensamiento fue: *¡Qué horror! Y yo que pensaba que la apariencia desparpajada y agotada era una buena estrategia.* Yo había llegado a pensar que al demostrarle lo difícil que había sido mi día, sería más amable y sensible con mis sentimientos. Pero la verdad era que esa estrategia nunca me funcionó. Así que decidí hacerlo y cumplir con su petición.

Ahora bien, tienes que entender que tengo dos perros gigantescos en casa. Uno es un obeso labrador llamado Money [Meloso] y el otro es un Mastín de los Pirineos llamado Bear [Oso]. Cada vez que alguno de nosotros llega a casa, Bear tiene la política de correr a saludar con un gran abrazo de oso. Y quiero decir: grande. Cuando Bear pone sus patas sobre mis hombros, su cabeza sobresale de la mía. Créeme, tenemos que estar listos para el recibimiento o nos puede derribar.

Me fijé la meta de ganarle a Bear cada vez que Curt llegara a casa por la tarde. Y sigue siendo mi meta. Soy una corredora veloz, pero siempre pierdo. Terminamos teniendo un gran abrazo de grupo en la puerta. Bear menea la cola, y yo le doy a Curt el regalo de una sonrisa y una palabra amable para hacerle saber que estoy feliz de que haya llegado a casa. ¿Me siento con ganas de sonreír todas las veces? Honestamente, no. Pero he aprendido que la sonrisa no tiene porqué estar basada en mis sentimientos. Cuando pienso que es un regalo que le puedo dar a otros, la veo de otra forma. Todo se remonta a ese viejo principio: "El asunto no se trata de mí".

Una sonrisa es una manera maravillosa de levantar a la gente y hacerles tener un mejor día. Es también una manera maravillosa de

*Y el efecto de la justicia será paz; y la labor de la justicia, reposo y seguridad para siempre.* —Isaías 32:17

levantar nuestra propia actitud. Intenta darle el obsequio de tu sonrisa a tu marido y a las demás personas a tu alrededor durante todo un día, y ve cómo te hace sentir por dentro. Cuando regalas una sonrisa y alientas a los demás, no puedes evitar sentirte bien tú misma. ¡Recuerda, que los sentimientos vienen como consecuencia de las acciones!

Noté que cuando comencé a respetar el deseo de Curt de tener un recibimiento cálido y una sonrisa, él comenzó a estar un poco más alegre también. Con el tiempo la atmósfera de nuestro hogar se volvió más positiva. Curt empezó a llegar a casa más temprano (que no era el resultado que yo esperaba, ya que tenía un montón de cosas que terminar antes de que llegara; aunque, siempre estaba contenta de verlo). La moraleja de la historia es que cuando le damos alegría los demás, tiende a regresar multiplicada.

## Las condiciones atmosféricas

Como esposas, somos las que establecemos el tono en nuestro hogar. Nuestra influencia es poderosa. Así como podemos comprar distintas fragancias para añadir un aroma al aire de nuestro hogar, podemos escoger distintas actitudes para crear un aroma en el ambiente. ¿Cuál de los siguientes "aromatizantes" utilizas más a menudo?

- Alegre y gozoso
- Murmurador y llorón
- Continuamente satisfecho
- Quejumbroso y contencioso
- Esperanzado y feliz
- Desanimado y descontento

Ruth Bell Graham es una mujer que decidió hace muchos años establecer una atmósfera positiva en su hogar. La esposa del renombrado evangelista Billy Graham podía haber decidido murmurar y quejarse del empleo de su marido, que hacía que estuviera tan seguido lejos de casa. Pero ella escogió una actitud distinta de apoyo a su marido y a su ministerio. Su vida no transcurrió sin dolor o soledad, pero decidió llevar la herida a Dios en lugar de permitir su permanencia.

Hubo muchas veces en las que ella pudo haber demostrado descontento. Por ejemplo, cuando dejó a su hijo más joven, Ned, en una escuela en Inglaterra y regresó a una casa vacía en Carolina del Norte, pudo haberse consumido de soledad y auto-lástima. El síndrome del nido vacío es difícil de vencer. Pero esto es lo que dijo acerca de esa época:

Tenía miedo de volver a esa casa vacía. Pero al entrar por la puerta principal y recorrer con la mirada lo largo del recibidor y la escalera que lleva a las habitaciones ahora vacantes de los niños, de pronto ya no estaba vacía. Fui recibida por una Presencia viviente, y me di cuenta nuevamente cuan verdaderas fueron sus últimas palabras: "He aquí yo estoy con vosotros" (Mateo 28:20). Fui rodeada de recuerdos encantadores y de la comodidad de saber que estaba en casa. Esta era mi base de operaciones.[7]

El gran periodista estadounidense Paul Harvey dijo lo siguiente de Billy y Ruth Graham: "Solía preocuparme por Billy. Cuando comenzó lo adulaban mucho. Yo estaba preocupado de que eso lo pudiera sacar de balance. Pero luego conocí a Ruth. Entonces descansé, sabiendo que él contaba con esa fuerza sobre la cual apoyarse".[8] ¡Qué reconocimiento tan alto para una esposa positiva! Solo podemos especular de este lado del cielo acerca del impacto eterno que su amor y apoyo para Billy han tenido en este mundo. A través de su alentador respeto por él y por su llamado, le permitió a Billy la libertad de ser quien Dios había dispuesto: uno de los mejores predicadores del mundo.

Las circunstancias de la vida no siempre fueron fáciles para los Graham y Ruth habla con toda libertad de sus dificultades en sus libros (ha escrito nueve) y a través de su poesía. Cierro ahora con uno de sus poemas que revela de manera hermosa su decisión de vivir de una forma positiva en medio de las tormentas de la vida.

Por un tiempo vivimos seguras;
La seguridad
No puede durar
Mucho tiempo
Entonces vienen las despedidas
Otra vez, de nuevo
Como una muerte chiquita,
Se cierra una puerta.
Una aprende a vivir
Con dolor.
Una mira hacia el futuro,
No al pasado,
...nunca atrás,
solo hacia adelante.
Y el gozo vendrá de nuevo
Calido y seguro,

Si solo por el hoy,
Riendo
Perseveramos.[9]

# Punto de Poder

⚙ **Lee:** Proverbios 19:13; 21:9,19; 25:24; 27:15. ¿Cómo describirías a la mujer de estos versículos de Proverbios? ¿Cómo es que está decidiendo destruir su hogar? ¿Por qué piensas que Salomón repetía esa misma frase tan seguido?

♡ **Ora:** Maravilloso Señor, te alabo, por que eres un Dios redentor. Gracias por tomar este mundo lleno de pecado, tristeza y desesperanza y traerle perdón, sanidad y esperanza. Tú eres mi Roca y mi Refugio, y pongo mi confianza en ti. Haz volver mis ojos hacia ti cuando comience a preocuparme. Haz volver mi corazón a ti cuando esté desanimada. Ayúdame a contentarme con las circunstancias que no puedo cambiar, dependiendo siempre de la fuerza de Cristo. Que mi actitud refleje mi fe en tu poder redentor. Te lo pido en el nombre de Jesús, amén.

♥ **Recuerda:** "Regocijaos en el Señor siempre. Otra vez digo: ¡Regocijaos!" (Filipenses 4:4).

☺ **Practica:** Escoge un día de esta semana en que esté prohibido preocuparse, murmurar y quejarse en tu corazón, mente y boca. Reemplaza esos malos hábitos con acciones de gracias, gozo, oración y esperanza. Quizá quieras pegar recordatorios en toda la casa que te mantengan alegre en lugar de triste. Practica sonreír y decídete a darle a tu marido el obsequio de tu sonrisa cuando llegue a casa del trabajo.

# ¿Y si no se lo merece?
## Repuestas correctas cuando él está equivocado

*Capoteen las tormentas de la vida a través de apoyarse y de
levantarse mutuamente en lugar de rechazarse.*

—Dennis y Barbara Rainey

El respeto. Es fácil dárselo a quienes se lo merecen. ¿Pero qué sucede cuando tu marido no se lo merece? Quizá comete el mismo error financiero una y otra vez. Probablemente sea perezoso, mentiroso o grosero continuamente. O pudiera ser que haya roto tu confianza en alguna manera o quizá incluso haya trasgredido la ley.

Muchas mujeres encuentran difícil respetar a su marido porque, con toda razón, su marido no se ha ganado su respeto. Y eso es lógico. ¿Si respetamos ciegamente a nuestro marido, no estamos dejándolo libre y con luz verde de hacer lo que quiera? Y, otra vez, ¿si respetamos a nuestro marido solo cuando se lo gana, no lo coloca eso en una montaña rusa de aceptación condicional?

El respeto es un tema complicado cuando hablamos de personas imperfectas. En este capítulo vamos a tener un encuentro con las preguntas difíciles que surgen de situaciones no tan simples, y vamos a descubrir verdades bíblicas que podemos aplicar en ellas. Como mujeres positivas, necesitamos encontrar formas prácticas para respetar a nuestro marido, incluso cuando hacerlo es todo un desafío.

## ¿Y quién sí se lo merece?

Seamos sinceras. Nuestro marido quizá tenga defectos obvios, pero nosotras mismas no somos perfectas. Todas batallamos en algún aspecto. Cada una de nosotras tiene cualidades que merecen respeto de una forma maravillosa, pero también tenemos algunas cualidades lamentables que desearíamos que nadie notara. Todas somos imperfectas y pecadoras. Es verdad que algunas debilidades son más obvias y problemáticas que otras; pero el punto es que ninguna de nosotras nos *merecemos* el perdón o el respeto.

Ahí es en donde entra la gracia. La gracia de Dios hacia nosotras va más allá de nuestro pecado y nos ama incondicionalmente a través de Cristo. Esta gracia maravillosa y este favor no merecido son explicados en uno de mis pasajes favoritos de la Biblia: Romanos 5:6-8: "Porque Cristo, cuando aún éramos débiles, a su tiempo murió por los impíos. Ciertamente, apenas morirá alguno por un justo; con todo, pudiera ser que alguno osara morir por el bueno. Mas Dios muestra su amor para con nosotros, en que siendo aún pecadores, Cristo murió por nosotros".

Cuando leo esas palabras, me asombro una vez más de la grandeza de la gracia de Dios. ¡Pensar que un Dios perfecto y amoroso pudiera interesarse lo suficiente en hombres y mujeres pecadores como para enviar a su propio Hijo a morir a nuestro favor! Estoy eternamente agradecida de que no tengamos que ganarnos nuestra salvación. La gracia de Dios es dada gratuitamente. Como dice en Efesios 2:8-9: "Porque por gracia sois salvos por medio de la fe; y esto no de vosotros, pues es don de Dios; no por obras, para que nadie se gloríe". La pregunta es: ¿si Dios derrama tan pródigamente su gracia sobre nosotras, no deberíamos también de derramar libremente la gracia sobre los demás, especialmente sobre nuestro amado (o supuestamente amado) cónyuge?

Sí, tu marido puede estar equivocado. No necesito conocer tu situación específica para saber que tu marido tiene defectos, pecados y errores; pero el respeto no es algo que se da por mérito. Es un regalo de gracia, y tú y yo necesitamos la gracia tanto como nuestro marido. Como vimos en el capítulo 7, podemos reverenciar y amar a nuestro marido simplemente porque es una creación única y valiosa de Dios, dado especialmente a nosotras en matrimonio.

¿Por qué necesitamos respetar a nuestro marido? La respuesta final es la siguiente: Porque la Escritura lo dice. Efesios 5:33 dice que "la mujer respete a su marido". El respeto no es tanto un acto de obediencia a nuestro marido sino a Dios. El mandamiento no tiene condiciones. Dios simplemente nos dice que lo hagamos. Es verdad que la gente se puede ganar nuestro respeto y aprobación por su buen comportamiento y sus acciones dignas de alabanza. Pero eso no significa que tengamos el derecho de desobedecer a Dios al negarle respeto a quienes no se lo hayan ganado.

Quizá estés pensando: *Discúlpame, pero yo simplemente no puedo respetar a mi marido. Es imposible.* Y en términos humanos, tienes razón. Pero medita un momento en las palabras de 2 Pedro 1:3: "Como todas las cosas que pertenecen a la vida y a la piedad nos han sido dadas por su divino poder". No estás sola. Tienes el poder del Espíritu Santo obrando en tu vida, ayudándote a respetar a tu marido incluso cuando no parezca lógico.

Anhelo que todos nos mostráramos amor incondicional y respeto, pero la verdad es que esas cualidades solo provienen de manera perfecta de parte de Dios. Es solo a medida que permitamos que el amor y la gracia de Dios fluyan a través de nosotras que podemos comenzar a reflejar el amor incondicional y el respeto por nuestro cónyuge que Dios desea.

## Amor firme, respeto firme, límites firmes

En su libro *Fit to Be Tied* (Perfectos para estar unidos), Bill y Lynne Hybels hablan de la importancia de mantener el respeto mutuo, incluso cuando no es fácil. Ellos escriben: "Las relaciones pueden capotear tormentas eléctricas y vientos huracanados siempre y cuando haya un elemento presente: el respeto".[1]

¿Pero si respetamos incondicionalmente a nuestro cónyuge no estamos diciendo con ello que aprobamos sus acciones? Esa es una pregunta válida. Existe una tensión razonable entre la aprobación y el respeto. ¿Podemos darle honor y cariño a nuestro marido cuando no aprobamos su conducta? Así es. Quizá sea difícil hacer las dos cosas, pero no es imposible. Y de hecho, el respeto y la desaprobación pueden funcionar bastante bien juntos. Podemos tener un impacto positivo poderoso en nuestro marido al mostrarle respeto como persona, incluso al decirle de manera perfectamente clara que no aprobamos lo que están haciendo.

Respetar la persona de tu marido significa que reconoces su libre albedrío (así como Dios lo hace con nosotras) y que tiene la libertad de tomar decisiones equivocadas. Si un esposo sigue tomando decisiones que lastiman y destruyen el fundamento de confianza en el matrimonio, la esposa quizá necesite considerar los límites que vaya a establecer como muestra de respeto a sí misma y al matrimonio mismo. Incluso entonces puede mostrar respeto por su marido al estar disponible a escuchar sus preocupaciones. Apoyar sus amistades con hombres piadosos que vengan a su lado a ayudarlo y animándolo a confrontar aquello que está provocando sus malas decisiones.

Ejemplo: Tami se encuentra disgustada con su marido, Brian. Ha estado buscando empleo durante seis meses y las finanzas de la familia se están acabando rápidamente. El salario de Tami como asistente ejecutiva apenas cubre los gastos mensuales sin dejar espacio para ahorrar, comprar ropa o tomar vacaciones. Mientras tanto, Brian ve la televisión, lee el periódico y no hace mucho por ayudar en la casa mientras espera que se materialice el "empleo adecuado" donde "pueda utilizar de mejor manera sus habilidades y talentos". Cuando Tami llega a casa por la tarde después de estar en el tráfico durante la hora pico, quiere gritarle a Brian: "¡Levántate del sofá y consigue un empleo! ¡No me importa que sea en Burger King, pero haz algo productivo!".

¿Cómo es que Tami puede manejar la situación de una manera positiva? ¿Cómo puede demostrarle respeto a Brian, mientras que al mismo tiempo le deje saber que no aprueba sus actividades (o podríamos decir, su *inactividad)?* Le puede demostrar respeto a través de la amabilidad de sus palabras y sus acciones. Puede hablarle a Brian en un tono de voz amable y gentil. Puede mirarlo con amor y no con disgusto. Puede mostrarle respeto al *no* entrar dando de zapatazos a la casa, dando un portazo, clavarle la mirada a Biran y gritarle (todo lo cual sería tentador). Tami puede respetar a su marido al guardar su boca delante de sus amigas o sus compañeras de trabajo para no hablar detrás de su espalda con menosprecio.

Ella puede demostrarle su respeto y su cariño aunque este en desacuerdo con sus acciones, por medio de una conversación saludable, sin importunarlo. Tami puede escuchar el punto de vista de Brian y honrarlo de esa manera, pero también puede con todo respeto darle su punto de vista. Entendiendo que él no quiere desperdiciar sus dones y talentos, puede ayudarlo a pensar en nuevas posibilidades de empleo. Puede trabajar con él para desarrollar un plan de acción lógico que incluya un plazo designado. (Por ejemplo, si Brian no ha encontrado un empleo permanente en un mes, puede comenzar a buscar un empleo temporal para ayudar con los gastos.) Tami puede también decirle a Brian que agradecería que le ayude con la casa siendo que ella está trabajando y él se está quedando en casa.

Al unirse a Brian en lugar de estar en su contra, Tami puede animarlo mejor para convertirse en una persona mejor. Como su compañera de equipo, está en la posición perfecta para ayudarlo a vencer sus debilidades y salir adelante en su vida. Como todas nosotras, debe cuidarse de dos tentaciones:

## 1. El deseo de controlar

Muchas veces queremos forzar cierto resultado y hacer que el producto final salga a nuestra manera. Debemos de aprender a trabajar con nuestro esposo sin controlar o importunar, de venir a su lado como su compañera y no como su sargento de prácticas.

## 2. La tendencia de facilitarle las cosas

A veces tratamos de hacer lo que está dejando de hacer nuestro marido cuando cae en una zanja; ¡pero lo único que eso produce es que lo ayuda a quedarse en la zanja! Más bien, debemos de ayudarle con cuidado a salir del hoyo en el que se encuentra y animarlo a llevar un estilo de vida más positivo y saludable. Esto puede ser un proceso delicado y quizá requiera la ayuda de mentores o consejeros piadosos sabios.

(Nota: Algunas situaciones o conductas son peligrosas o ilegales. En tales casos es vital buscar ayuda. La pornografía, las aventuras extramaritales, la violencia y la adicción al alcohol o a las drogas son asuntos serios que no deben ser tomados a la ligera. Si tu marido tiene dificultades con uno a más de estos problemas, en oración desarrolla un plan de confrontación y de intervención con consejeros piadosos y amigos cercanos a tu lado.)

En el caso de Brian y Tami imagínate lo que sucedería si Tami decidiera no respetar a su marido, sino más bien dejar salir su desaprobación a través de la opción de la falta de respeto. ¡Sería un desastre! Sus palabras degradantes y su tono de enojo probablemente hubiera destruido el último gramo de confianza y auto-respeto que le hubiera quedado a Brian (y eso, de seguro que no le hubiera ayudado en su búsqueda de empleo). No estoy diciendo que es fácil demostrar respeto en una situación como la de Tami. Son definitivamente necesarios la fuerza y el dominio propio de Dios operando a través de ella para levantar la autoestima de Brian y su confianza. Al honrarlo, ella lo puede animar para reconocer su lugar como la cabeza del hogar y motivarlo a asumir esa responsabilidad.

# Dos barcas

Una querida amiga mía (la llamaré Sharon), lidió con un matrimonio difícil durante casi veinte años. Terminaba discutiendo con su esposo todo el tiempo, intentando que cambiara sus caminos equivocados.

*Cuando los cónyuges se sacrifican en el matrimonio, no se están sacrificando el uno al otro, sino a la unidad de la relación.* —Joseph Campbell

Entonces, por medio del consejo piadoso de amigas sabias (lo cual es sumamente importante en la lucha por mostrar respeto), comenzó a buscar la voluntad de Dios y su Palabra. Y, para su sorpresa, ella, y no su marido, comenzó a cambiar.

Sharon dice que la impactaron en particular las historias de dos barcas en la Biblia. Quizá te sean familiares. La primera narra la historia de Pedro que desciende de una barca y camina sobre el agua hacia Jesús. Puedes leerla a detalle en Mateo 14:28-33. A medida que Pedro caminaba hacia el Señor, comenzó a fijarse en las olas que rompían a su alrededor y comenzó a hundirse. Entonces gritó: "¡Señor sálvame!". De inmediato Jesús extendió su mano y tomó a Pedro y le dijo: "Hombre de poca fe, ¿por qué dudaste?".

Sharon dice que cuando leyó esa historia, se dio cuenta que en su matrimonio ella se parecía mucho a Pedro. Sus ojos estaban constantemente en lo que estaba mal (los errores y fracasos de su marido) en lugar de en el Señor. Cuando comenzó a quitar su mirada de las imperfecciones de su marido y a ponerla en un Dios perfecto que es poderoso para ayudarla a vencer circunstancias al parecer imposibles, su perspectiva y su matrimonio comenzaron a cambiar.

La segunda historia se encuentra en Mateo 8:23-27. Los discípulos estaban en una barca y Jesús se quedó dormido cuando se desató una tormenta terrible. A medida que las olas entraban en la barca, los discípulos temían por su vida y clamaron: "¡Señor, sálvanos, que perecemos!". Una vez más Jesús dijo una frase sencilla: "¿Por qué teméis, hombres de poca fe?". Entonces reprendió a los vientos y al mar; y se hizo grande bonanza.

Sharon admite que muchas veces se sentía en pánico y preocupada por los problemas de su marido, pensando en que podrían ahogarla (como las olas de la historia). Pero entonces se dio cuenta de que Jesús estaba en la barca (y en su matrimonio) con ella. Nunca la había dejado; ella simplemente había olvidado que Él estaba allí, dispuesto y capaz de hacer lo imposible. La historia subrayó lo que ya había aprendido: Debía de quitar sus ojos de las olas (los problemas de su marido) y ponerlos en el Salvado. Finalmente su capacidad de experimentar paz y calma en su relación con su marido tenía poco que ver con cambiar los terribles caminos de su marido y tenía mucho que ver con cambiar su propio enfoque. Esta revelación literalmente revolucionó su matrimonio.

Muchas veces, en medio de una situación difícil el desánimo y el desaliento pintan una imagen más oscura de lo que es en realidad. Nos enfocamos tanto en nuestro problema que lo que le parece de poca importancia a un observador objetivo a nosotras nos parece gigantesco. Pero como Quentin Crisp dijo: "La fórmula para lograr una relación exitosa es sencilla: Debes de tratar todos los desastres como si fueran meras trivialidades, pero nunca trates una trivialidad como si fuera un desastre".[2]

¡Ay, nosotras de poca fe! ¡Qué fácil es hundirnos en el temor por nuestras circunstancias y olvidarnos de ver a nuestro Salvador estirándonos la mano! Si solo recordáramos que Él está justo a nuestro lado, y que promete nunca irse. Como esposas positivas pongamos los ojos en Jesús en lugar de enfocarnos en los fracasos de nuestro marido. Después de todo, solo Jesús tiene el poder de calmar las tempestades de nuestro matrimonio.

## Ganar sin decir una sola palabra

La situación de Sharon me hizo recordar una verdad importante acerca del respeto que encontramos en 1 Pedro 3:1-2: "Asimismo vosotras, mujeres, estad sujetas a vuestros maridos; para que también los que no creen a la palabra, sean ganados sin palabra por la conducta de sus esposas, considerando vuestra conducta casta y respetuosa". Sé que ya abordamos el tema de la sumisión en el capítulo 7, pero quiero que nos enfoquemos en un aspecto distinto de ella aquí. En este versículo Pedro dice que nuestra pureza y reverencia como esposas quizá sea el factor clave para atraer a los maridos incrédulos al Señor. (¡Si eso es verdad, imagínate lo que nuestra pureza y reverencia podrían hacer en el corazón de un marido creyente!)

Ya lo dijimos antes: Una actitud respetuosa produce un impacto profundo. Imagínate a una mujer casada allá en los primeros días del cristianismo que escucha a Pablo predicando el Evangelio en las puertas de la ciudad y la Palabra toca su corazón. Ella decide seguir a Cristo. Regresa a casa con su marido, un judío devoto que no está convencido de que Jesús sea el Mesías. ¿Crees que habrá un poco de tensión en ese hogar? ¡Por supuesto!

¿Qué hace la Sra. Cristiana Nueva? Su tendencia natural será importunar, insistir y hacer todo lo que pueda para mostrarle a su marido lo terriblemente equivocado que está. Pero toma un camino distinto. Decide mostrarle respeto a su marido por obediencia a Dios. Entiende y respeta el hecho de que no está listo para recibir a Cristo. Confía el futuro de su esposo en manos de Dios y amorosamente cumple con su papel diario como esposa piadosa.

*Así alumbre vuestra luz delante de los hombres, para que vean vuestras buenas obras, y glorifiquen a vuestro Padre que está en los cielos.* —Mateo 5:16

¿Qué sucede en el corazón de su marido al observar su hermosa conducta día tras día? Comienza a ver la profundidad del verdadero cristianismo. Comienza a sentir el bálsamo sanador del fruto del Espíritu fluyendo a través de ella: amor, gozo, paz, paciencia, benignidad, bondad, fe, mansedumbre y templanza. Estas cualidades comienzan a derretir su corazón y a atraerlo hacia el Salvador.

Un ánimo burlón y escarnecedor es lo opuesto al respeto y puede ser extremadamente destructivo para el matrimonio. En realidad, la actitud irrespetuosa de una esposa puede enviar a su marido más lejos en la dirección contraria, particularmente en el tema del crecimiento espiritual. Una esposa que importuna o critica a su marido por no ser "el líder espiritual" del hogar muchas veces lo aleja de lo espiritual. ¿Por qué? Porque lo desanima. Lo frustra y lo hace sentir como si nunca podrá llegar a lo que se espera de él. No obstante, cuando una esposa respeta a su marido lo anima con suavidad. Cuando se esfuerza por destacar algo que está haciendo bien en lugar de todo lo que hace mal, lo impulsa a convertirse en un mejor hombre, en un mejor esposo.

## ¿Y si nunca cambia?

*¿Estoy condenada a estar atrapada en este matrimonio terrible de por vida?* Aunque no lo creas, este pensamiento de desaliento entra en la mente de muchas esposas en un punto u otro de su matrimonio. Cuando los pensamientos de temor, de desánimo y de aprehensión nos dominan, necesitamos recordar que provienen de Satanás, el padre de mentira. Como cristianas tenemos la bendita seguridad de saber que Dios es el Dios de la esperanza, de la redención de la nueva vida. Él es poderoso para resucitar un matrimonio muerto. Es poderoso para cambiar corazones pecaminosos y sanar vidas dañadas. Es poderoso para tomar a un hombre que camina hacia su destrucción y llevarlo al camino de luz y vida en Cristo.

¿Todo esto sucederá en la vida de tu marido? ¡Me encantaría poder responder esa pregunta! Solo Dios ve todo el panorama de principio a fin; Él sabe cosas acerca de tu marido y de tu matrimonio que tú y yo no. Mi fe me dice que Dios es poderoso. Pero la verdad del asunto es que Él nunca se impone sobre nadie.

Lo que *sí* sé: Dios es un Dios de esperanza. Nunca debemos poner nuestra esperanza en este mundo o en la gente del mundo; debemos poner nuestra esperanza en la victoria máxima más allá de este mundo. ¡No te desanimes! Dios no te ha abandonado. En medio de tu sufrimiento y dolor, Él está cerca a tu lado. Siente su abrazo. Permite que sus brazos de amor te den calor y consuelo, sanidad y descanso. Permite que esos mismos brazos de amor te sostengan cuando todo parezca perdido.

¡Hay esperanza en el Dios de la esperanza! Romanos 12:2 nos ofrece fuerza positiva y dirección: "Gozosos en la esperanza; sufridos en la tribulación; constantes en la oración". Ten paciencia. La victoria vendrá en el tiempo de Dios, no en el tuyo. Permanece gozosa en la esperanza y sufrida en la tribulación, mientras sostienes a tu marido y tu matrimonio en oración.

Quizá estés pensando: *Pero no sabes lo mal que está mi marido.* Y tienes razón, no lo sé. Pero sí sé que hay *algo* bueno en tu marido. Como creación única de Dios, tiene algo que ofrecer a este mundo. ¡No puede ser el mal personificado 100%! En lugar de declarar lo "malo" que es, ¿por qué no comenzar a buscar un pequeño brillo de bien? Como alguien dijo. "Cuando todo parece gris, busca el color".[3] Mejor aun, busca lo que Dios quiere enseñarte en tu situación.

En su libro *How to Act Right When Your Spouse Acts Wrong* (Cómo hacer lo correcto cuando tu pareja hace lo que está mal), Leslie Vernick dice que el matrimonio a menudo nos revela cosas acerca de nosotras mismas que de otra manera no hubiéramos sabido. Dios utiliza las relaciones para afinarnos, como lo confirma Proverbios 27:17. Leslie agrega:

> En lugar de ver lo que nuestra pareja hace que es molesto, doloroso o malo para nosotras, debemos de comenzar a dirigir nuestra atención hacia lo que las equivocaciones de nuestro cónyuge revelan de nosotras. Es probable que Dios esté utilizando sus imperfecciones, sus diferencias, sus debilidades y sus pecados para enseñarnos lecciones valiosas sobre cómo perdonar, cómo soportar, cómo tener dominio propio, cómo hablar la verdad en amor, y cómo amar a nuestros enemigos.[4]

Posiblemente (solo posiblemente) Dios quiera utilizar los desafíos y las dificultades que estamos enfrentando con nuestro marido para remover algunas de nuestras propias debilidades y defectos. ¡La profundidad de crecimiento que experimentamos cuando somos limpiadas a través de nuestras pruebas! Las palabras de Santiago a los primeros cristianos también se pueden aplicar a los matrimonios: "Hermanos míos, tened por sumo gozo cuando os halléis en diversas pruebas, sabiendo que la prueba de vuestra fe produce paciencia. Mas tenga la paciencia su obra completa, para que seáis perfectos y cabales, sin que os falte cosa alguna" (Santiago 1:2-4).

El afinamiento que viene de estar casada con una persona imperfecta tiene un valor perdurable. Es solamente gracias al proceso de cambiar nuestro enfoque de las faltas de nuestro marido hacia la obra de nuestro Padre que nos convertimos verdaderamente en esposas positivas. Nos quejamos menos y perdonamos más. Expresamos menos desaliento y más fe.

Probablemente el desafío que enfrentas hoy no se trata tanto de tu esposo y Dios, sino de ti y Dios. ¿Qué vas a cosechar de esta experiencia? Mi esperanza y mi oración es que salgas con una nueva visión, un nuevo enfoque, un matrimonio recién revivido y una duradera relación de amor con Aquel que te ama más.

# Punto de Poder

**Lee:** Génesis 12:10-20 y 1 Pedro 3:6. ¿Abram tomó una decisión sabia en esta situación? ¿Quién corrigió la situación, Dios o Sarai (llamada luego Sara)? ¿Qué dice Pedro acerca de la manera de actuar de Sara?

**Ora:** ¡Maravilloso y redentor Padre Celestial, eres lleno de gracia y misericordia! Gracias por ver más allá del lodo, la suciedad y el pecado en mi vida para ver mi potencial. Gracias por amar a mi marido y a mí, gracias por no dar por terminada la obra que haz comenzado en nosotros. Ayúdame a ver más allá de los problemas de mi marido y a reconocer su potencial. Mantén mis ojos enfocados en ti y no en sus fallas. Ayúdame a respetarlo incondicionalmente como mi marido y como tu creación, y enséñame a honrarlo con mis palabras y mis acciones. Gracias por nunca dejarme y por siempre cuidar de mí. Te amo, Señor. Te lo pido en el nombre de Jesús, amén.

**Recuerda:** "Así que, sigamos lo que contribuye a la paz y a la mutua edificación" (Romanos 14:19).

**Practica:** Escribe lo que haya en tu corazón. Escríbele una oración a Dios, pidiéndole que te ayude a resolver los asuntos difíciles de tu matrimonio. Derrama tu corazón con respecto a las dificultades para respetar a tu marido, especialmente en medio de su conducta equivocada. Abre tu Biblia en el Salmo 40 y recibe las palabras de sanidad que surgieron de las dificultades que tuvo David.

Nota importante: Si los problemas de tu marido te ponen a ti o a tu familia en una situación seria o peligrosa, busca consejo y ayuda de inmediato.

# Principio poderoso #4

# El poder del ánimo

*Por lo cual, animaos unos a otros, y edificaos unos a otros, así como lo hacéis...*

—1 Tesalonicenses 5:11

*El ánimo es el oxígeno del alma.*

—George Matthew Adams

# El poder de las palabras en pocas palabras

### Reparte deliciosos bocadillos de buenas palabras

*Hay momentos excelentes en la vida de todos nosotros,*
*y la mayoría se han hecho realidad gracias a las*
*palabras de ánimo de alguien más.*

—George Matthew Adams

Este es un pequeño acertijo: ¿Qué arma es lo suficiente-mente poderosa para atravesar el corazón con un solo golpe, pero al mismo tiempo lo suficientemente dulce para aliviar un alma lastimada? Si dijiste *las palabras*, tienes razón. Salomón nos dice: "Panal de miel son los dichos suaves; suavidad al alma y medicina para los huesos" (Proverbios 16:24). Y también dice: "Hay hombres cuyas palabras son como golpes de espada; mas la lengua de los sabios es medicina" (Proverbios 12:18).

Es raro que la gente se detenga lo suficiente a considerar el poder de sus palabras. Pero como esposas positivas debemos de hacerlo. Necesitamos reconocer que lo que decimos puede producir un impacto importante y duradero en los demás, especialmente en nuestro cónyuge. Si escogemos hablar palabras de ánimo, podemos desarrollar mejores relaciones matrimoniales, edificar a nuestro marido y ayudarlo a alcanzar mayores alturas. Como dijo Scudder N. Parker: "La gente encuentra la forma de convertirse en aquello a lo que los animamos que sean, no aquello a lo que los importunamos".[1]

En lo profundo de nuestro corazón sabemos que necesitamos ser esposas alentadoras; pero en algún punto entre las diligencias, el trabajo, el quehacer y la cocina, perdemos la energía y la motivación para edificar a nuestro cónyuge. Aun y cuando nuestra vida no sea tan ocupada, tendemos a olvidar la importancia de expresar nuestra aceptación verbalmente en el matrimonio. Bueno, ¡este capítulo es un recordatorio! A medida que avancemos vamos a hablar de maneras prácticas en las que podemos animar a nuestro marido con nuestras palabras.

## Vitaminas diarias

¿Tomas tu dosis diaria de vitaminas para permanecer saludable? Eso espero. Los efectos inmediatos y a largo plazo de la nutrición adecuada no se pueden subestimar. Recuerdo la primera vez en que comencé a tomar vitaminas: tenía que recordarme a mí misma tomarlas. Ahora, tomarlas es parte de mi naturaleza. De hecho, como suelo entrar a la cocina y tomármelas casi sin pensar, luego tengo que tratar de recordar si me las tomé para no hacerlo dos veces.

Las palabras de ánimo se parecen mucho a las vitaminas. Nuestro marido las necesita para mantenerse saludable. Cuando comencemos a dar nuestras primeras dosis de ánimo, quizá necesitemos recordar darlas a diario. Pero una vez que las palabras de ánimo se conviertan en un hábito, las palabras positivas generadoras de vida fluirán de nuestro corazón y nuestra lengua con mayor naturalidad.

En el retrato de la mujer virtuosa en Proverbios 31, Salomón dice: "Abre su boca con sabiduría, y la ley de clemencia está en su lengua" (Proverbios 31:26). ¿Podrían los demás decir lo mismo de nosotras, que abrimos nuestra boca "con sabiduría"? Cuando pienso en la palabra *sabiduría*, pienso en edificar más que en destruir. Esta mujer virtuosa usa sus palabras para levantar a la gente a su alrededor, no para hacerla pedazos.

¿Y qué hay de la segunda parte del versículo? ¿Podría decir la gente que "la ley de clemencia" está en nuestra lengua? En otras palabras, ¿la clemencia domina lo que decimos hasta el punto en que ese tipo de palabras fluyen con naturalidad? La mujer virtuosa de Proverbios 31 dejó de lado las palabras de crítica desde hace mucho tiempo; su lengua está dominada por la clemencia, la consideración y la cortesía. Lo que la gente a su alrededor ha llegado a esperar oír son palabras amables de ánimo.

¿Qué es lo que domina nuestra lengua diariamente? ¿Bendiciones o maldiciones? ¿Cumplidos o quejas? ¿Alabanza o desánimo? El hecho es que nuestras palabras son las que rebosan de nuestro corazón. Como esposas positivas, necesitamos orientar voluntariamente nuestro corazón y nuestra mente hacia la bondad de Dios y su benignidad cada día. ¿Por qué? Un tiempo de devoción diario es una manera estupenda para mantener nuestro corazón apuntando hacia Cristo. Solo Dios puede sanar nuestro corazón, renovarlo, refrescarlo y llenarlo de gratitud. Al invertir tiempo de calidad con Él cada día, podemos comenzar a hablar palabras que provengan de un corazón saludable y una lengua guiada por su amor.

Si eres como yo, tu deseo es decirle palabras de ánimo a tu marido; palabras que fluyan de un corazón saludable y renovado; pero a veces necesitas que te lo recuerden. Hay días en que no recuerdo para qué caminé hasta el otro extremo de la casa; ¿cómo voy a recordar que tengo que animar a mi esposo? He descubierto que me es útil escribirme recordatorios. Coloco la nota en el cajón del maquillaje; es un lugar perfecto ya que abro ese cajón casi todas las mañanas. Además, me encanta saber que soy la única que va a ver la nota. (¿Cuál es el mejor lugar para tus notas? Quizá en tu Biblia o en tu diario, para verla cuando tengas tu tiempo a solas con Dios por la mañana.)

Para mí, lo que más me funciona es lo brillante y alegre; así que suelo tomar una etiqueta amarilla redonda, le dibujo una cara sonriente y escribo: "Descarga diaria de ánimo para Curt". Una mirada a mi cajón de maquillaje es todo lo que necesito para recordar que necesito darle a Curt un delicioso bocadillo de ánimo en algún momento durante el día; quizá agradecerle su disposición para levantarse temprano e irse a trabajar. Una expresión amigable y apoyo cuando regresa a casa frustrado o desanimado. Un "Estoy orgullosa de ti" cuando alcanza una meta o hace algo bien.

## Buitres y abejas

Muchas veces estamos tan sintonizadas con lo que nuestro marido hace mal que ni siquiera pensamos en animarlo por las cosas buenas que hace. Pero si comenzamos a fijarnos y a animar a nuestro marido por sus cualidades positivas, muchas de las negativas comenzarán a disminuir y a resolverse. Johann von Goethe lo dijo mejor: "La corrección logra bastante, pero el ánimo logra más".[2]

Shirley Boone les da este consejo a las esposas positivas: "Sé sumamente amable con sus virtudes. Y sé un poco ciega con sus defectos". Ella dice que la diferencia entre enfocarse en las características negativas y las positivas de nuestro marido es semejante a la diferencia que existe entre los patrones alimenticios de los buitres y las abejas. Piénsalo. Los buitres se elevan al cielo, buscando presas muertas. Cuando encuentran un cadáver putrefacto, se tiran en picada para devorarlo. Las abejas, por el contrario, solo buscan néctar dulce. Buscan en jardines llenos de flores, siendo altamente selectivas en su gusto.

Los buitres solo producen una cosa: temor. Por otro lado, las abejas producen panales que gotean de dulzura y que le dan placer y sustento a muchos. Tanto las abejas como los buitres encuentran lo que están buscando. Así es con nuestro cónyuge. Si estamos enfocadas en los defectos de nuestro marido, los vamos a encontrar todo el tiempo. Pero si nos decidimos a encontrar los puntos fuertes de nuestro esposo; si estamos activamente buscando lo bueno en él; también lo vamos a encontrar. ¡Cuán dulce puede llegar a ser una relación cuando ambos cónyuges están buscando el néctar de las cualidades positivas del otro!

Los buitres y las abejas no pueden escoger sus instintos; solo hacen lo que hacen. Pero las buenas noticias para nosotras son que no estamos atadas al instinto. Podemos escoger cada día y todos los días enfocarnos en lo bueno de nuestro marido e ignorar lo negativo.[3]

Muchas de nosotras batallamos en tomar esta decisión porque francamente es más fácil criticar. En su libro *A Closer Walk* (Un andar más íntimo), la escritora de libros best seller Catherine Marshall revela un momento particular en su vida cuando Dios le enseñó una lección acerca de la crítica. ¡Haríamos bien en aprender de su experiencia! Este es un fragmento:

Cierta mañana de la semana pasada el Señor me dio una tarea: durante un día yo tendría que "ayunar" la crítica. No debía de criticar nada ni a nadie.

En mi mente surgieron las objeciones típicas. "¿Entonces que hago con los 'juicios de valor'? Tú mismo, Señor, hablaste de 'justo juicio'. ¿Cómo podría funcionar nuestra sociedad sin estándares y sin límites?"

Toda esa resistencia fue echada a un lado. "Solo obedéceme sin cuestionarme: ayuno absoluto de cualquier crítica durante el día."

A medida que meditaba en mi tarea, me di cuenta de que este ayuno tenía su lado cómico. ¿Qué es lo que Dios quería mostrarme?

Durante la primera mitad del día, sencillamente sentí un vacío, casi como si me hubiera vaciado como persona. Esto fue especialmente cierto durante el almuerzo con mi marido, Len, mi madre, mi hijo, Jeff, y mi secretaria Jeanne Sevigny. Surgieron varios temas, de los cuales yo tenía una opinión bastante bien definida.

# El poder de las palabras en pocas palabras

Escuché a los demás y permanecí en silencio. Suprimí varios comentarios espinosos sobre algunos líderes mundiales que tenía en la punta de la lengua. En nuestra familia tan parlanchina al parecer nadie lo notó.

Sorprendida, me di cuenta de que nadie extrañó mis comentarios. El gobierno federal, el sistema judicial y la iglesia institucional aparentemente podían seguir adelante sin mis penetrantes observaciones. Pero no entendí todavía lo que este ayuno lograría, sino hasta media tarde.

Durante varios años había estado orando por un talentoso joven cuya vida se había ido por una dirección equivocada. Quizá mis oraciones por él habían sido demasiado negativas. Esa tarde, una visión específica y positiva para su vida fue depositada en mi mente con la inconfundible marca de Dios sobre ella: gozo.

Las ideas comenzaron a fluir de tal manera que no había experimentado en años. Ahora era obvio lo que Dios quería que yo viera. Mi naturaleza criticona no había podido corregir en él una sola de las múltiples faltas que encontraba en él. Había provocado que mi propia creatividad se entumeciera; en la oración, en las relaciones, quizá incluso en ideas que Él quería darme para escribir.

Lo que me ha estado mostrando hasta ahora se puede resumir en lo siguiente:

1. Un espíritu de crítica se enfoca en nosotras mismas y nos hace desdichadas. Perdemos la perspectiva y el humor.

2. Un espíritu de crítica bloquea los pensamientos positivos y creativos que Dios quiere darnos.

3. Un espíritu de crítica puede evitar que se den buenas relaciones entre personas y a menudo produce crítica vengativa.

4. La crítica bloquea la obra del Espíritu de Dios: amor, buena voluntad y misericordia.

5. Siempre que veamos algo genuinamente mal en la conducta de otra persona, en lugar de criticarlo directamente, o peor, despotricar de ella a sus espaldas, debemos de pedirle al Espíritu de Dios que Él lleve a cabo la corrección necesaria.[4]

¿Cuando decidimos al igual que Catherine Marshall, ayunar de la crítica quiere decir que no debemos reconvenir a una persona que está claramente equivocada? ¡Por supuesto que no! Cuando surja algún problema, lo correcto es hablar de ello directamente, con respeto y humildad. La lección que Catherine aprendió (de la cual podríamos beneficiarnos) es que un espíritu de crítica no es nada útil. Cuando

*Puedo vivir durante dos meses con un buen cumplido.* —Mark Twain estamos preocupadas por los errores de nuestro marido, es sumamente difícil ver su potencial y darle ánimo. Pero si nos rehusamos a ceder ante un espíritu de crítica y más bien decidimos edificar los puntos fuertes de nuestro marido, con toda seguridad veremos que algunas de sus debilidades se desvanecen en el proceso.

## Qué sí y qué no

¿Cómo definirías dar ánimo? Algunas personas piensan que dar ánimo significa decir palabras amables vacías diseñadas para hacer que los demás se sientan bien consigo mismos. ¡Nada puede estar más lejos de la verdad! De hecho, la palabra *animar* significa dar vida, valentía y fuerza a otra persona. Es una ayuda sincera y honesta. Cuando Josué estaba tomando el mando del pueblo de Israel (que no era un empleo muy descansado que digamos), Dios le dio estas palabras de ánimo:

Esfuérzate y sé valiente; porque tú repartirás a este pueblo por heredad la tierra de la cual juré a sus padres que la daría a ellos. Solamente esfuérzate y sé muy valiente, para cuidar de hacer conforme a toda la ley que mi siervo Moisés te mandó; no te apartes de ella ni a diestra ni a siniestra, para que seas prosperado en todas las cosas que emprendas. Nunca se apartará de tu boca este libro de la ley, sino que de día y de noche meditarás en él, para que guardes y hagas conforme a todo lo que en él está escrito; porque entonces harás prosperar tu camino, y todo te saldrá bien. Mira que te mando que te esfuerces y seas valiente; no temas ni desmayes, porque Jehová tu Dios estará contigo en dondequiera que vayas. —Josué 1:6-9

¡Qué increíble! Dios es el mejor animador, ¿no? No solo le dio fuerza y valentía a Josué, también lo guió. Sus palabras distaban mucho de estar vacías; al contrario, estaban llenas de verdad y luz. Cuando caminamos en los caminos de Dios y le permitimos a su Espíritu que fluya a través de nosotras, tú y yo podemos seguir el ejemplo de nuestro Padre celestial y utilizar nuestras palabras para dar ánimo, fuerza, verdad y luz.

Las palabras de ánimo no son lisonjas. Distan mucho de eso. La lisonja puede ser descrita como una alabanza excesiva e insincera o un cumplido exagerado. Como los edificios simulados en el plató de una película, la lisonja es una fachada falsa. Proverbios 29:5 dice: "El hombre que lisonjea a su prójimo, red tiende delante de sus pasos". En otras palabras, cuando recurrimos a la lisonja, es porque tenemos otras intenciones ocultas. Estamos tratando de que una persona haga algo a nuestro favor. No estamos dando ánimo sincero; nos estamos sirviendo a nosotras mismas; y en la mayoría de las ocasiones, a nuestra estrategia le sale el tiro por la culata. Las palabras de ánimo necesitan descansar sobre el fundamento de la verdad, o no van a ser recibidas ni creídas.

Ayuda mucho que seamos específicas: "Qué tengas un día sensacional", es una frase linda, de ánimo. Pero "espero que tengas éxito en tu cita; ¡los Wilson son bastante afortunados de tener un asesor financiero como tú!", quizá produzca un impacto mayor. Para poder ser específicas, necesitamos ser observadoras. ¿Qué es lo que nuestro marido necesita en este momento? ¿Qué palabras de ánimo le van a dar la fuerza para avanzar?

Dios lo sabe mejor que nadie. Cuando no sepas qué decir, pídele a Dios que te dé las palabras adecuadas. Él sabe exactamente cómo puedes animar y fortalecer a tu cónyuge. Ora: "Señor, dame las palabras adecuadas para animar a mi marido el día de hoy". A medida que oremos por nuestro marido diariamente, Dios muchas veces va a abrir nuestros ojos y nos va a mostrar las necesidades de nuestro esposo. Entonces podemos abrir la boca con confianza, diciendo las palabras adecuadas que van a animar y a fortalecerlo para lo que sea que se vaya a presentar.

## La variedad es el condimento de la vida

La palabra hablada es una forma de animar a nuestro marido. También podemos utilizar la palabra escrita. Por ejemplo, me gusta enviarle mensajes por correo electrónico a Curt de vez en cuando. Algunas veces le pongo recordatorios en el espejo o en su maletín antes de que salga a trabajar. Siempre estoy buscando maneras nuevas y creativas para darle una pequeña bendición y un empuje en su día que de otra forma sería ordinario.

Dos veces al año invierto bastante dinero en tarjetas de felicitación. En la tienda local de tarjetas de felicitación me quieren masacrar días antes del día del Amor y la Amistad y de mi aniversario de bodas a finales de julio, porque me deleito en buscar tarjetas que pueda enviarle a Curt. Aproximadamente dos semanas antes del día del Amor y la Amistad, comienzo a enviarle tarjetas románticas y divertidas a su oficina (etiquetadas como "personal"). Hago lo mismo días antes de nuestro aniversario. Es mi manera de animarlo y dejarle saber que es mi héroe y mi principal atracción.

Además de ser creativas en nuestros métodos, también debemos de tener variedad en las cosas que decimos. Nuestro marido necesita ánimo en muchos aspectos distintos de su vida. Necesita ser confirmado en su apariencia física, en su trabajo, en lo que hace en casa, en sus amistades, en la forma en que maneja las finanzas de la familia y más. ¿Por qué tendríamos que quedarnos atrapadas en dar el mismo tipo de ánimo una y otra vez cuando hay tantos aspectos de los cuales escoger cada día? Si tenemos variedad, nuestra dosis diaria de ánimo siempre puede ser fresca, nueva y real.

Algunas veces la mejor manera de animar a nuestro marido en un aspecto en particular es dejarle saber que vemos su potencial. Quizá esté concentrado en dónde se encuentra en este momento; nuestra responsabilidad es enfocarnos hacia dónde puede llegar desde aquí. Podemos ofrecerle palabras fortalecedoras como: "Has sido dotado de una creatividad increíble. Sigue adelante, yo sé que tu trabajo diligente en poco tiempo dará resultados". O: "Tienes grandes habilidades de liderazgo. Sé que la compañía lo reconocerá, así que resiste".

Trata de empezar tu frase de ánimo con una declaración que contenga la palabra "tú", como:

- Tú eres fuerte...
- Eres inteligente...
- Eres creativo...
- Eres guapo...
- Eres apreciado...

Luego, completa la frase con un comentario positivo que le dé fuerza:

- Yo creo que tú puedes...
- Estoy segura de que...
- Sé que eres capaz de...
- Mi esperanza es que...
- Te veo haciendo...

Quizá te sorprenda el poder de una frase de verdadero ánimo. Se nos dice en Hebreos 3:13: "Antes exhortaos los unos a los otros cada día". Como esposas positivas debemos estar en los negocios de nuestro Padre edificando a los creyentes; y debemos de comenzar con nuestro propio marido.

## El poder de las palabras de una esposa positiva

Los siguientes pensamientos han sido citados a menudo como apoyo a ideas que tienen que ver con la vida en general, pero creo que se aplican particularmente al matrimonio:

- Las cuatro palabras más importantes son: "¿Y tú qué opinas?".
- Las tres palabras más importantes son: "Confío en ti".
- Las dos palabras más importantes son: "Por favor".
- La palabra más importante es: "Gracias".
- La otra palabra más importante es: "Nosotros".
- La palabra menos importante de todas es: "Yo".[5]

En el matrimonio venimos a edificarnos. Quizá estés pensando: *Pero mi marido no me edifica, ¡no es justo!* Déjame animarte: comienza el proceso de todas formas. ¡El espíritu de ánimo es contagioso! Así es, debemos de dar ánimo como un obsequio, esperando nada a cambio; pero no nos debemos de sorprender cuando comencemos a recibir resultados positivos a cambio. Seamos fieles en pasar el bendito regalo del ánimo a nuestro marido. Demos de gracia, lo que hemos recibido de gracia.

# Punto de Poder

**Lee:** Santiago 3:3-12. ¿Cuáles son las analogías que Santiago utiliza para mostrar el poder de la lengua? ¿Qué es lo que dice Santiago que podemos hacer con nuestras palabras, tanto con las positivas como con las negativas? Lee nuevamente el versículo 8 y complétalo con Mateo 19:26. Describe la única forma en que la lengua puede ser domada.

**Ora:** Maravilloso Padre celestial, tú eres el Gran Animador, te alabo por tu bondad y amor para con nosotros. Gracias por ser el dador de fuerza y valentía. ¡Estoy tan agradecida por la manera en que estás trabajando en mi vida y en la de mi marido! Gracias por sus cualidades y, sí, también te agradezco por sus debilidades. Guárdame de un espíritu de crítica y ayúdame a enfocarme en los puntos fuertes de mi marido. Dame las palabras para animar su corazón. Ayúdame a ser una bendición para él, edificándolo y ayudándolo a ser lo mejor que pueda ser. Te lo pido en el nombre de Jesús, amén.

💡 **Recuerda:** "Ninguna palabra corrompida salga de vuestra boca, sino la que sea buena para la necesaria edificación, a fin de dar gracia a los oyentes" (Efesios 4:29).

☺ **Practica:** Fija un recordatorio en alguna parte de la casa donde tú (y solo tú) lo puedas ver todos los días, que te recuerde darle por lo menos una palabra de ánimo a tu marido cada día. Haz un esfuerzo deliberado de edificar tu matrimonio por medio de animar a tu marido de formas sinceras y creativas. Visita una tienda de tarjetas de felicitación esta semana y escoge una tarjeta para él. Escribe un mensaje de ánimo dentro de la tarjeta que destaque sus cualidades.

# Compañerismo extraordinario
## Disfruten la vida, el amor y la risa juntos

*El amor es la expansión de dos naturalezas en tal forma que cada una incluye a la otra y cada una es enriquecida por la otra.*

—Felix Adler

Henrietta y su esposo, Wally, han batallado durante años con un matrimonio problemático. El propietario del único banco del pueblo, Wally, también era el avaro más miserable del pueblo. Su constante insistencia en que Henrietta redujera sus gastos, además de su incesante búsqueda de ofertas, casi volvían loca a su mujer.

Para su sorpresa, cierto día, Henrietta encontró una nota dirigida a ella en su puerta que decía: "Deja diez mil dólares debajo de las raíces del cornejo florido en la plaza del pueblo esta noche o tu marido será secuestrado y nunca lo volverás a ver". Esa noche Henrietta fue a la plaza del pueblo y dejó su respuesta debajo del cornejo: "No tengo siquiera cien dólares, mucho menos diez mil, pero cuento con que ustedes lleven a cabo su parte del trato".

¡Está bien, ningún matrimonio es perfecto! La solución de Henrietta a su matrimonio atribulado fue creativa, tengo que admitirlo; pero espero que tú y yo tengamos mejores opciones más positivas a nuestra disposición. No importa la condición en la que esté nuestro matrimonio, tenemos un terreno común sobre el cual edificar: la necesidad humana básica del compañerismo. Si recordamos el Huerto de Edén, podemos ver que los hombres y las mujeres fueron creados como seres sociales. No era bueno que el hombre estuviera solo, así que la mujer fue creada como su compañera. Pete Bricoe, pastor de la iglesia Bent Tree Bible Fellowship en Dallas dice que la palabra *ayuda* utilizada en Génesis 2:20 en realidad significa "rescatadora". ¿De qué fue que la mujer salvo al hombre? Briscoe responde con una sola palabra: "Soledad".[1]

La palabra *compañero* proviene de la raíz latina *com,* que significa "con" y de *panis* que significa "pan". La imagen que obtenemos es de un acompañante para comer, alguien con quien tomamos el pan. Nuestras almas anhelan un compañero así; alguien con quien podamos tener el tipo de comunión íntima que no solo comparte las comidas sino la vida. Finalmente, este anhelo es lo que atrae a los hombres y a las mujeres al matrimonio. Como esposas podemos decidir construir sobre esta necesidad común y profundizar nuestra relación, o podemos decidir ignorar esta necesidad y crear un cisma cada vez mayor entre nosotras y nuestro cónyuge. Yo no sé tú, pero yo voto por la primera opción. Nuestro matrimonio puede enriquecerse y profundizarse mucho más si decidimos experimentar el compañerismo en una manera amorosa y vibrante.

## Diversión creativa

Los hombres y las mujeres tienen ciertas diferencias innatas en el asunto de desarrollar y construir relaciones. Hablando en general, las mujeres tienden a profundizar sus relaciones por medio de hablar con sus compañeras. Los hombres, por otro lado, se relacionan por medio de hacer cosas juntos. De acuerdo con el escritor Leil Lowndes. "Un hombre quiere una mujer que disfrute las mismas actividades, alguien con quien divertirse. Le gusta sentir que pueden jugar tenis, ver conciertos, juegos de básquetbol o películas, o solo sentarse en casa uno al lado del otro y ser compañeros de sillón. Hacer cosas juntos también es importante para una mujer, pero es algo que se encuentra entre los puntos principales de la lista de lo que los hombres desean".[2]

Una de las principales maneras en que podemos profundizar nuestra relación con nuestro marido es descubrir maneras creativas de disfrutar la compañía mutua. El compañerismo se desarrolla a medida que encontramos actividades que nos divierten a ambos. Por supuesto, eso no siempre es fácil. Como los hombres y las mujeres son distintos por naturaleza, quizá no disfrutemos necesariamente hacer las mismas cosas. Algunas actividades es definitivamente mejor hacerlas con nuestras amigas (comprar zapatos, ver películas de mujeres, disfrutar la tarde tomando té en un hotel lujoso). Pero hay muchas actividades que podemos disfrutar con nuestro marido si estamos dispuestas a hacer el esfuerzo.

Yo no tengo aptitudes para decorar interiores, pero a Curt le encanta. (Tienes razón, casi siempre es al revés.) De hecho a Curt le encanta comprar antigüedades. Cuando recién nos casamos, visitamos tiendas de antigüedades, ventas de rebajas y subastas juntos, comprando muebles económicos para nuestra primera casa. Tuve que esforzarme un poco más de lo normal, pero estaba feliz de pasar tiempo con Curt. A lo largo de los años he encontrado mi punto preferido de las tiendas de antigüedades: Me encanta buscar libros antiguos y tazas de té inglesas. Siempre que viajamos (o incluso los domingos en la ciudad) nos gusta ir juntos a las tiendas de antigüedades, mientras Curt busca muebles, yo busco libros y tazas de té. ¡Supongo que podría decirse que cada quién encontró su compañero perfecto!

Los deportes pueden ser una buena manera de desarrollar compañerismo. Algunos deportes se pueden disfrutar mejor entre nuestro marido y sus amigos, pero otros deportes los podemos disfrutar como pareja. Por ejemplo, nuestros amigos Sherry y Dale nunca se pierden un partido local de los Cowboys de Dallas. Les encanta. Es el deporte que más disfrutan juntos como espectadores. Dale juega fielmente al golf con "los muchachos" cada semana y a Sherry le encanta juntarse con sus amigas para tener estudios bíblicos; pero un juego de los Cowboys es un asunto exclusivo entre Sherry y Dale.

Hace algunos días, mientras íbamos conduciendo de vuelta a casa por la noche después de una actividad deportiva familiar, Curt repitió la frase "Qué bien estuvo lo de hoy" por lo menos ¡cuatro veces! Tuve que sonreír porque tenía razón. Tienes que entender que al principio yo no estaba emocionada de participar en este deporte, ya que no es un deporte femenino. Pero ahora que lo he estado practicando durante un poco de tiempo, quedé atrapada. ¡Me encanta y a Curt le encanta que me encante! Estoy feliz de que una tarde, hace algunos meses, accedí a la invitación de Curt a ir con él e intentarlo.

Quizá te esté preguntando: "¿Cuál deporte?". Bueno, si lo tengo que decir es: "tiro al plato". Así es. Se trata de dispararle a discos de barro que son lanzados al aire por una máquina. No lo vas a creer, pero incluso le pedí a Curt una escopeta de regalo de navidad. (Por supuesto se emocionó bastante con la petición.) ¡Y pensar que llevamos veinte años de casados y apenas descubrimos una actividad que podemos hacer juntos!

Todo lo anterior para decirte que no te cierres a nuevas actividades. Quizá te sorprendas. Inténtalo, quizá te guste; y si no, sigue adelante. Lo importante es que estés siempre abierta a maneras en las que puedas tener compañerismo con tu marido. Muchas mujeres comienzan a jugar golf después de su jubilación con el fin de pasar tiempo con su marido y tener algo en común que pueden hacer en casa o en vacaciones. Te doy un consejo: asegúrate de que tu marido *quiera* que lo acompañes en el deporte que sea. Es probable que necesite su "tiempo con los muchachos". La clave es la comunicación. Exploren, hablen, intenten y disfruten nuevas actividades juntos a lo largo de su matrimonio. Una nunca es demasiado vieja para aprender o tomar interés en algo nuevo.

## Trabajo creativo

En Proverbios 18:24 Salomón dice que "el hombre que tiene amigos ha de mostrarse amigo". ¿Por qué? Porque es difícil invertir nuestro tiempo, energía y compromiso en varias vidas a la vez. Cuando hablamos de relaciones sociales, la profundidad debe de tener un valor más alto que el volumen. En términos de prioridades, debemos dedicarnos primero al Señor, luego a nuestra relación con nuestro marido y luego a otro tipo de relaciones.

El compañerismo es divertido, pero también requiere esfuerzo. Desarrollar cualquier relación requiere energía y esfuerzo; y todavía más si es una relación a largo plazo. Debemos de continuamente escoger la creatividad sobre la complacencia si es que queremos desarrollar un compañerismo que dure toda una vida. Muchas mujeres me dicen: "Pero es que yo no soy una persona creativa". Está bien. Hay abundantes libros, videos y otros recursos que te pueden dar ideas. Eso significa que el compañerismo debe incluir la oración. Nuestra primera responsabilidad como compañeras es buscar en oración la sabiduría llena de imaginación de Dios para edificar nuestro matrimonio. Dios conoce a nuestro marido mejor que nosotras; incluso mejor que ellos mismos. Si le preguntamos, Él nos va a ayudar a identificar maneras nuevas y frescas para profundizar nuestra armonía y compañerismo con nuestro cónyuge.

### Citas con un propósito

Una forma en la que podemos fortalecer nuestro compañerismo con nuestro cónyuge es por medio de planear citas. Salir juntos no es una actividad solo para parejas que se están cortejando. Las citas románticas, divertidas y llenas de propósito son importantes también para las parejas casadas.

Programa deliberadamente una cita con tu marido por lo menos una vez al mes. Escríbelo en tu agenda o nunca va a llevarse a cabo. Las citas no necesitan estar programadas solo en las noches; muchas veces Curt y yo nos hemos visto a mediodía entre semana mientras las niñas están en la escuela. Algunas veces los sábados por la mañana caminamos a un gimnasio cercano, hacemos ejercicio juntos y luego salimos a desayunar.

¿Y mis hijas? Las niñeras pueden provenir de muchas fuentes distintas. Ciertamente, tener a la familia cerca es útil cuando se trata de encontrar a una niñera conocida o de confianza. Pero si la familia no es una opción viable, considera turnarte con otra pareja; un viernes por la noche ustedes cuidan a sus hijos y el siguiente viernes ellos cuidan a los tuyos. Mi hermana hace eso con una familia de su iglesia. A los niños les gusta tanto como a los padres porque pueden ver a sus amigos.

Hace años cuando necesitaba una niñera, puse un anuncio en el tablero de corcho de una escuela cristiana cercana. Inténtalo, ¡funciona! No solo vas a encontrar adolescentes maravillosas que están dispuestas a ganar un poco de dinero, sino quizá descubras a algunas maestras jóvenes que podrían ser bendecidas con la oportunidad. Pasa la voz también en el grupo de jóvenes de tu iglesia. Vas a descubrir muchas personas maravillosas que están dispuestas a ayudarte y a ser un ejemplo positivo para tus hijos.

La comunicación es la clave para una cita estupenda. Habla de tus planes con tu marido y acuerden hacer algo que los dos puedan disfrutar. Como en los demás aspectos de su relación, quizá sea necesario que ambos cedan un poco. Pero no trates de forzar una idea que verdaderamente le moleste a tu marido. Comprende sus sentimientos y date cuenta de que vas a tener que dejar a un lado algunas ideas (como llevarlo a la ópera). Quizá él nunca quiera hacer ciertas cosas que tú quieres hacer. Pero, como te dije antes, él quizá proponga algunas ideas que tú tampoco estés dispuesta a hacer (como ir a ver la lucha libre). Cede en lo que puedas y disfruta lo demás.

La siguiente es una lista de ideas que te pueden ayudar a planear citas creativas y memorables:

*Desayuno del sábado.* Planeen disfrutar juntos el desayuno del sábado por lo menos una vez al mes en su restaurante favorito. (Quizá quieras escoger un lugar en el que puedan caminar un rato y también disfrutar los beneficios de una buena caminata.) Si no pueden salir de casa debido a problemas para encontrar niñera, disfruten juntos su desayuno favorito en el jardín trasero sin los niños. Díganles que es el desayuno privado de

*Los mejores amigos constituyen los mejores cónyuges.* —Wilfred A. Peterson

mamá y papá. Utilicen este tiempo para hablar de lo que sucedió en la semana y hagan planes para la semana siguiente. Anímense, escúchense y oren cada uno por el otro.

*Cita del recuerdo.* Recuerden una de sus citas favoritas en esos días maravillosos en los que se cortejaban. Si se puede, regresen al mismo restaurante; si no, vayan a uno similar. En la cena, hablen acerca de lo que los atrajo del otro al principio. Después de cenar renten una de las películas que vieron cuando estaban saliendo, o compren un disco con la música de la época en la que estaban saliendo y escúchenla mientras vayan en el coche.

*Noche de complacencias.* Déjalo seleccionar su restaurante o su película favorita. En la siguiente vez que salgan, es tu turno de escoger. A quien le toque el turno de escoger tiene que planear toda la noche: comprar los boletos, hacer las reservaciones y demás. Dejen que el suspenso crezca al mantener sus planes en secreto y traten de hacer que la siguiente cita sea mejor que la anterior.

*Café y ver novedades.* Ahora muchas librerías dan servicio de café, así que una cita económica y especial puede incluir ver las novedades y tomar algo. Miren algunos libros de viajes para planear sus siguientes vacaciones, revisen los éxitos de ventas más recientes, busquen un libro sobre un tema en el que ambos estén interesados o ayuden al otro a encontrar libros que le interesen.

*Relajación dominical vespertina.* El domingo es un maravilloso día para relajarse, descansar y renovarse. De vez en cuando reserven la tarde para un momento especial entre esposos. Sé sensible a los intereses de tu cónyuge, ya que este puede ser un día que necesite mucho para distraerse de su rutina normal. Si le gusta ver casas, vayan a algunas casa abiertas al público. Vayan al parque a leer o vean un evento deportivo juntos. Hablen de la semana por venir y oren juntos por las actividades.

*Salida al museo.* ¿Hay buenos muesos en tu ciudad o en alguna ciudad cercana? Muchas veces olvidamos visitar los museos que están a nuestro alcance. Caminar en un museo, sea grande o pequeño, puede ser una cita interesante y económica. Busca catálogos o investiga cuáles son los museos cercanos, luego habla con tu marido acerca de cuáles les gustaría visitar juntos. Estén dispuestos a esforzarse y a salir de su zona de comodidad. Quizá puedan escoger el Salón de la Fama del Fútbol local para él un mes y el Jardín Botánico para ti al siguiente.

*Comer en el parque.* Escoge un momento hermoso del año para salir juntos de día de campo. En Texas los veranos son insoportablemente cálidos, pero el otoño y la primavera son momentos encantadores para ir al parque. Llena tu canasta con las bebidas y los antojitos favoritos de ambos. Llévense un disco volador o algunos libros para disfrutarlos en el aire fresco del campo.

*Evento deportivo.* Vayan juntos a un partido o miren uno juntos por televisión. No tiene que ser tu deporte favorito para que ambos lo disfruten. Quizá quieras escoger tu deporte favorito en una cita y en la siguiente el de él. El partido no necesita ser de una liga profesional. Intenten ir a partidos universitarios o amateurs de fútbol, de hockey sobre hielo o de tenis.

*Vamos a jugar.* Si tú y tu marido disfrutan jugar juntos algún deporte en particular, digamos tenis, golf o tiro de "skeet", hagan una cita para salir a practicarlo. Pero recuerda, mientras que a los hombres les encanta el compañerismo, hay ciertos deportes que quizá prefiera jugar solo con sus amigos. No trates de meterte a la fuerza. (Nunca voy a olvidar el episodio de *I Love Lucy* en el que Lucy y Ethel deciden aprender a jugar golf con los muchachos, y que Ricky y Fren tratan de sabotear sus lecciones al enseñarles reglas completamente ridículas.)

*Cita andante.* Caminar no solo es bueno para tu salud; es bueno para tu relación con tu marido. Al caminar juntos y hablar cuentan con toda la atención del otro. Pueden cubrir temas que el trajín de la rutina diaria a menudo no permite sacar a la conversación. La mejor parte es que están activos (el oxígeno fluye al cerebro para pensar con mayor claridad), y están haciendo ejercicio juntos (lo cual puede ser mucho más atractivo para los hombres que solo estar sentados conversando). Si tu horario y tus hijos lo permiten, ¡puedes tener este tipo de cita casi cada noche!

*Noche de regalos.* Decidan una cantidad de dinero que puedan gastar en la ocasión, divídanla a la mitad y luego vayan al centro comercial. Con tu mitad, cómprale a tu marido algo que sabes que le va a encantar. Con su mitad él *te* compra un regalo especial. Al ir juntos de compras, cada uno tiene el derecho de vetar el regalo antes de pagarlo y le puede dar pistas al otro acerca de sus gustos. La única regla es que no se puede decir directamente "quiero esto". Rían, dense pistas, coqueteen y disfruten darse y recibir los regalos.

*Solo postres.* Algunas veces es divertido salir a tomar una rebanada de torta o un helado de chocolate juntos. Sí, ¡date vuelo! Mantengan la conversación ligera y llena de risas. Disfruta a tu esposo tanto como los dulces. Si no puedes encontrar una niñera, esperen a que los niños se duerman y tengan su propia fiesta de "Haz tu propio postre".

## Las vacaciones de tus sueños

Llevar a la familia de vacaciones es importante, pero irse de viaje solos como pareja también es importante. Consideren hacer un viaje cada año en su aniversario de bodas; aunque solo sea una noche o dos en un hotel de la ciudad contigua. Estar juntos durante más de veinticuatro horas tiende a hacer salir cosas buenas a la superficie. Los puntos difíciles quizá también salgan a relucir; pero un viaje juntos es un tiempo saludable para estar juntos, experimentarse mutuamente y crecer sin la influencia de los niños o de otras personas. Hecha mano de los abuelos cercanos o haz un intercambio con otra pareja para resolver el problema de quién puede cuidar a tus hijos. Tenemos parejas jóvenes maravillosas a las que les pagamos para que nos ayuden en algunas ocasiones.

Las vacaciones no tienen que ser caras. Busquen tarifas baratas de avión, ofertas en los hoteles y rebajas en la renta de coches. Reserva en línea a través de los sitios de la Internet en tu país que ofrezcan los precios más bajos. Algunas veces he encontrado las mejores ofertas en boletos de avión al ir directamente a la página electrónica de la aerolínea.

La siguiente es una lista de ideas para vacaciones potenciales:

*El hotel de la ciudad.* Algunas veces puede ser divertido estar de vacaciones en tu misma ciudad. El simple hecho de alejarte de las responsabilidades de la casa y de los niños puede traer frescura y renovación a tus rutinas y a tu relación. Pidan la comida a la habitación. Vístanse con las batas del hotel y acurrúquense viendo una película. ¡Disfruten la alberca o la tina de hidromasaje y relájense!

*Posada con desayuno.* Las posadas y los mesones que muchas veces son elegantes y nada caros pueden constituir un cambio de ritmo placentero. Investiga los mesones de los pueblitos cercanos y escoge uno para una salida breve de fin de semana. Vas a encontrar que los dueños de estos lugares son muy amables en guiarte a las tiendas locales, los muesos, las actividades y los sitios de interés. Uno de nuestros lugares favoritos es una posada en Granbury, Texas, que está a solo dos horas de nuestra casa. El pueblo de Granbury tiene una plaza pintoresca llena de tiendas de antigüedades (¡y ya nos conoces!) y restaurantes elegantes. Lo que más me gusta de Granbury es que es uno de los pocos pueblos de Estados Unidos que todavía tiene un autocine. ¡Diversión romántica!

*De Congreso.* ¿Alguna vez has considerado visitar el edificio donde se reúne el poder legislativo en cada estado o departamento por el que viajes? Escoge un nuevo palacio legislativo cada año, comenzando con el de tu propio estado. Pídele a un transeúnte que les tome una fotografía a ti y a tu esposo en las escalinatas del edificio. Haz una visita turística con guía y aprende un poco de la historia de esa ciudad y de ese estado. Quizá incluso quieras escribir con anticipación para arreglar que un diputado estatal te guíe en el recorrido. Investiga el lema del estado y escríbelo en tu álbum de recuerdos junto a la fotografía de ustedes dos. Vas a encontrar que la mayoría de los lemas de los estados tienen un mensaje poderoso para todas nosotras.

*Complacencias.* Tomen turnos para escoger sus vacaciones ideales (que se ajusten a su presupuesto, claro está). Un año es turno de él para planear en secreto las vacaciones, hacer las reservaciones y las investigaciones de hoteles, restaurantes, actividades y eventos. Al siguiente año, tú eres la coordinadora del viaje. Sea que escojan salir una semana o un fin de semana, pueden añadirle variedad, suspenso y emoción cuando se turnan los planes. Al principio de nuestro matrimonio, Curt y yo nos turnábamos para planear viajes cortos. Yo planeaba el breve, pero dulce, viaje de fin de semana del día del Amor y la Amistad, y Curt planeaba el de nuestro aniversario. Al tomar turnos, cada uno tenía un sentir de pertenencia y de servir al otro. Teníamos la oportunidad de hacer lo que nos gustaba, pero también nos poníamos en la situación de no considerar solo nuestros gustos, sino aquello que fuera de bendición para el otro.

*La mejor playa.* ¿Les gusta ir a la playa? Planeen un viaje cada año a una playa distinta de su país con el objetivo de descubrir cuál es la mejor playa de la nación. Inventen su propio sistema de puntaje. Después de algunos años de exploración regresen a su playa favorita. Sin importar la playa que visiten, tomen largos paseos por la orilla del agua. Caminar en la playa es un ejercicio sumamente bueno (así no te tienes que preocupar por lo que vas a cenar); también es una oportunidad maravillosa y romántica para hablar y estar juntos. Si no les gusta la playa, consideren encontrar la mejor pista de esquí, la mejor tina caliente o el mejor hotel del país. ¡La diversión nunca termina!

*Visita de tres ciudades.* Escoge una zona de tu país en la que puedas planear una aventura en tres ciudades. Por ejemplo, a lo largo de la costa sur de California, puedes empezar en San Diego, seguir a Laguna Beach y pasar los últimos días en Santa Bárbara. Del otro lado de Estados Unidos, puedes comenzar en Amelia Island en Florida, subir a Sea Island en Georgia y terminar el viaje en Savannah o Charleston.

*La Ruta 66.* Investiga las oportunidades para salir de vacaciones a lo largo de la famosa e histórica Ruta 66. Pasa por pueblos como Santa Mónica. Visita el Gran Cañón. Los viajes largos en coche son excelentes

*El que halla esposa halla el bien, y alcanza la benevolencia de Jehová.* —Proverbios 18:22

para disfrutar la vista o simplemente estar juntos. Lleven con ustedes su música favorita. O consideren otras carreteras costeras o arterias montañosas (como Blue Ridge Parkway) para otras aventuras en coche.

*Sigue a tu equipo.* ¿Eres hincha de algún equipo deportivo? Viaja con ellos a un partido en otra ciudad. O viaja a otra ciudad para ver un concierto de tu artista favorito.

*Esconderse en casa.* Algunas veces no hay mucho dinero, y no es posible viajar. De todos modos toma tus vacaciones y disfruta de las vacaciones en tu propia casa. Manda a tus hijos a casa de sus abuelos o a casa de algunos buenos amigos durante algunos días. Resiste la tentación de ocuparte de los quehaceres domésticos y trata de no contestar el teléfono. Descubre las cosas divertidas que tu esposo y tú pueden hacer en su propia ciudad, utilizando una o más de las sugerencias para salir juntos que mencionamos anteriormente.

## Otras ayudas

El compañerismo extraordinario no solo se desarrolla al salir juntos o en las vacaciones; también se fomenta por los detalles que se hacen mutuamente. Aquí hay algunos que puedes incorporar a tu relación de manera regular:

*Mirarse.* Los estudios muestran que el contacto visual prolongado crea un lazo entre dos personas. ¡Nunca subestimes el poder de los ojos! Como escribió Salomón: "La luz de los ojos alegra el corazón" (Proverbios 15:30). En otra parte dijo: "Tus ojos miren lo recto, y diríjanse tus párpados hacia lo que tienes delante" (Proverbios 4:25). Y en Cantar de los Cantares escribió: "Prendiste mi corazón, hermana, esposa mía; has apresado mi corazón con uno de tus ojos, con una gargantilla de tu cuello" (Cantares 4:9).

Salomón también dio una advertencia sincera a los hombres con respecto a la mujer adúltera cuando dijo: "No codicies su hermosura en tu corazón, ni ella te prenda con sus ojos" (Proverbios 6:25). ¡Si alguien va a cautivar a tu marido con sus ojos, más te vale que seas tú! Mira amorosamente a los ojos a tu marido, déjale saber que es amado y admirado. Permite que tu mirada permanezca. Estudia su cara.

Obviamente no pueden estar mirándose mientras caminan o conducen el coche. Hay un tiempo y un lugar para todo. Un abrazo ocular puede suceder durante la cena o tomando café. Si estás en el coche, que sea después de que el coche se haya detenido por completo. Busca las oportunidades que se invitan a sí mismas, pero sé sutil, no seas obvia; sé interesante y no impositiva.

*Tocarse.* El toque físico ofrece otra oportunidad de unirse en una manera silenciosa. Un toque sencillo anima a tu esposo, le deja saber que lo tomas en cuenta y que estás interesada en él. No estoy hablando de tocarlo de manera sexual, sino coqueteando. Una palmada en la espalda, un rozón de tu mano en su brazo o en su muslo, o un abrazo de vez en cuando puede encender una chispa de nuevo en su relación amorosa. Dale un masaje de espalda espontáneo o tómalo de la mano al caminar. Comienza a descubrir las maneras en que a tu esposo le gusta que lo toques y la forma en que no le agrada.

*Sonreírse.* ¿Cuándo fue la última vez en que le sonreíste a tu marido? Sé que hay momentos en los que una no se siente con ganas de sonreír, pero creo que perdemos muchas oportunidades para ofrecerle a nuestro cónyuge el regalo de una sonrisa. ¿Recuerdas la historia que relaté en el capítulo 8 acerca de mi determinación de recibir a Curt con una sonrisa en el momento que entrara después del trabajo? Ese es un momento estupendo para sonreír, pero sin duda existen muchos más momentos en los que le puedes sonreír a tu marido; como cuando están conversando o disfrutando algún deporte. Tu sonrisa le deja saber que estás disfrutando su tiempo juntos y que no solo estás soportándolo. Le da ánimo y fuerza, junto con el sentimiento de que lo apoyas y que quieres estar con él.

"Una sonrisa dice mil palabras", les digo a menudo a los grupos de mujeres. ¡Es como un rayo de sol silencioso! Salomón sabía esto cuando escribió: "El corazón alegre constituye buen remedio; mas el espíritu triste seca los huesos" (Proverbios 17:22). ¡Lanza una sonrisa en dirección de tu marido varias veces al día, y observa lo que puede hacer por tu matrimonio!

*Buscar momentos para solo estar juntos.* Curt y yo disfrutamos pasar tiempo juntos sentados leyendo el periódico en el porche trasero. No hablamos; solo disfrutamos la compañía en la tranquilidad y belleza del jardín trasero mientras tomamos café y leemos. Hay algo importante y especial de nuestro tiempo compartido juntos, incluso aunque no interactuemos. ¿Qué oportunidades tienes para este tipo de momento silencioso con tu marido? He escuchado a muchos esposos decir que les encantaría que su esposa simplemente se sentara a ver la televisión con ellos de vez en cuando. Si a tu marido le gusta ver la televisión para relajarse, por lo que más quieras, haz un alto en tu apretado horario de vez en cuando y siéntate junto a él en el sillón y disfruten un programa juntos.

*Conectarse espiritualmente.* Compartir en un nivel espiritual va a unirlos a tu marido y a ti en una manera profunda. Oren juntos por su familia, por sus planes y las actividades futuras, así como por su relación. Denle gracias a Dios por sus bendiciones y por las buenas cualidades que ven en el otro. Disfruten de la comunión espiritual. Aun si tu marido no es cristiano, probablemente esté dispuesto a orar contigo de vez en cuando o a leer un versículo o un proverbio de la Biblia. ¡No pierdes nada con invitarlo!

Quizá estés pensando: *Mi esposo es cristiano, pero no es para nada el líder espiritual de nuestro hogar. No hay forma en que podamos unirnos espiritualmente.* Muchas mujeres se sienten así. ¿Qué puedes hacer? Antes que nada, recuerda que no eres el Espíritu Santo personal de tu esposo. Si tratas de serlo, es probable que obtengas justo el resultado opuesto. Más bien, anima suavemente a tu esposo. Pregúntale si quiere hacer una breve oración contigo antes de dormirse. Si te dice que no, no te molestes. Dale tiempo y permítele a Dios que lo lleve al punto en el que anhele la oración.

Hace varios años me estaba sintiendo seca espiritualmente, así que le pedí a Curt si me podía ayudar leyendo la Biblia en voz alta mientras estábamos sentados en el porche trasero. No solo comenzó a leer sino a hablar sobre las verdades que contenían los versículos. Creo que ese momento espiritual espontáneo juntos fue de tanta bendición para él como para mí. No puedes exigir que tu marido se una a ti espiritualmente, pero puedes hacer sugerencias humildes cuando las oportunidades surjan. ¡Sigue buscando esas oportunidades!

¿Cómo puedes experimentar un compañerismo extraordinario con tu cónyuge? Encuentren cosas divertidas qué hacer juntos. Sigan saliendo juntos. Planeen sus vacaciones. Pasen tiempo mirándose a os ojos, tomados de la mano o simplemente disfrutando momentos tranquilos. Oren juntos. Al invertir en su relación de esta manera, cada año su matrimonio será más dulce que el anterior.

# Punto de Poder

⚙ **Lee:** Hechos 18:1-4,18; Romanos 16:3-4; 1 Corintios 16:19; 2 Timoteo 4:19. haz una lista de la variedad de actividades que Priscila y Aquila hacían juntos. ¿Qué efecto crees que tuvieron estos esfuerzos compartidos en su matrimonio? ¿Cómo fue que Dios utilizó su compañerismo para su gloria?

♡ **Ora:** Padre Santo, te alabo por tu magnífico poder creador. Gracias por amarme y vivir dentro de mí. ¡Eres mi compañero constante y mi amigo! Por favor ayúdame a disfrutar mi relación con mi marido y muéstrame maneras nuevas y creativas para desarrollar nuestro compañerismo más plenamente. Profundiza el amor y el deleite que tenemos entre nosotros. Enriquece nuestro matrimonio con una amistad profunda que nos una y que perdure toda la vida. Gracias por obrar tan poderosamente en nuestro corazón y en nuestra vida. En el nombre de Jesús, amén.

💡 **Recuerda:** "¡Mirad cuán bueno y cuán delicioso es habitar los hermanos juntos en armonía!" (Salmo 133:1).

🙂 **Practica:** Toma tu agenda y una pluma en este mismo instante. Ve; te espero. Ahora planea varias citas nocturnas potenciales en tu agenda para este mes. Habla con tu marido y permite que él escoja la que le guste más. Revisa las ideas creativas para salir que se cubren en este capítulo y escoge una que tú y tu marido puedan disfrutar (o ustedes inventen la suya propia). En su cita, recuerda mirar, tocar, sonreír y hablar de sus planes para salir de vacaciones solos ustedes dos.

# El poder de la atracción física

*¡Qué hermosa eres, y cuán suave, oh amor deleitoso!*

—Cantares 7:6

*Nacemos con un profundo anhelo y aprecio por la belleza. Nuestro espíritu es atraído a ella. Nos llama, nos alimenta, nos estimula.*

—Nancy Stafford

# Belleza de adentro hacia afuera
## Descubre a la hermosa tú

*Una característica de la belleza es gozo perpetuo.*

—John Keats

Al principio de cada diciembre comienzo la experiencia anual de envoltura de regalos. Por supuesto, sigo envolviendo los últimos regalos el 24 de diciembre a las 23:55 hrs. como todos los demás; pero sí trato de adelantar el trabajo un poco. ¿No te molesta que a las 10:30 de la mañana de Navidad, todo el hermoso trabajo que hiciste envolviendo regalos termina hecho pedazos, arrugado en el piso o arrojado en el basurero? A mí me frustra un poco derramar tanto tiempo, dinero y esfuerzo en envolver regalos de navidad y que nunca haya visto que un niño (o un adulto siquiera) tomara el regalo todavía envuelto en su mano y dijera: "¡Qué increíble! ¡Qué lindo paquete! Ni siquiera lo voy a abrir, creo que solo voy a disfrutar el empaque. ¿A quién le importa el regalo?".

No, esa escena jamás ha sucedido en nuestra casa. ¿Y en la tuya? La verdad es que no importa lo hermosa que sea la envoltura, lo que cuenta es el regalo. ¿Así que entonces por qué poner tanto esfuerzo en la envoltura? Puedo pensar en algunas razones. Un regalo con una envoltura linda aumenta la expectativa y la intriga por lo que está dentro. Le dice al destinatario: "Eres importante para mí, así que me tomé el tiempo de hacer que este regalo se viera bonito para ti". Lleva al destinatario a creer que debajo de todo el envoltorio hay algo valioso.

Todos los seres humanos son un regalo a los que los rodean. Como esposas somos un obsequio para nuestro marido. Ciertamente el ser interior es el verdadero regalo: el corazón, el carácter, la personalidad y el alma que cada una de nosotras tenemos. Estoy tan agradecida que 1 Samuel 16:7 nos asegure que Dios "no mira lo que mira el hombre; pues el hombre mira lo que está delante de sus ojos, pero Jehová mira el corazón". ¡Qué maravilloso es saber que somos amados profundamente por Dios por quienes somos y no por lo que parecemos! ¿Eso significa que nuestra envoltura externa no es importante? De ninguna manera.

Sin importar cuanto deseemos que la gente no repare en nuestro aspecto exterior, la realidad es que los seres humanos están diseñados para disfrutar la belleza. Por eso es que somos renovados por una hermosa puesta de sol o por una bella obra de arte. En su libro *Beauty by the Book* (Belleza al pie de la letra), Nancy Strafford escribe: "Necesitamos la belleza en nuestra vida [...] Nacemos con un profundo anhelo y aprecio por la belleza. Nuestro espíritu es atraído a ella. Nos llama, nos alimenta, nos estimula".[1]

## La esencia de la belleza

Nancy habla acerca de la confusión que sentimos muchas de nosotras acerca de la belleza interna en contra de la externa. Como de niña ella sentía que era fea, su mamá constantemente la consolaba: "Nancy, preciosa, eres tan bonita en tu interior. Eso es lo que cuenta". Pero Nancy no podía evitar darse cuenta de que la gente a su alrededor a menudo se enfocaba en la belleza externa; y de acuerdo con sus estándares, ella no calificaba. Ella escribe hoy: "Lo que más sé acerca de la belleza ha provenido de la sanidad que hizo Dios en mi corazón y que me ha mostrado quién soy en realidad. Ha cambiado las cenizas de mi vida en belleza, el lamento en gozo".[2]

El maquillaje caro o el peinado perfecto no pueden cambiar quienes somos por dentro. Lo más interesante es que lo opuesto no es verdad. Nuestro espíritu en el interior *sí* afecta cómo nos vemos por fuera. Estoy segura de que has visto mujeres que no tienen las características perfectas o los estilos más modernos; no obstante, tienen cierta belleza que irradia de un brillo interno. También has visto personas que por fuera se ven hermosas quienes con un comentario insinuante o una mirada atemorizante, arruinan su imagen de belleza falsa.

El apóstol Pedro reconoció la importancia de la belleza interna de una mujer cuando dijo: "Vuestro atavío no sea el externo de peinados ostentosos, de adornos de oro o de vestidos lujosos, sino el interno, el del corazón, en el incorruptible ornato de un espíritu afable y apacible, que es de grande estima delante de Dios" (1 Pedro 3:3-4). ¿Pedro nos está diciendo que nos olvidemos por completo de la belleza externa? No, solo nos está diciendo que no dependamos de la apariencia externa, porque es el espíritu afable y apacible lo que realmente nos hace hermosas.

La mujer virtuosa de Proverbios 31 se vestía bien "de lino fino y púrpura" (v. 22). No obstante, su verdadera belleza provenía de su devoción a Dios, como vemos en el versículo 30: "Engañosa es la gracia, y vana la hermosura; la mujer que teme a Jehová, ésa será alabada". La esencia de nuestra belleza debe de provenir de las lindas cualidades internas de nuestra vida como mujeres piadosas. La belleza externa solo es la envoltura del regalo.

Una vez, mientras escribía el libro, Curt me llamó del trabajo y me preguntó cómo iba con el libro. En ese momento estaba escribiendo el capítulo del respeto, así que le pregunté si no tenía ideas sobre maneras prácticas en que las mujeres podían mostrarle respeto a su marido. Curt me respondió con toda convicción: "Una manera en que las mujeres pueden mostrarle respeto a su marido es viéndose bonitas para él". Y me explicó como los esposos se sienten valorados y respetados cuando saben que su esposa se tomó el tiempo e hizo un esfuerzo especial para verse de lo mejor para ellos. Su comentario me hizo pensar otra vez acerca del valor de envolver los regalos. Lo que está dentro es lo más importante, pero el esfuerzo que ponemos en envolver el regalo le demuestra al destinatario que realmente nos importa.

Curt fue enfático sobre este punto. Me dijo que aunque un hombre *diga* que no le importa la apariencia de su esposa, a la mayoría de los hombres si les importa. Los hombres son visuales. Son estimulados por lo que ven.

Está bien, está bien, a mí tampoco me gusta. Vernos lo mejor que podamos requiere esfuerzo y, ¿quién quiere esforzarse tanto por arreglar lo exterior cuando lo interior es lo que cuenta? Seamos honestas. La apariencia externa no es lo principal, pero es *algo*. El verdadero regalo que le damos a nuestro marido es un espíritu afable, respetuoso y piadoso. Pero un regalo tan valioso debería estar envuelto de una manera primorosa, ¿no crees?

Nuestro marido no es el único que cosechará los beneficios. Cuando nos cuidamos y hacemos el esfuerzo por vernos bien, *nos* sentimos mejor. Sentimos más confianza y seguridad. La clave es mantener un enfoque equilibrado.

## ¿Todas pueden ser hermosas?

¿No es divertido ver esos programas de televisión en que toman mujeres al parecer hogareñas y las transforman por completo? Nuevo peinado, ropa nueva, maquillaje nuevo: ¡una nueva apariencia! Una vez que terminan de arreglarlas las mujeres salen a escena con una gran sonrisa y más confianza. Eso me lleva a la pregunta: ¿Todas las personas tienen el potencial de ser atractivas? ¿O la belleza es solo posible para las que nacieron con características naturalmente hermosas?

A Marilyn Vos Savant (la mujer conocida por tener el coeficiente intelectual más alto) le preguntaron eso en su columna "Ask Marilyn" (Pregúntale a Marilyn) en la revista *Parade* (Desfile). Su respuesta fue franca y alentadora. Dijo que la belleza incluía todo acerca de la apariencia de una: "La manera en que sonríes, la forma en que llevas el cabello, el tipo de ropa que escoges, el cuerpo que has desarrollado (a través del ejercicio y tus hábitos alimenticios), tu porte y la manera en que has aprendido a hablar". El atractivo de la mayoría de la gente se basa en toda su apariencia y no solo en "su rostro hermoso", dijo. La presencia y no la hermosura facial es lo que cuenta. Concluyó su artículo con este consejo: "En lugar de amargarte por el hecho de que la gente quizá te juzgue por tu apariencia, toma un papel activo en hacer lo que puedas por mejorarte a ti misma". Y añadió: "Verse bien es un asunto de la voluntad; mucho más de lo que te das cuenta".

En la siguiente sección, vamos a considerar algunas de las maneras en que podemos mejorar nuestra envoltura externa. A medida que lo hagamos, no perdamos de vista la verdad de que la belleza mayor de todas es la que irradia desde adentro. Una mujer piadosa, generosa, amorosa, honesta y positiva ofrece un regalo inigualable de amor a su cónyuge y a las personas a su alrededor. En los capítulos 16 y 17 vamos a hablar con mayor profundidad del valor de la belleza, la fuerza y la vitalidad espiritual. Por ahora, simplemente estemos de acuerdo en que el tiempo que pasemos hermoseando nuestra apariencia externa debe de palidecer en comparación con el tiempo que invirtamos en desarrollar nuestra belleza interna. ¿Y cómo desarrollamos la belleza interna? Al pasar tiempo a solas con Dios todos los días. Nuestro tiempo de devoción libera los potentes embellecedores del amor, gozo, paz, paciencia, benignidad, bondad, fe, mansedumbre y templanza. Es la parte más importante de nuestra rutina diaria de belleza.

# El hermoso paquete

En 1 Corintios 6:19-20 dice: "¿O ignoráis que vuestro cuerpo es templo del Espíritu Santo, el cual está en vosotros, el cual tenéis de Dios, y que no sois vuestros? Porque habéis sido comprados por precio; glorificad, pues, a Dios en vuestro cuerpo y en vuestro espíritu, los cuales son de Dios". Cuando haces un esfuerzo por verte y sentirte de lo mejor, demuestras que valoras el cuerpo que Dios te dio para albergar su Espíritu. Estos son algunos aspectos a considerar para cuidar tu cuerpo y desarrollar un plan de embellecimiento.

## Haz ejercicio

La sola mención de la palabra *ejercicio* te hace sonreír. ¡Estoy segura! ¿O fue una mueca? Francamente, el ejercicio puede ser un asunto que te haga sonreír si encuentras un programa de ejercicios que se ajuste a tus necesidades. Estoy sorprendida de lo mejor que me siento física, mental y emocionalmente después de una sesión intensa de ejercicio. Las investigaciones muestran que el ejercicio incrementa las endorfinas (las hormonas que te hacen sentir bien) en el cerebro, produciendo un estímulo emocional natural. Incrementa el flujo de sangre y de oxígeno a las células del cerebro. ¡Yo no sé tú, pero mis neuronas necesitan toda la ayuda que puedan obtener! Además, hacer ejercicio nos deja con resplandor saludable y si se practica regularmente, da como resultado un mejor tono muscular y una apariencia más delgada (la razón principal por que las mujeres comienzan una rutina de ejercicios).

Escoge una actividad que disfrutes. Mi hija acaba de descubrir el "kick-boxing". Aunque es un ejercicio agotador, le encanta y espera con anticipación ir a sus clases de "kick-boxing" varias veces a la semana. A mi otra hija le encanta correr y es parte del equipo de carrera a campo traviesa de su escuela, el cual sale a correr todos los días a las seis de la mañana. ¡Tienes que disfrutar la carrera (por lo menos un poco) para tener ese tipo de compromiso!

¿Y tú? ¿Qué te gustaría hacer? Te sugiero una rutina de ejercicio que puedas llevar a cabo por lo menos tres veces a la semana. No utilices la excusa de la falta de tiempo; puedes comenzar con sesiones breves de treinta minutos. Hazte el camino fácil. No necesitas inscribirte a un gimnasio si es inconveniente o demasiado caro. Camina en tu vecindario o en los centros comerciales. Pídele a tu esposo o a una amiga que te acompañe. Renta o adquiere un video de ejercicios. Toma una clase económica de aeróbicos en tu centro comunitario local o casa de la

*No existe mejor cosmético para la belleza que la alegría.* —Lady Blessington

cultura. Haz ejercicios de piso antes de dormir. ¡Hay tantas opciones a tu disposición! La clave es escoger una, comenzar y hacerlo.

## Come bien

Recientemente en uno de los viajes de convención de Curt a Europa, hicimos una observación profunda: en general los franceses son delgados físicamente. Y en general los estadounidenses no. Mientras Curt y yo estábamos sentados en un café al aire libre observando a la gente que pasaba, no tuvimos dificultades para identificar a los estadounidenses, porque muchos de ellos estaban obesos.

Nos preguntamos: *¿Por qué los franceses son más delgados?* Llegamos a tres razones. Uno: caminan a dondequiera que van (otra vez ese asunto del ejercicio). Dos, comen lentamente, saboreando la comida. Los estadounidenses tienen la mentalidad de "como y me voy"; los europeos se esperan y disfrutan su comida. ¡Muchas veces, después de terminar una cena maravillosa en uno de los restaurantes finos de Europa, casi tuvimos que atacar a nuestro mesero para que nos diera la cuenta!

Tercero, los franceses comen comida más natural sin procesar. Comer comida altamente procesada es quizá nuestro mayor error en Estados Unidos. William T. Clower, un neurofisiólogo de la Universidad de Pittsburgh, escribió un libro de dietas específicamente acerca de la manera en que comen los franceses. En *The Fat Fallacy: Applying the French Diet to the American Lifestyle* (La falacia de la obesidad: aplique la dieta francesa al estilo de vida estadounidense), observa que muchos de los alimentos dietéticos que comemos en la actualidad son "comestibles falsos". La manera más sabia de comer es seleccionar alimentos naturales integrales y comérselos lentamente. Tomar pequeñas mordidas y masticar cada una completamente. Como le toma veinte minutos a nuestros estómago dar la señal de satisfacción, atragantarse la comida solo fomenta comer de más.[4] (¿Por qué Curt y yo no tomamos nuestras observaciones de los franceses para escribir nuestro propio libro de dietas?)

Gary Smalley en su libro *Food and Love* (La comida y el amor) advierte en contra de cuatro alimentos o cuatro categorías alimenticias que son malas para nuestra salud emocional o física: azúcar blanca o refinada, harina blanca o refinada, grasas hidrogenadas (y grasa animal) y alimentos cargados de aditivos químicos.[5] Quizá estés pensando, *¿qué no los franceses también comen eso de vez en cuando?* Bueno sí, pero no al grado que los estadounidenses. Y eso me lleva a mi punto final

sobre comer bien. Las contradicciones abundan en el mundo de la nutrición, pero los beneficios de comer alimentos integrales (sin procesar),
comer lentamente y comer porciones más pequeñas no se puede discutir.
Recuerda que la comida es el combustible de tu organismo. ¡Consume
alimentos con un "alto octanaje" (integrales y nutritivos) para obtener
más energía y una mejor salud!

## Actualiza tu peinado

Es fácil quedarse atrapada en un solo estilo de peinado. En los
primeros años de nuestra vida como adultas, la mayoría de nosotras
encontramos un peinado que nos funciona y nos quedamos con él para
siempre. Puede no ser el estilo perfecto para nosotras. Incluso quizá
ni siquiera tenga estilo. Pero nos sentimos cómodas con él y no lo
queremos cambiar. Es verdad que es útil tener un peinado fácil de hacer,
considerando el ritmo acelerado de nuestra vida. Pero de vez en cuando
necesitamos considerar una actualización.

Tu peinado es lo primero que la gente nota de ti cuando te ve por
primera vez. Enmarca tu rostro, así que escoger el mejor corte para tus
características faciales es importante. ¿Cuándo fue la última vez que le
preguntaste a tu estilista lo que cree que se te vería bien? La mayoría
de los estilistas están entrenados para discernir los mejores estilos de
peinado de acuerdo con la forma de la cara. Pídeles a algunas amigas que
parezcan tener buen ojo para la moda que también te den su opinión.

Hay algunos cortes clásicos, pero la mayoría de los peinados van
y vienen con la época. Una señora que conozco se peinó de la misma
manera durante años. Finalmente decidió cortarse el cabello de una
manera distinta y el resultado fue fantástico; ¡parecía una mujer completamente nueva! Después le preguntó a sus amigas: "¿Por qué nunca me
dijeron lo mal que se veía mi peinado?". Y le contestaron: "Nunca nos
preguntaste". ¡Anímate, sé valiente y pregunta!

## Actualiza tu maquillaje

Me gusta utilizar el término "embellecedor" cuando me refiero al
maquillaje. Eso es lo que el maquillaje es en realidad: una herramienta
para mejorar y hacer brillar tu belleza dada por Dios. No tiene el propósito de alterar completamente tu aspecto. ¿Cómo deberías maquillarte?
No te puedo decir, porque no estoy viendo tu rostro en este momento.
Pero hay muchas personas que te pueden ayudar a encontrar la mejor
forma de maquillarte. Acércate a los mostradores de maquillaje de las
tiendas por departamentos o pídele a una asesora local de maquillaje

(de Avon o Mary Kay, por ejemplo) que vaya a tu casa y que les haga algunas demostraciones gratis a ti y a tus amigas. Evalúa tu rutina de maquillaje de vez en cuando y mantente actualizada.

Aunque estamos enfocadas en el rostro, quiero mencionar lo importante que es cuidar nuestra piel a medida que envejecemos. Un limpiador suave y una buena crema humectante son herramientas valiosas para mantener tu rostro luciendo fresco y juvenil. ¿Alguna vez has considerado hacerte un facial? ¿No sería un buen regalo de cumpleaños que podrías darte a ti misma? ¡Recuerda, tu rostro es la parte de ti que refleja con mayor claridad tu corazón, así que cuídalo bien!

## No olvides sonreír

Probablemente creas que represento a la Brigada Sonriente por la forma en que hablo tan seguido de las sonrisas. Pero realmente creo que la sonrisa es una de las mejores formas en que podemos expresar el gozo que Dios nos ha dado. Una sonrisa puede tomar a una mujer que se vea más o menos e infundirle gran belleza. Es verdad que no podemos sonreír todo el tiempo; hay tiempo para guardar luto y ser solemnes. Pero no perdamos las oportunidades de aumentar nuestra belleza con una sonrisa resplandeciente cuando podamos hacerlo. Recientemente la hija de una amiga participó en el concurso de belleza de Miss Texas. ¿Crees que alguna de esas muchachas caminó por la pasarela con el ceño fruncido o con una expresión neutral? De ninguna manera; ¡todas las niñas tenían la sonrisa más grande, firme y evidente sobre su rostro! Estas jovencitas estaban en un concurso de belleza, y sabían lo mucho que una sonrisa podía añadirle a su belleza.

Por supuesto, tú y yo no estamos en un concurso de belleza. Pero podemos hacer la mejor presentación posible de nosotras mismas al simplemente añadir una sonrisa; pero no una sonrisa falsa, sino una que diga: "Tengo gozo en mi corazón y quiero compartirlo contigo". Vas a descubrir que el gozo que le das a otros a través de tu sonrisa te dará un estímulo emocional increíble también a *ti*. ¡No olvides esta importante herramienta de belleza!

## Revisa tu guardarropa

No necesitas gastar mucho dinero en ropa para lucir espectacular. De hecho, la clave para tener un buen guardarropa no es tener más ropa, sino tener la ropa correcta. He notado, por ejemplo, que cada vez que uso azul rey, la gente me dice que me veo bien. Dicen que el color hace resaltar mis ojos. ¡Buena señal! Cuando voy de compras, necesito concentrarme en algunas blusas o trajes azul rey. Para encontrar *tus* mejores colores, sostén varios vestidos de distintos colores uno a uno frente al espejo junto a tu rostro y observa cuál hace que te veas "viva". Pregúntales a tus amigas su opinión. Incluso tu marido debe de tener su opinión al respecto.

El estilo es otro asunto. Muchas veces vemos un traje en una revista o en una amiga y asumimos que se veía bien en nosotras. ¡No necesariamente! Encuentra tu propio estilo. ¿Qué va con tu personalidad? ¿Eres conservadora, clásica, romántica, natural? Vístete según tu propia manera de ser. Investiga nuevos estilos, modas y apariencias, pero siempre considera lo que se te ve bien a ti.

Yo te recomiendo ampliamente hacer una transformación total de tu guardarropa. Tendemos a utilizar el veinte por ciento de nuestra ropa el ochenta por ciento del tiempo, así que entresaca lo que no uses y deshazte de la ropa que no se te ve bien. Dala a la caridad, a una amiga o a tu hermana. Ahora ya tienes espacio en el armario para tus mejores galas, y no estás distraída con la ropa de relleno. Compra con cuidado las buenas adquisiciones que te harán ver estupenda. Concéntrate en los colores sólidos y adórnalos con joyería y cinturones que le añadan personalidad. Si el dinero es un obstáculo, compra en tiendas de saldos o de descuento (mis favoritas); pero no caigas en la trampa, como a veces a mí me pasa, de comprar algo solo porque está en oferta.

Un último comentario sobre la ropa. Algunos hombres tienen su opinión al respecto de cómo les gustaría ver vestida a su mujer. Pregúntale a tu marido si tiene alguna preferencia y dale la oportunidad de participar. Quizá te sorprenda con su buen gusto.

## La trampa de las comparaciones

¿Puedo ser honesta contigo? Siempre he tenido dificultades en el aspecto de la belleza y de compararme con otras. De niña, no me sentía bonita. Quizá porque los niños en sexto año se burlaron de mi gran nariz. O quizá porque no fui la reina de belleza de la escuela superior. Quizá fue debido a mi propia falta de confianza en mí misma. En la actualidad mis características faciales siguen sin ser simétricas, mi cuerpo no está proporcionado a la perfección y tengo hoyos en los muslos. Cuando pienso en el asunto de ser hermosa, veo a todas las personas hermosas a mi alrededor y comienzo a titubear. Es fácil caer en la trampa de las comparaciones incluso en la actualidad.

El problema con compararnos con otras es que siempre va a haber personas que sean mejor parecidas que nosotras, y siempre habrá personas más feas que nosotras. Nuestra meta no es vernos más bonitas que la de junto, sino más bien vernos lo mejor posible y cuidarnos. Mi mensaje en este capítulo no tiene el propósito de lanzarnos en un énfasis desatado por la apariencia. Mi objetivo es hacernos pensar en ofrecerle a nuestro marido la envoltura de una apariencia atractiva. Mientras que debemos de ser decididas con respecto a vernos bien, el hecho que permanece es que nuestra apariencia es solo la envoltura que lleva al valioso regalo de una mujer piadosa en el interior.

Durante estos días, he tratado de evitar por completo las comparaciones. Cuando tratan de regresar, me recuerdo a mí misma sus efectos dañinos y las desalojo de mi mente. Cada mañana, al prepararme para el día, hago lo mejor que puedo con lo que Dios me ha dado; comenzando con la decisión consciente de hablar con Él. Cuando echo la última mirada en el espejo y me voy, tomo la decisión de olvidarme de mí misma y concentrarme en cómo puedo amar y servir a los demás.

Aunque quizá hagamos cosas feas o tengamos una actitud horrible, no fuimos creadas para ser feas. Fuimos creadas de acuerdo con un diseño. Dios nos hizo con amor y perfección justo como Él quería que fuéramos. ¡Podemos ver esa belleza dada por Dios no solo en nosotras mismas, sino en cada ser humano! Querida hermana, no desperdicies otro momento comparándote con otras. Levántate firme en el conocimiento de que Dios te ha hecho a su imagen y que te ha formado con un propósito. Todo lo que le añades a tu exterior simplemente acentúa la belleza ya inherente en ti, porque eres su creación. La verdadera esencia de una apariencia hermosa irradia de adentro hacia afuera.

Permíteme cerrar con este poema de mi amiga Anne Peters. Anne es una persona hermosa, tanto por dentro como por fuera. Ha tenido mucho dolor y quebranto de corazón en su vida; pero a pesar de todo, sigue encontrando su esperanza y su fuerza en Cristo. Cierro con su poema "Beats de Heart of Beauty" (Late el corazón de la belleza). Espero que sea un regalo y una bendición para ti.

> Señor, vengo delante de ti
> Con esta gentil petición
> Muéstrame toda la belleza
> Que mora dentro de mí
> Que comience a florecer
> Como una rosa nacida de un botón
> Que brille
> Por las maravillas de tu amor
> Te pido ver su esplendor

En la manera en que me muevo y hablo
Un espíritu amoroso y amable
Belleza verdadera que busco
Ni un perfume hecho de orquídeas
Ni las joyas preciosas de oro
Pueden reemplazar la belleza alegre
Que mi corazón anhela tener
Que conozca tanto el gozo como la fe
Y me vista de paz
Y lleve la corona de belleza
Que Jesús me da
Porque en la promesa el amor ha compartido
"Los dos serán una sola carne"
Late el corazón de la belleza
En perfecto unísono
Oh, Señor, vengo delante de ti
Con esta gentil petición
Muéstrame toda la belleza
Que mora dentro de mí

# Punto de Poder

**Lee:** Cantares 1-4. Observa el énfasis que le dan Salomón y su novia a deleitarse en la belleza mutua. ¿Cuáles son los términos que utilizan repetidamente para describirse? Ahora lee Salmo 139:13-16 y deléitate en el recordatorio de que eres un "diseño original".

**Ora:** ¡Oh, glorioso Creador, Diseñador y Salvador, tú eres la fuente de todo lo que es bello en este mundo! Con tu mano creadora, me has hecho justo como quieres que yo sea. Tienes un plan y un propósito para mi vida. Ayúdame a ser hermosa tanto por dentro como por fuera. Muéstrame maneras en que pueda acentuar mi apariencia externa como un regalo para mi marido. Pero sobre todo, ayúdame a habitar en tu presencia todo el día para que tu Espíritu pueda producir en mí las hermosas cualidades interiores de amor, gozo, paz, paciencia, benignidad, bondad, fe, mansedumbre y templanza. Te lo pido en nombre de Jesús, amén.

**Recuerda:** "Engañosa es la gracia, y vana la hermosura; la mujer que teme a Jehová, ésa será alabada" (Proverbios 31:30).

☺ **Practica:** Párate frente a un espejo y toma un momento para evaluar tu "envoltura". ¿Hay algunos cambios que quieras hacer? Considera un nuevo peinado o una nueva manera de maquillarte. ¿Qué tal una nueva rutina de ejercicios o mejores hábitos alimenticios? Revisa tu guardarropa y entresaca algunas prendas "viejitas". Si tu presupuesto lo permite, cómprate un nuevo traje en un color o estilo que te vaya mejor.

Ahora, mírate en el espejo de la Palabra de Dios, a través de leer Gálatas 5:22-23. ¿Reflejas la belleza de un espíritu piadoso en tus actitudes y acciones? Decídete a acentuar tu belleza por medio de pasar tiempo a solas con Dios cada día a través de la oración y de alimentarte con su Palabra.

# 13

# Sexo sensacional
## Cómo ser una gran amante

*Dios dio el regalo del sexo como una joya preciosa para la humanidad: la corona de toda su creación.*

—William Fitch

"Curso de placer sexual para principiantes: satisfacción garantizada para cada lectora".

Capté tu atención, ¿verdad? Para que no pienses que esas palabras son mías y que es mi garantía para este capítulo, debo de decirte que esa frase la vi en la portada de una revista popular para mujeres. Otras de las revistas en el mostrador presumían los encabezados siguientes:

"Sexo Tabú: Los ocho secretos que toda mujer debe de probar"
"La guía sexual de las mujeres tímidas"
"Enciéndelo: Ocho desafíos para probarlos con tu hombre esta noche"

Echa un vistazo a las revistas del pasillo de la caja en casi todos los supermercados, ¡y te vas a llevar un puñado de títulos eróticos! Seamos francas: en la sociedad actual, el sexo vende. Los artículos que alientan a momentos de pasión ilícita abundan, pero libros que animen a las mujeres cristianas a disfrutar de la plenitud del sexo con su marido en el matrimonio son pocos y escasos. En los círculos de la iglesia, el sexo no es un tema común de conversación. "Las chicas buenas no lo hacen" era la suma de todo el consejo sexual que recibimos durante los años en que salíamos con los muchachos. Creo que es momento de romper el hielo y hablar del tema del sexo con una perspectiva fresca y equilibrada, ¿no crees tú?

Dios diseñó la sexualidad con todo propósito. El acto de la intimidad sexual es una imagen de unidad que Él diseñó que experimentáramos en el matrimonio. Entre el esposo y la esposa, la intimidad sexual es santa y maravillosa. Es un regalo bendito y una parte vital de una relación matrimonial sana. ¡Fuimos creadas para disfrutarlo al máximo! H. Norman Wright y Wes Roberts, autores de *Antes de decir "sí"* lo explican: "En el plan de Dios, el sexo tenía el propósito de proveer un medio de revelarse uno mismo en su totalidad al amado, de derramar la energía de uno, así como sus afectos más profundos, esperanzas y sueños en el amado".[1] Hacer el amor enriquece y profundiza el compromiso y la comunión entre un hombre y su mujer, quienes se han dado el uno al otro en matrimonio.

## Lo que es el sexo y lo que no es

El sexo no es solo un acto físico. Quizá estés pensando: *Claro..., dile eso a un hombre.* Pero en su libro *Becoming a Couple of Promise* (Conviértase en una pareja de promesa), el Dr. Kevin Leman dice que incluso los hombres no quieren solo sexo; ellos quieren "plenitud sexual", y hay una gran diferencia en eso. "La plenitud proviene de la exploración y disfrute de nuestra *complementariedad* sexual", dice Leman. "Para un hombre, esto significa sentirse completamente aceptado por su esposa [...] Ella lo ama con todo y sus temores, fallas y debilidades. Ella acepta a la perfección su manera de amar y le deja saber que es lo máximo. Entonces su disfrute es completo".[2] El sexo es más que una actividad; es una experiencia placentera, alentadora y plena.

La intimidad del sexo está profundamente enraizada en nuestro ser: la unión de dos personas en el sentido más profundo. Por diseño divino, Génesis 2:22-24 nos dice que un hombre deja a su padre y a su madre y se une a su mujer y los dos llegan a ser "una sola carne". La unión sexual tiene una gran importancia en el plan de Dios para el matrimonio. Por eso Pablo dio una estricta advertencia en contra de la inmoralidad en 1 Corintios 6:15-16: "¿No sabéis que vuestros cuerpos son miembros de Cristo? ¿Quitaré, pues, los miembros de Cristo y los haré miembros de una ramera? De ningún modo. ¿O no sabéis que el que se une con una ramera, es un cuerpo con ella? Porque dice: Los dos serán una sola carne".

El sexo es la forma más íntima de unidad y está reservada para aquellos que están comprometidos entre sí en matrimonio. Pablo habla del tema del sexo marital en 1 Corintios 7:

> El marido cumpla con la mujer el deber conyugal, y asimismo la mujer con el marido. La mujer no tiene potestad sobre su propio cuerpo, sino el marido; ni tampoco tiene el marido potestad sobre su propio cuerpo, sino la mujer. No os neguéis el uno al otro, a no ser por algún tiempo de mutuo consentimiento, para ocuparos sosegadamente en la oración; y volved a juntaros en uno, para que no os tiente Satanás a causa de vuestra incontinencia. Mas esto digo por vía de concesión, no por mandamiento.
> —1 Corintios 7:3-6

En este pasaje se nos recuerda que la intimidad sexual es darnos a nuestro marido. No nos pertenecemos solamente a nosotras mismas; también le pertenecemos a nuestro marido y él nos pertenece a nosotras. El sexo no es una recompensa; algo que podamos dar o retener con el fin de controlar, manipular o demostrarle a nuestro esposo que estamos ofendidas por algo (como se ha sabido que lo hacen algunas). La Escritura es clara en que el sexo no debe de ser usado de esa forma. En la versión The Amplified Bible, la palabra *neguéis* del versículo 5 se explica con las palabras *rehúsen* y *defrauden*. No debemos negarnos, rehusarnos o defraudar a nuestros maridos de la intimidad sexual excepto en momentos dedicados a la oración; y eso por mutuo consentimiento y durante un periodo limitado. Como dijo William Fitch: "En todos los matrimonios completamente cristianos, debe de existir el pleno disfrute del sexo tal y como Dios lo dio y conforme al propósito que Él tenía para que fuera disfrutado. Negarse es negar un regalo que tiene un potencial de beneficios incalculables".[3]

Como ya dijimos, la unión de marido y mujer en el matrimonio es un reflejo de la relación entre Cristo y la Iglesia. Efesios 5:28-32 dice:

> Así también los maridos deben amar a sus mujeres como a sus mismos cuerpos. El que ama a su mujer, a sí mismo se ama. Porque nadie aborreció jamás a su propia carne, sino que la sustenta y la cuida, como también Cristo a la iglesia, porque somos miembros de su cuerpo, de su carne y de sus huesos. Por esto dejará el hombre a su padre y a su madre, y se unirá a su mujer, y los dos serán una sola carne. Grande es este misterio; mas yo digo esto respecto de Cristo y de la iglesia. —Efesios 5:28-32

En una forma que es tanto hermosa como misteriosa, el amor marital es una imagen del amor que Cristo tiene por su Iglesia; por ti y por mí. El evangelista y escritor Jack Taylor lo explica así: "El profundo significado espiritual del sexo nos habla de la comunión entre Cristo y su Iglesia. Hay expresión profunda, comunicación y satisfacción en esta comunión".[4] ¡Que nunca demos por sentado nuestra unión sexual con nuestro marido! Dios utiliza la relación matrimonial como una imagen de nuestra relación con Cristo. Eso significa que debe ser honrada respetada, preservada y disfrutada.

## Concentrarse en el otro

Los medios de comunicación nos bombardean con imágenes de hombres y mujeres interesados en procurar sus propios placeres sexuales. Pero la mayoría de las mujeres no tienen sexo por el mero placer que trae. De hecho, muchas mujeres encuentran difícil experimentar placer de una forma constante. Las buenas noticias son que las mujeres casadas tienen mayores posibilidades de disfrutar el sexo. ¿Por qué? Porque lo normal es que a las mujeres les tome tiempo, esfuerzo y comunicación experimentar placer en el sexo; y es más probable que estas cualidades se desarrollen en el matrimonio. Los esposos que han hecho un compromiso de por vida pueden enfocarse en el placer del otro y no solo en el propio.

Es interesante leer la conversación romántica entre Salomón y la sulamita en el libro de Cantares y darse cuenta de que los amantes no están enfocados en sí mismos sino en el otro. Salomón está completamente consumido por su amante, la alaba, busca su placer y desea solo lo mejor para ella. La sulamita tiene los mismos sentimientos y las mismas intenciones hacia él. Lo que esto nos dice es que el sexo no se trata de ver lo que podamos obtener; es buscar lo que podamos dar. Una relación sexual sana tiene que ver con una esposa derramándose para el placer de su marido. Y una de las maneras en que un marido recibe placer es dándole placer a su esposa.

La manera en que los dos amantes del libro de Cantares se comunican íntimamente ente sí establece un buen ejemplo para nosotras en nuestro matrimonio. Los hombres y las mujeres tienen necesidades, deseos y expectativas diferentes acerca del sexo; eso es una constante. ¿Cómo vamos a saber lo que nuestro marido desea y cómo va a saber él lo que nosotras deseamos, a menos que nos comuniquemos íntimamente?

Tienes razón. Comunicar nuestros pensamientos y sentimientos acerca del sexo no siempre es fácil. Tanto a los maridos como a las esposas se les hace difícil identificar y decir lo que les gusta. Como dicen los expertos matrimoniales David y Claudia Arp: "Toma tiempo comunicarse, resolver los conflictos y desarrollar una vida amorosa creativa".[5]

Cuando hables de sexo con tu marido, asegúrate de que los dos estén cómodos con el momento, el lugar y el tema. Sé gentil y paciente en tu descubrimiento de los gustos y disgustos de tu esposo. Busca oportunidades para decir: "eso me gusta", o: "¿a ti te gusta eso?". Te puedes comunicar con palabras, sonidos o caricias para transmitir tus pensamientos. Pueden comunicarse mejor a través de llevar a cabo, experimentar y disfrutar abiertamente durante el proceso.

Permíteme añadir una breve nota al margen aquí. Algunas mujeres encuentran bastante difícil desear tener sexo. Esto puede deberse a problemas físicos, problemas en la relación o dificultades con asuntos personales del pasado. Si te encuentras en esta situación, habla con tu doctora acerca de cualquier problema de salud que pueda estar relacionado y considera consultar a una consejera cristiana que te pueda ayudar a descubrir y tratar con cualquier barrera emocional a la intimidad.

## Sexo a cualquier edad

La comunicación a lo largo del matrimonio es importante, porque la relación sexual no es estática. Cambia de manera natural con los años. ¡Pero el sexo puede seguir siendo maravilloso a cualquier edad!

Si hablamos en general, durante nuestros años de recién casados somos jóvenes, apasionadas y llenas de energía. Esta es una época maravillosa para la exploración y para aprender cosas nuevas acerca de nuestro cónyuge. Como todavía no llegan los hijos tenemos las mañanas y las noches para nosotros solos sin interrupciones; y eso nos da la oportunidad única y especial de conocer el cuerpo, los gustos y lo que no le gusta al otro. Estos primeros años de matrimonio son una época de crecimiento para la relación: física, mental, emocional y espiritualmente.

Al ir avanzando en edad (digamos a la mitad de los treinta y tantos), la vida se vuelve ocupada. Ya que muchas veces las esposas están agotadas de cuidar a los niños y atender la casa y probablemente de trabajar fuera de casa. En esta etapa del juego, nuestra vida sexual puede convertirse en algo parecido a una rutina, aunque quizá estemos muy contentas con ello. Quizá no tengamos la pasión frenética de los primeros años, pero nosotras y nuestro marido podemos experimentar una vida amorosa satisfactoria y enriquecedora si seguimos comunicándonos y comprendiendo las necesidades y deseos del otro. (Nota importante: Con los

*El sexo provee el medio de presentarle a nuestro cónyuge el regalo de nuestro ser y de experimentar un obsequio semejante a cambio. —H. Norman Wright y Wes Roberts*

niños en casa es altamente recomendable tener una cerradura en la puerta de la alcoba.)

Lo más extraño es que los expertos dicen que las mujeres alcanzan su mayor "avance sexual" a los treinta y cinco. ¿No se te hace raro el momento? La comediante Rita Rudner dice en son de broma: "Los hombres alcanzan su mejor punto sexual a los dieciocho. Las mujeres a los treinta y cinco. ¿No te hace sentir eso como si a Dios le gustaran las bromas pesadas? Estamos alcanzando nuestro mejor punto sexual aproximadamente al mismo tiempo en que ellos están descubriendo que tienen una silla favorita".[6]

En nuestros treintas y cuarentas, muchas veces nos sentimos más seguras con nosotras mismas y nuestra vida. Reconocemos lo que disfrutamos y nos sentimos más cómodas al decir lo que deseamos. Permanecer cerca de nuestro marido y conectadas con ellos a través de esta etapa nos ayuda a incrementar el disfrute en la alcoba. Necesitamos decidir prestarle atención a nuestra pareja y hacer de encontrar tiempo para tener momentos íntimos con ellos una prioridad. El sexo quizá requiera un poco más de planeación o de programación; pero puede ser estupendo, especialmente si creamos la expectativa durante todo el día (consulta la sección "Amante creativa" un poco más adelante).

Al crecer más en edad (o digamos solamente que *maduramos*), nuestros niveles hormonales decrecen y nuestro cuerpo quizá no responda exactamente como solía; pero eso no significa que no podamos mantener vidas sexuales vibrantes. Las buenas noticias son que no tenemos tantas distracciones en esta etapa de la vida. Nuestros hijos ya son mayores y quizá ya se fueron de la casa. Conocemos mejor a nuestro marido. Sabemos lo que le gusta y como satisfacerlo, y ellos saben lo mismo de nosotras.

También, ya conocemos otras formas de comunicarnos amor. "Cuando eres joven, demuestras tu amor más a menudo con sexo", dice un marido de setenta y siete años, felizmente casado en una encuesta sobre el matrimonio. "Pero cuando eres mayor, descubres que hay muchas otras maneras: una palmada en la espalda o el cuello o en el trasero".[7] Las parejas necesitan dar espacio a un aprendizaje y una comprensión mutua constante. Es verdad que la edad puede tener un efecto en el impulso sexual y el desempeño, pero podemos encontrar formas positivas de cambiar junto con estas cosas y todavía mantener vidas amorosas felices.

## Amante creativa

En la etapa de la vida en la que estemos, necesitamos buscar continuamente maneras de añadir una nueva chispa de emoción y evitar la rutina. Linda Dillow, autora de *Creative Counterpart* (La contraparte creativa) dice esto: "La mujer que nunca pensaría en servirle la misma cena a su marido cada noche, a veces le sirve la misma respuesta sexual vez tras vez. El sexo, como la cena, pierde mucho de su sabor cuando se vuelve totalmente predecible".[8] Busquemos algunas maneras en que podamos salirnos de lo ordinario y hacer de nuestras vidas amorosas algo extraordinario.

### Intenta que el preámbulo dure todo el día

Alimenta el interés y la expectativa del deleite nocturno con tu esposito al darle algunas pistas juguetonas a lo largo del día. ¡Claro que puedes y debes de coquetear con tu marido! Estas son algunas ideas divertidas que puedes intentar:

- Escríbele una nota sexy breve dejándole saber tus esperanzas e intenciones para más tarde: "No puedo esperar a que llegues a casa". "Pongámonos ardientes e intensos esta noche, guapo". "Vamos a divertirnos esta noche después de que los niños se hayan ido a dormir". Pon la nota donde solo él la pueda ver o métela a hurtadillas en su maletín o en su bolsillo. Advertencia: ¡Ten cuidado de que la nota no caiga en manos equivocadas! Conozco a una mujer que le escribió una nota sexy a su marido en lo que parecían ser los apuntes del año anterior de uno de sus hijos. Resultó que era un trabajo que había que entregar al día siguiente. El hijo regresó a casa con una nota de la maestra que decía: "¡Pensé en que le gustaría tener esta nota de vuelta; y la siguiente vez sea más cuidadosa donde le escribe un mensaje a su marido!".

- Acarícialo o frota su espalda. Aprende en donde le gusta que lo toques y encuentra el mejor momento. Una caricia suave y coqueta puede alimentar el humor y dar una señal silenciosa de lo que estás esperando más tarde.

- Escribe una nota en el espejo del baño utilizando un marcador para pizarrón blanco. Dile que estás esperando un momento "caliente y vaporoso" esta noche. Añade una impresión de tus labios. (¡Sí, besa el espejo después de haberte aplicado una abundante cantidad de lápiz labial!)

- Llámalo a la oficina utilizando una voz suave y sexy, diciéndole que estás esperando que llegue a casa del trabajo. ¡Asegúrate de que no tenga encendido el altavoz del teléfono!

- Acurrúcate con él mientras todavía están en cama por la mañana. Déjale saber tus intenciones para la noche. Dile que estarás esperando su tiempo especial juntos durante todo el día.

- Prepara una cena romántica a la luz de las velas. (Si tienes hijos, mándalos a casa de la abuela o arregla que pasen la noche en casa de sus amigos.) La habitación debe estar a media luz con música romántica suave. Míralo a los ojos, escúchalo y no hables acerca de las preocupaciones del día o de las actividades de los niños. Sonríe y disfruta su compañía.

## Pon tu alcoba a la moda

No gastes todo tu presupuesto en las prendas que todos ven. Aparta por lo menos un poco de dinero para lo que solo tu marido puede ver. Siempre programo comprar lencería y pijamas sensuales cuando estamos planeando salir de viaje sin las niñas. También uso un poco de mi dinero de cumpleaños y navidad para pijamas nuevas o lencería. No necesitas mucho dinero para verte bien en la cama, te lo aseguro. Muchas de mis compras de prendas sensuales las hago en las tiendas de descuento o de saldos.

Es fácil llegar a estancarse en cuanto a moda cuando hablamos de prendas para dormir. ¿Por qué? Porque todas queremos dormir con algo cómodo. Pero mientras que tu camisón favorito de franela sea fabuloso para una fría noche de invierno, también necesitas invertir en lencería sensacional. Gracias a Dios, verte sensual no significa necesariamente estar incómoda. Visita el departamento de lencería de tu tienda favorita y busca algo que tenga atractivo sexual y que sea cómodo al mismo tiempo. Los dos pueden coexistir, créeme. ¡Por supuesto, de vez en cuando quizá quieras comprar uno de esos numeritos totalmente imprácticos!

No te estoy sugiriendo que trates de verte como una modelo de lencería. Solo te estoy animando a que te esfuerces un poco a verte fresca y atractiva en la alcoba. El punto es mostrarle a tu marido que es tan importante para ti que quieres verte atractiva para él.

## Usa la variedad para que sea divertido

El sexo dentro de los límites del matrimonio es maravilloso. Condiméntalo con un poco de variedad y ¡diviértete! Enciende velas en la habitación antes de apagar las luces. Compra aceite para dar masaje y dense un masaje corporal. Tomen un baño de burbujas juntos. Métete a la ducha cuando se esté dando su baño matutino.

Si los niños están fuera, considera acurrucarse juntos y hacer el amor en el sofá de la sala de estar (o en la cocina o en el tapete del pasillo o...). Intenta nuevos lugares para sus encuentros sexuales. Quizá quieran hablar en algún momento íntimo acerca de lo que les gustaría hacer para que la próxima vez que no estén los niños, estén listos para la acción.

# ¡Disfruta!

Una de mis películas favoritas es *Casarse... está en griego*. ¿Ya la viste? Es un retrato cómico de las tradiciones griegas en una numerosa familia griega-americana. Nunca voy a olvidar la escena en que toda la población femenina de la familia de la novia está ayudándola a vestirse para la ceremonia. Entran su emocionada mamá y su extravagante tía, y la sientan en la orilla de la cama para darle "La Plática". Las palabras de sabiduría de su mamá se reducen a esto: "Las mujeres griegas son como corderitas en la cocina, pero son como tigres en la alcoba".

¡Anímate, sé una tigresa! Disfruta las bendiciones, placeres y beneficios de un matrimonio pleno y una vida sexual íntima. A medida que tú y tu esposo crezcan en su amor mutuo su vida sexual no podrá evitar florecer.

Recuerdo la historia relatada por C. H. Parkhurst en su libro *Love as a Lubricant* (Al amor como lubricante). (No te hagas ideas raras por el título, ya que es un libro bastante antiguo sobre el tema del amor cristiano.) Un obrero subió a un trolebús un día y se sentó. Al observar que la puerta del trolebús rechinaba cada vez que la abrían, se levantó de su asiento, sacó una pequeña lata de su bolsillo, y puso una gota de aceite en el punto rechinante. Al sentarse de vuelta, comentó en voz baja: "Siempre llevo conmigo aceite en el bolsillo, porque hay tantas cosas rechinantes que una gota de aceite puede corregir".

Parkhurst concluye la historia con el siguiente punto: "El amor es el aceite que por sí solo puede hacer que la vida diaria en el hogar, en el trabajo y en la sociedad sea armónica".[9] Tiene razón. Y cuando se trata en particular del sexo, el amor es el aceite que cubre los desafíos, las frustraciones y cualquier sentimiento de ineptitud que podamos tener en la cama. De hecho, alguien debería de escribir un libro de autoayuda llamado *Cómo amarse para tener mejor sexo*. El amor es darnos incondicionalmente a otro. Se consuma en el matrimonio en el hermoso acto desinteresado del sexo entre esposo y esposa.

Permíteme darte una palabra de advertencia antes de cerrar: La intimidad tiene el propósito de ser compartida solo con tu pareja. En el mundo actual, es triste decirlo, el número de esposas que abandonan a su esposo debido a aventuras con otros hombres está en ascenso. No seas ingenua. Guarda tus ojos, tu corazón y tus acciones. No destruyas tu matrimonio por la falsa esperanza de que alguien más tiene algo mejor que ofrecer. ¡Lo que Dios juntó, que no lo separe la mujer! Ten cuidado cómo te vistes, cómo actúas y lo que le dices a otros hombres. El sexo y el romance deben ser compartidos con tu marido y con nadie más.

El mejor sexo sucede entre dos personas que han comprometido su vida entre sí, que se aman tanto mutuamente que solo buscan el placer del otro. Así que disfruta a tu marido. Disfruta tu vida sexual. Como esposa positiva, deja que tu intimidad fluya de un corazón lleno de amor por esa persona especial que dijo: "Acepto".

# Punto de Poder

**Lee:** Cantares del 5 al 8. ¿Qué observas acerca de la manera en que los dos amantes se comunican entre sí? ¿Qué indicaciones de amor incondicional puedes obtener de esta lectura? ¿Cómo puedes ser más semejante a la sulamita en tu matrimonio?

**Ora:** ¡Glorioso Señor y perfecto Salvador, estoy abrumada por tu abundante amor por mí! Te adoro como el maravilloso Creador del universo y el amoroso Padre celestial de tu pueblo. Gracias por mi marido y por el hermoso regalo del sexo que nos has dado en el matrimonio. Ayúdame a amar fielmente a mi marido y a disfrutarlo todos los días de nuestra vida. Muéstrame cómo ser su compañera, su ayuda, su amante y su amiga. Ayúdame a amarlo completa e incondicionalmente, y ayúdale a amarme de la misma forma. Te lo pido en el nombre de Jesús, amén.

**Recuerda:** "Mi amado es mío, y yo suya; el apacienta entre lirios" (Cantares 2:16).

**Practica:** Planea una noche romántica en casa con tu marido. (Haz arreglo para que los niños se queden en casa de su abuelita o de alguna amiga). Comienza el día anunciándole el placer que está por venir. Usa algunas de las ideas de este capítulo para crear tu propia aventura romántica, teniendo en mente lo que sabes que a él le gusta.

# El

# poder

# de la

# responsabilidad

*Así que, cada uno someta a prueba su propia obra, y entonces tendrá motivo de gloriarse sólo respecto de sí mismo, y no en otro; porque cada uno llevará su propia carga.*

—Gálatas 6:4-5

No existen atajos a ningún lado que valga la pena ir.

—Beverly Sills

# 14

# Tuyo, mío y nuestro
## Finanzas divertidas 1

*No existe una dignidad más impresionante, ni una independencia*
*más importante, que vivir dentro de*
*tus propias posibilidades.*

—Calvin Coolidge

Shelley estaba emocionada de vivir por fin en un vecindario decente. Durante años su marido había estado cambiando de empleos, lo cual significaba que no tenían el dinero suficiente para dar el enganche de una casa, mucho menos un ingreso estable para una hipoteca. Pero entonces, Steve encontró el "empleo de sus sueños" y decidieron que era momento de arriesgarse. Sabían que los pagos mensuales requerirían un esfuerzo extra, pero estaban dispuestos a hacer recortes en otros aspectos para hacer funcionar su sueño. ¡Por fin tenían una casa con jardín!

No pasó mucho tiempo después de haberse mudado a su nueva casa que conocieron a los vecinos. Pronto estaban yendo a comidas los fines de semana y a los restaurantes con sus nuevos amigos. Shelley se dio cuenta de que cuando se reunían, las otras mujeres siempre llevaban lindos vestidos nuevos. Ella se sentía un poco deslucida a su lado, así que pensó que un viaje al centro comercial sería justo la solución. Regresó a casa esa tarde con solo algunas compras para actualizar su guardarropa.

Una noche, después de haber cenado en casa de los Wilson, Steve comentó: "Qué linda estaba decorada su casa, ¿verdad?". Shelley recibió la señal y se fue a la tienda de decorados al siguiente día para escoger algunas cosas para mejorar un poco la casa. Mientras tanto Steve comenzó a observar que todos en el vecindario se enorgullecían de su jardín. Cuando miró el panorama alrededor de su casa se sintió un poco avergonzado. Sin problemas, un viaje rápido al vivero local y el trabajo de un fin de semana puso su jardín al parejo del resto.

Steve estaba disfrutando su empleo. Estaba ganando más dinero que nunca, así que pensó que era tiempo de comprar un coche nuevo. Era una necesidad del negocio, después de todo; no solo sería un reflejo de su éxito, sino que le transmitiría un mensaje claro a sus clientes. Así que salió al lote de autos y escogió el coche de lujo perfecto para sus necesidades y comenzó a hacer los pagos mensuales. Al mismo tiempo, Shelley descubrió que podía comprar los abarrotes a crédito con el fin de retrasar el pago unos días. Utilizar la tarjeta era un asunto de conveniencia; y además, recibía puntos canjeables cada vez que la utilizaba. Y realmente, fue útil cuando quiso comprarse su abrigo moderno para el otoño.

Cuando llegó la bendición y el gozo de los niños, también incrementaron los gastos en pañales, comida y ropa; sin mencionar la carga de pagar por el resto de la cuenta del hospital. (El seguro no cubrió todo lo que ellos esperaban.) Pronto compraron una mini-van para llevar a los niños. Y antes de que se dieran cuenta (¿cómo fue que sucedió tan rápido?) Shelley y Steve se encontraron en una deuda seria, sin ahorros y sin la capacidad de planear el futuro.

Tristemente, Shelley y Steve no están solos en sus penas financieras. Tú sabes tan bien como yo que el escenario que acabo de describir es demasiado común. ¡Endeudarse profundamente es bastante fácil! No obstante, hay pocas cosas que agotan un matrimonio más que los problemas de dinero. De acuerdo con Mary Stark, escritora de *What No One tells the Bride* (Lo que nadie le dice a la novia), más de la mitad de todos los conflictos maritales que llevan al divorcio tienen que ver con las finanzas. Ella señala que una encuesta conducida por Citibank demostró que "cincuenta y siete por ciento de las parejas divorciadas citan las disputas financieras como la razón principal por la que se separaron".[1] ¡Cincuenta y siete por ciento! Quizá leíste el título de este capítulo y te dijiste a ti misma: *¿Qué tiene que ver el dinero con se una esposa positiva?* Creo que la estadística lo dice todo.

Como esposas positivas queremos asegurarnos de que el dinero sea una herramienta que podamos utilizar sabiamente para edificar un cimiento sólido y un futuro seguro para nuestra familia. No queremos que las decisiones financieras insensatas quebranten la paz en nuestro matrimonio y rebajen nuestros planes para el futuro. Pero cómo podemos evitar la deuda, vivir con éxito de acuerdo con nuestras posibilidades y también planear para el futuro? De eso es de lo que se trata este capítulo.

Las malas noticias son que no soy una experta financiera. Las buenas noticias son que mi marido es un planificador financiero certificado que ayuda a la gente a desarrollar estrategias financieras sistemáticas y sensatas que organizan el presente para construir el futuro. Cuando se trata de las responsabilidades financieras, ¡él es brillante! Él es quien proveyó la mayor parte de la información de este capítulo; yo solo ayudé a que cayera en su lugar en las páginas. (Él no sabe mucho de mecanografía.)

En este capítulo voy a compartirte algunas estrategias financieras sanas que le han funcionado a muchas, muchas familias a lo largo de los años. Estos principios verdaderos probados van a ponerte en el camino hacia la responsabilidad financiera. Las parejas que han seguido estos principios han encontrado que son capaces de organizar su ingreso de tal manera en que pueden vivir el presente, ahorrar para el futuro y aun así tener suficiente para dar a sus congregaciones y otras organizaciones sociales.

Por favor, entiende que las estrategias que estoy a punto de compartir contigo son solo sugerencias. Utiliza la información como puntos de discusión con tu marido, luego trabajen juntos para tomar las decisiones financieras que les funcionen mejor.

Cada pareja es diferente. En algunas familias, la esposa es quien lleva las finanzas; en otras el marido; y en muchas, muchas otras, los asuntos de dinero los manejan ambos cónyuges igualmente. Sin importar la forma que escojas, tiene que ser una estrategia práctica. Una palabra de advertencia: ¡si tú no eres la que maneja las finanzas en casa, por favor no importunes a tu marido con estas ideas! Mi propósito aquí es ofrecer algunos principios básicos y algunos pensamientos para que los consideres. Habla de ellos con tu marido en un espíritu de armonía, no de discordia.

## Gran ganancia es el contentamiento

El principio básico con el que quiero comenzar ni siquiera tiene que ver con el dinero; sino con el corazón. En el mundo materialista actual, se nos anima a que tengamos muchas "necesidades". Algunas veces confundimos eso con las necesidades verdaderas. Vemos algo; lo deseamos; pensamos que debemos tenerlo (aun y cuando nuestra cuenta bancaria esté en desacuerdo). Como esposas positivas, ¡no caigamos en la trampa de siempre querer más y más y más! Más bien, pidámosle a Dios que nos ayude a desarrollar un corazón contento. Estar contenta no quiere decir que no nos demos un gusto de vez en cuando; más bien, significa que tomamos nuestras decisiones de compra basándonos en la sabiduría y en prácticas financieras sanas, no en la emoción o en la autogratificación. Mantengamos un corazón contento en medio de todas las decisiones que tomemos.

Pablo escribió acerca del contentamiento en su carta a los Filipenses. Toma en cuenta que estaba en prisión cuando escribió las siguientes palabras: "No lo digo porque tenga escasez, pues he aprendido a contentarme, cualquiera que sea mi situación. Sé vivir humildemente, y sé tener abundancia; en todo y por todo estoy enseñado, así para estar saciado como para tener hambre, así para tener abundancia como para padecer necesidad. Todo lo puedo en Cristo que me fortalece" (Filipenses 4:11-13). Ahora bien, si Pablo hizo esta declaración desde una celda terrible, ¿no deberíamos estar contentas en nuestras casas y apartamentos?

La clave para el contentamiento de Pablo no era una nueva casa o un sofá nuevo o un nuevo traje; sino Cristo haciendo su obra en su vida. Pablo sabía que podía hacer todas las cosas y estar contento en todas las circunstancias por medio del poder fortalecedor de Cristo. ¿Puedes decir lo mismo? ¿Cuando el presupuesto no te permite comprarte un coche nuevo, puedes estar contenta con el viejo camión? ¿Cuando el trabajo de tu marido no trae a casa el suficiente ingreso para comprarles a los hijos la última moda, puedes estar contenta comprando en la tienda de saldos?

La paciencia es una virtud que va de la mano con el contentamiento. Tendemos no solo a querer cosas, las queremos *ahora*. La verdad es que tenemos un aprecio mayor por aquello para lo cual ahorramos y por lo cual esperamos hasta tener el dinero para hacer la compra.

Finalmente, el secreto del contentamiento no está en tener cosas; sino en tener a Cristo y en permitirle que nos fortalezca desde adentro. El contentamiento es un asunto del corazón, no de lo que tenemos a la mano. Por medio de la fortaleza de Cristo, cuando somos tentadas a querer lo instantáneo, podemos mantener nuestros ojos enfocados en las cosas de valor eterno. Es el poder de Cristo trabajando en nuestro corazón lo que nos ayuda a conquistar el deseo de la gratificación inmediata y a buscar galardones eternos. Como Pablo le dijo a Timoteo en 1 Timoteo 6:6: "Pero gran ganancia es la piedad acompañada de contentamiento". Y continuó con una advertencia de que la insaciable procuración de más y más y más nos lleva a la "destrucción y perdición" (v. 9). ¡Qué nunca sea así en nuestro hogar!

## Establece un presupuesto

Si nuestro corazón no está bien, todas las mejores estrategias serán de poca utilidad para nosotras. Pero incluso cuando estamos solicitando la ayuda de Dios para estar contentas, necesitamos tomar el primer paso práctico de establecer un presupuesto funcional. Las siguientes páginas pueden darte un ejemplo de una manera de organizar el presupuesto de tu hogar. Quizá quieras adaptarlo en una forma que funcione mejor para ti.[2]

Una vez que hayas terminado el presupuesto que se adecue a las necesidades de tu familia, vas a necesitar determinar los métodos de pago que vas a utilizar para cubrir tus gastos. Quizá decidas pagar tus cuentas y gastos con cheque; o por conveniencia quizá quieras utilizar tarjetas de débito o de pagos automáticos. Algunos cónyuges tienen cuentas de cheques mancomunadas, pero Curt y yo hemos descubierto que funcionamos mejor con cuentas separadas. Curt me da dinero de su cuenta, la cual utiliza para sus gastos personales y del negocio, así como para las compras mayores), y yo pago las cuentas y compro la despensa. Durante un tiempo tratamos de compartir una cuenta de tarjeta de débito; hasta que se me olvidó decirle a Curt acerca de un retiro grande que acababa de hacer. ¡Qué horror! Tú y tu marido van a tener que determinar el sistema que funcione mejor para ustedes. Hablen juntos de los puntos a favor y los puntos en contra de distintas alternativas y desarrollen una solución manejable con la que se puedan sentir bien ambos.

*El éxito consiste en una serie de pequeños esfuerzos diarios.* —Mamie McCullogh

## Organizador del presupuesto

*Gastos fijos (personales)*

| Gastos Fijos | Mensual | Anual |
|---|---|---|
| Hipoteca | | |
| Impuestos sobre la propiedad | | |
| Seguro sobre la propiedad | | |
| Impuestos sobre el ingreso | | |
| Seguro social | | |
| Seguro de vida | | |
| Pago de automóvil | | |
| Seguro del automóvil | | |
| Seguro de incapacidad | | |
| Plan de retiro | | |
| Membresía del club | | |
| Préstamos (excepto hipoteca y automóvil) | | |
| Gastos de seguros médicos | | |
| Guardería | | |
| Gastos escolares (matrícula y comida) | | |
| Otros gastos fijos (añadirlos a la lista) | | |
| Total | | |

# Organizador del presupuesto
*Gastos variables*

| Gastos Variables | Mensual | Anual |
|---|---|---|
| Servicios (calefacción, gas, luz, agua) | | |
| Teléfono | | |
| Ropa | | |
| Lavandería | | |
| Mensajería | | |
| Médico y dental | | |
| Donativos | | |
| Reparación y mantenimiento del automóvil | | |
| Gasolina | | |
| Comida y artículos de aseo | | |
| Abastos y artículos para la casa | | |
| Muebles y accesorios para la casa | | |
| Ahorros | | |
| Inversiones | | |
| Vacaciones | | |
| Entretenimiento | | |
| Regalos | | |
| Otros gastos (incluirlos en la lista) | | |
| Total | | |

## Organizador del presupuesto

*Gastos (no mensuales)*

| Gastos no mensuales | Promedio mensual | Anual |
|---|---|---|
| Contador | | |
| Contribuciones adicionales al plan de retiro | | |
| Otros gastos anuales | | |
| Total | | |

## Organizador del presupuesto

*Gastos fijos y variables del negocio*

| Gastos del negocio | Promedio mensual | Anual |
|---|---|---|
| Cuotas de asociaciones profesionales | | |
| Viajes | | |
| Secretarial | | |
| Teléfono | | |
| Entretenimiento | | |
| Impuestos y servicios bancarios | | |
| Renta/hipoteca | | |
| Publicidad/promociones | | |
| Mensajería o estampillas | | |
| Artículos de papelería | | |
| Seguros | | |
| Otros (añadirlos a la lista) | | |
| Total | | |

## Maneras creativas de estirar el dinero

Sin importar el ingreso de tu familia, la mayoría de nosotras tenemos que ponerle un límite a nuestros gastos para permanecer dentro del presupuesto. Gracias a Dios hay muchas maneras creativas de estirar el dinero en la actualidad. Cuando se trata de salir de compras trato de seguir las siguientes dos reglas básicas.

1. *Compra lo que esté en oferta, pero solo lo que necesites.* ¿Cuántas veces has visto algo en oferta y has pensado: Tengo que comprarlo. ¡Está sumamente barato!? Recientemente entré a una tienda de ropa para dama en Austin, Texas, que estaba anunciando una barata con 75% de descuento. ¡Eso es hablar mi idioma!

Pero al entrar a la tienda, me di cuenta de que los precios estaban demasiado altos; incluso con el 75% de descuento, los trajes estaban demasiado caros.

Entonces encontré una repisa de artículos a diez dólares. ¡De acuerdo con el letrero todo lo que estaba en la repisa costaba diez dólares! Entonces a medida que comencé a escarbar entre la ropa vi los precios originales. Una falda costaba originalmente $600; una blusa sencilla $200; y un saco de piel $1,750 (sí, leíste bien). ¡Estaba emocionada de gastar $30 dólares y comprar mercancía con un valor de $2,550, con un ahorro para la familia de $2,250! ¿No es increíble? Bueno, sí, excepto que la falda era color rosa eléctrico, así que nunca la usé. La blusa no combinaba con ninguno de mis trajes así que se la di a una amiga. Y quizá use el saco algún día, pero hasta ahora no he encontrado la ocasión adecuada. Todo lo anterior es para decir que podemos quedar cautivadas por una "buena oferta" y terminar con cosas que no necesitamos. ¡Créeme, lo sé!

2. *Compra ropa de buena calidad, pero siempre trata de obtener el mejor precio posible.* Para la ropa, el equipaje y los blancos busca en las tiendas de saldos de los grandes fabricantes y las grandes marcas. No dejes pasar las tiendas de descuento; quizá te sorprenda lo que puedes encontrar. Para los muebles y decoraciones busca las tiendas que reciben consignaciones, las subastas, las ventas de garaje y los anuncios clasificados en el periódico. Solo porque alguien esté vendiendo algo usado no significa que sea de mala calidad. Muchas veces puedes obtener un artículo de alta calidad, con poco uso, a una fracción de su costo original solo porque alguien se cansó de él. Este tipo de compras requieren tiempo, paciencia y una idea clara de lo que estás buscando. Pero cuando has ahorrado dinero en una buena

compra y tienes la paz de saber que te has mantenido dentro de tu presupuesto, la satisfacción vale la pena el esfuerzo.

# Ahorro sistemático e inversiones

Una parte importante de cualquier presupuesto es el ahorro. Para prepararse adecuadamente para el futuro, deberías de buscar invertir o ahorrar, por lo menos, 10% de tu ingreso bruto (mínimo). Esto incluye tu programa de ahorro para el retiro.

Como tu primera prioridad de ahorro, crea un fondo de emergencias en una cuenta de mercado de dinero o de ahorro que sea equivalente a por lo menos tres meses del ingreso familiar. Esto es para los gastos inesperados de emergencia, como por ejemplo, reparar un techo con goteras, o cubrir un bache en el ingreso después de un despido. Una vez que tengas este fondo, abre una cuenta corriente (también en mercado de dinero o de ahorro) para usarla en los gastos que no son de emergencia, ni tampoco en gastos del diario, que se presentan con regularidad como las vacaciones, el enganche del coche o un electrodoméstico. Es importante mantener la cuenta corriente de ahorro y los fondos de emergencia separados; si están juntos te va a ser sumamente fácil tomar del fondo de emergencias para cosas que no lo son. Entonces no tendrás el dinero que necesitas cuando venga una verdadera crisis.

Curt se ha reunido con cientos de personas en los últimos veinte años para hablar de sus finanzas, y una cosa parece ser universal: Sin importar el nivel de ingresos, la gente no ahorra ni invierte de una manera adecuada hasta que no lo hace sistemáticamente. La mejor forma de comenzar es estableciendo dos metas de ahorro y de inversión: la mínima y la máxima. La primera meta es la cantidad mínima que vas a añadir a los ahorros y a las inversiones cada mes. La máxima es la cantidad extra sobre el mínimo a la que aspiras si tus gastos son menores a lo normal o tu ingreso es mayor a lo esperado. Implementa tu meta mínima por medio de establecer un pago automático de tu cuenta bancaria o de tu nómina directamente en tus cuentas de ahorro y de inversión. Eso te va a evitar la tentación de utilizar el dinero. Cuando tengas dinero extra, digamos que ganaste un bono en el trabajo, pon ese dinero tú misma en la cuenta para ayudarte a alcanzar la meta máxima.

Otro tipo de plan de inversión es considerar un fondo educativo para la universidad de tus hijos. Como probablemente ya lo sepas, los costos de las colegiaturas universitarias están incrementando a un ritmo acelerado. Entre más pronto puedas comenzar a invertir, menos te va a costar trabajo cuando llegue el momento de que tus hijos vayan a la escuela.

En años recientes, el gobierno de Estados Unidos ha hecho posible que los padres y los abuelos inviertan en la educación superior de sus hijos por medio de programas excelentes con ventajas impositivas llamados planes 529. Estos planes 529, ofrecidos de manera estatal, te permite invertir en fondos mutualistas especiales que crecen a impuesto diferido y que pueden ser retirados libres de impuestos si se utilizan para pagar colegiaturas universitarias.

# Administra tu deuda

¿Está mal endeudarse por ciertos artículos? Vas a encontrar una gran variedad de opiniones al respecto. Sin duda, la deuda es una epidemia en nuestra sociedad y es la causa de gran tensión en muchas familias en la actualidad. Pero la deuda es uno de esos asuntos grises; no puedo darte una respuesta tajante o correcta acerca de ello. Por lo menos, es algo que debe de ser manejado con sabiduría y precaución.

Si estás pensando en hacer una compra que te endeude, mi sugerencia es que consideres primero tus motivos. ¿Qué está en tu corazón? ¿Estás tomando esta decisión con un corazón contento? Pídele a Dios en oración que te revele si alguna de las siguientes actitudes están en la raíz de tu deseo: orgullo, codicia, envidia, descontento, avaricia, pereza, autogratificación, mundanalidad. Si es así, arrepiéntete y pídele a Dios que restaure un corazón contento en ti. ¡Y salte de la tienda!

Curt suele aconsejarle a las parejas que mantengan su deuda tan baja como sea posible. Las únicas deudas que quizá sean prudentes son hipotecas, préstamos estudiantiles (si pagaste así tu educación universitaria) y posiblemente un préstamo de automóvil. Si decides endeudarte en uno de estos aspectos, asegúrate de buscar la tasa de interés más baja posible. Determina una fecha razonable para salir de deudas y planea sistemáticamente los pagos del préstamo.

## Los pagos de la hipoteca

Como mencionamos, una hipoteca es el tipo de deuda que muchos asesores financieros consideran aceptable. La mayoría de las compañías hipotecarias calculan que puedes dedicar hasta veintiocho por ciento de tus ingresos para hacer tus pagos. Un mejor plan, más sano financieramente, sería escoger una hipoteca que consumiera no más de quince o veinte por ciento de su ingreso mensual. Por supuesto, el costo de los inmuebles es más alto en ciertas partes del país que en otras, así que tu ubicación geográfica tendrá cierta influencia en ese porcentaje. Generalmente hablando, deberían intentar contratar una hipoteca a quince años en lugar de una a treinta si es posible. Quince años menos de pagos de hipoteca e intereses acumulan un ahorro importante.

*El problema con las tarjetas de crédito*

Todas sabemos que las deudas con las tarjetas de crédito meten a muchas personas en problemas. Pero las tarjetas de crédito por sí mismas no son malas. Pueden ser sumamente útiles en ciertas transacciones; por ejemplo, cuando rentas un coche o cuando te registras en un hotel. Además de que el uso sabio de la tarjeta de crédito puede ayudarte a desarrollar un buen historial crediticio, el cual es útil cuando quieras comprar una casa o hacer otra compra grande.

Si tienes tarjetas de crédito, úsalas solo como una herramienta para hacerte la vida más fácil; o sea, cuando no traigas suficiente efectivo en la bolsa o no sea apropiado pagar con un cheque. Sobre todo, *siempre paga la cuenta de tu tarjeta de crédito por completo cada mes*. A las compañías de tarjetas de crédito les encantaría que solo pagaras el mínimo. ¿Por qué? Porque están cargando una enorme tasa de interés que aumenta sus ganancias con el tiempo. Si pasas años pagando tus tarjetas de crédito, ¡mejor para ellos! Si tienes una deuda importante, considera tomar un préstamo de consolidación, sea con una tarjeta de crédito con una tasa de interés bastante baja o con tu banco. Decide efectuar pagos sistemáticos con el fin de pagar tus tarjetas de crédito lo más pronto posible.

# Administración del riesgo

Algunas veces las familias pueden terminar destruidas financieramente porque no han hecho arreglos para administrar el riesgo apropiadamente. ¿De qué estoy hablando? De escoger un buen plan de seguros. El seguro te da tranquilidad y te ayuda a asegurarte que no tengas que perderlo todo si tu familia es golpeada con una crisis seria. La mayoría de las empresas les dan a sus empleados algún tipo de seguro de vida, de gastos médicos o de discapacidad. No obstante, en muchos casos esos planes solo proveen una pequeña parte de la cobertura que la familia necesita realmente.

Cuando hablamos de seguros de vida en particular, mucha gente se encuentra subasegurada. Con el fin de descubrir la suma asegurada que se le tiene que asignar al seguro del principal proveedor del hogar, sigue estos pasos:

*Honra a Jehová con tus bienes, y con las primicias de todos tus frutos. —Proverbios 3:9*

1. Determina la cantidad de dinero que la familia necesitaría pagar en deudas, incluyendo la hipoteca, si el principal proveedor de la casa falleciera.

2. Determina cuánto dinero necesitarías para enviar a los niños a la universidad.

3. Determina la cantidad del ingreso anual que el cónyuge sobreviviente y los niños necesitaría para mantener su estilo de vida actual. Multiplica el ingreso anual por veinte; esta cantidad de dinero debería ser suficiente para asegurarte de que tu familia tenga los suficientes activos para invertir conservadoramente con el propósito de tener un ingreso mensual que le siga el ritmo a la inflación (basándonos en una tasa de 8% y un porcentaje de inflación de 3%).

4. Suma las cantidades de los primeros tres pasos, luego réstale al resultado tus inversiones y ahorros actuales. Lo que quede es la suma asegurada total que necesitas.

¿Qué tipo de seguro de vida debes comprar? Este es otro aspecto en el que encontrarás muchas opiniones contrarias. En los Estados Unidos existen tres tipos principales de seguros de vida: temporal, ordinario de vida y vida universal; con sus variantes cada uno de ellos.

El seguro temporal es económico pero no aumenta su valor; en la mayoría de los casos expira antes que el asegurado. El ordinario de vida es cobertura permanente que va desarrollando un fondo. No aumenta de precio y está diseñado para estar en vigor sin importar la fecha del deceso. Vida universal es un híbrido entre el temporal y el ordinario. Esencialmente, es un temporal con un fondo; y si se hacen las contribuciones apropiadas, puede servir como cobertura permanente. Ambos, tanto el ordinario de vida como el de vida universal son mucho más caros que un temporal al inicio; pero en muchos casos, como van desarrollando un fondo, una puede dejar de pagar las primas durante un tiempo y la cobertura seguirá en vigor. También, se pueden utilizar como suplementos a los ingresos del plan de retiro o para satisfacer otras necesidades financieras que puedan surgir.

El tipo de cobertura que es mejor para tu familia depende de la cantidad de tiempo que vas a necesitar la cobertura, la cantidad de cobertura que necesitas y lo que puedes aportar. Hablando en general, deberías obtener la suma asegurada calculada con los cuatro pasos que mencionamos anteriormente, y luego, si lo puedes pagar, obtener tanta cobertura permanente como sea posible. Te animo a que te reúnas con un buen planificador financiero o un buen agente de seguros que te puedan ayudar a guiarte a la cobertura que es más apropiada para ti. También te pueden ayudar a determinar si necesitas protección adicional por invalidez o por cuidados de salud a largo plazo.

# Una esposa noble y su dinero

Como ejemplo de una esposa positiva que es responsable con sus finanzas, nuevamente podemos ver a la mujer virtuosa de Proverbios 31. Esta es una mujer que maneja el dinero de una manera sabia y prudente. La versión amplificada de la Biblia en inglés la llama "capaz", "inteligente" y "noble". Cerremos este capítulo obteniendo diez lecciones de su descripción en Proverbios 31:11-20:

1. *"El corazón de su marido está en ella confiado, y no carecerá de ganancias"* (v. 11). Esta mujer virtuosa es digna de confianza con lo que se le da, y maneja sus responsabilidades con sabiduría. ¿Qué responsabilidades están en tus manos' ¿Las estás manejando en buena fe? ¿Puede nuestro marido confiar en que nos mantendremos dentro del presupuesto?

2. *"Le da ella bien y no mal todos los días de su vida"* (v. 12). No queremos ser la razón por la que nuestra familia se endeude. Siempre que esté en nuestro poder hacerlo, hagamos el bien y no mal a nuestros fundamentos financieros.

3. *"Busca lana y lino, y con voluntad trabaja con sus manos"* (v. 13). Esta es una mujer ambiciosa e ingeniosa. Hace lo que puede para ayudar. ¿Se puede decir lo mismo de nosotras?

4. *"Es como nave de mercader; trae su pan de lejos"* (v. 14). Aparentemente es una mujer emprendedora que llega a los extremos para conseguir el mejor precio para su familia. Me parece una buena compradora.

5. *"Se levanta aun de noche y da comida a su familia y ración a sus criadas"* (v. 15). MUY BIEN, así que tiene servidumbre. Obviamente no es perezosa, pero tiene quién le ayude. Si

consideramos todo lo que hace probablemente concluyamos que necesita ayuda. Aun así inicia su día levantándose temprano; debes de admirarla por eso.

6. *"Considera la heredad, y la compra, y planta viña del fruto de sus manos"* (v. 16). Esta mujer virtuosa toma parte en las decisiones financieras del hogar. Invierte su dinero y recibe una buena ganancia. Consideremos como invertimos nuestro propio tiempo y dinero. ¿Es rentable?

7. *"Ciñe de fuerza sus lomos, y esfuerza sus brazos"* (v. 17). Trabaja con gran esfuerzo en las tareas que Dios le ha dado. ¿Qué tareas te ha dado Dios, sea en casa o fuera? ¿Estamos dándolo todo o hacemos nuestro trabajo a medias? (¿La última frase implica que necesitamos estar levantando pesas?)

8. *"Ve que van bien sus negocios; su lámpara no se apaga de noche"* (v. 18). Esta mujer virtuosa es bastante astuta en sus decisiones financieras. Quizá la facilidad para los negocios sea natural en ella, o posiblemente sabe lo suficiente para buscar asesoría financiera. Según sea el caso, se asegura de obtener ganancias con sus actividades. La frase "su lámpara no se apaga de noche" es sumamente probable que se refiera al hecho de que es previsora y toma decisiones financieras sanas que le ayuden a tener los recursos para mantener las lámparas de la casa encendidas en la noche. En otras palabras está confiada y preparada. No significa que se pase la noche en vela. ¡Necesitamos descansar!

9. *"Aplica su mano al huso, y sus manos a la rueca"* (v. 19). Vamos a cubrir este tema en el siguiente capítulo.

10. *"Alarga su mano al pobre, y extiende sus manos al menesteroso"* (v. 20). Esta mujer no solamente es caritativa y considerada con los menos afortunados, tiene suficiente para compartir con los demás. Como esposas positivas, abramos nuestros ojos a la necesidad a nuestro alrededor y seamos responsables con nuestras finanzas. Entonces, cuando Dios nos muestre una necesidad, seremos capaces de extender nuestra mano para ayudar.

## Sé una bendición

Sin importar los errores financieros que hayamos cometido en el pasado, decidamos comenzar el día de hoy a ser una bendición para nuestro marido y nuestra familia al ser responsables con los recursos que Dios nos ha dado. No importa lo mucho o lo poco que tengamos. El asunto es el contentamiento. Es un llamado a la responsabilidad. Decidamos hoy estar contentas en nuestro corazón y vivir responsablemente con nuestras manos. Que se diga de nosotras como el escritor de Proverbios dijo de la esposa virtuosa: "Muchas mujeres hicieron el bien; mas tú sobrepasas a todas" (Proverbios 31:29).

# Punto de Poder

**Lee:** Proverbios habla bastante acerca de cómo manejar nuestro dinero. Los siguientes versículos ofrecen un breve recorrido financiero a lo largo de este libro de sabiduría: Proverbios 3:27-28; 6:1; 11:15; 20:4; 25-26; 22:1-4, 26-27, 23:4-5; 24:3-6,30-34; 28:19-20 y 22. ¿Qué principios financieros sanos encuentras en estos versículos? ¿Qué principios se repiten varias veces?

**Ora:** Glorioso Señor y asombroso Dios, tú eres el gran proveedor. ¡Tú te encargas de todas mis necesidades! Gracias que puedo buscar tu ayuda, y tu dirección en mis finanzas. Abre mis ojos a las necesidades de los demás, y ayúdame a ser responsable con mi dinero para tener algo darle a los que tengan necesidad. Y sobre todo, ayúdame a contentarme sin importar la situación. Gracias por tu sabiduría y ayúdame a seguirla día a día. Te lo pido en el nombre de Jesús, amén.

**Recuerda:** "No lo digo porque tenga escasez, pues he aprendido a contentarme, cualquiera que sea mi situación" (Filipenses 4:11).

**Practica:** Planea un momento para sentarte con tu marido y hablar de asuntos de dinero. Decidan juntos los planes para gastar, ahorrar y presupuestar que son más apropiados para tu familia. Identifica las maneras en que puedan ajustarse o cambiar para alcanzar la meta común de la responsabilidad financiera. Recuerda honrar a tu marido durante esta reunión. Sé amorosa y respetuosa, y no exigente o emocional.

# Diva doméstica
### Sugerencias útiles para administrar el hogar

*Cuando los amigos entran a una casa sienten su personalidad y carácter, el estilo de vida familiar; estos elementos hacen que una casa cobre vida con un sentido de dignidad, un sentido de energía, de entusiasmo y de calidez; declarando: estos somos nosotros; así es como vivimos.*

—Ralph Lauren

*Lista de tareas*

1. Llevar a la hija a las 6:00 a.m. a la práctica de carrera a campo traviesa en la escuela; recoger a su amiga en el camino.

2. Tener un tiempo a solas para orar y leer la Biblia.

3. Preparar el almuerzo para la otra hija; llevarla a la escuela a las 7:40 a.m.

4. Ayudarle a Curt a salir a la oficina con una humeante taza de café en la mano.

5. Limpiar la cocina, hacer las camas, recoger la casa.

6. Responder correo electrónico.

7. Echar la lavadora.

8. Alimentar y cepillar a los perros.

9. Devolver llamadas telefónicas.

10. Atender un asunto de la junta de padres de familia.

11. Correr al supermercado para comprar los artículos que olvidamos comprar en la visita de ayer a la tienda.

12. Reunirme a comer con una amiga.

13. Pasar por el banco.

14. Cambiarle el aceite al coche.

15. Escribir más secciones acerca de las responsabilidades del hogar para el libro *El poder de una esposa positiva*.

16. Llamadas para hacer citas.

17. Escribir notas de agradecimiento.

18. Recoger a las niñas de la escuela.

19. Ayudarlas con la tarea.

20. Preparar la cena, comer y limpiar.

21. Doblar la ropa y guardarla.

22. Llevar a una hija a la clase de "kick-boxing" y a la otra a la clase de golf.

23. Caminar con Curt.

24. Leer.

25. Dormir.

## ¡Qué barbaridad!

¿Cómo está tu lista de tareas de hoy? Siento que tu lista es similar a la mía. La mayoría de las esposas hacemos juegos malabares con una tremenda cantidad de responsabilidades en casa, en el trabajo y en la comunidad. Con horarios como los nuestros, dudo que muchas de nosotras pudiéramos llamarnos las Martha Stewart del nuevo milenio. Quizá algunas esposas son verdaderas maravillas domésticas y manejen un barco que navega con suavidad; pero creo que la mayoría de nosotras tenemos dificultades para mantener el equilibrio en la cubierta mientras las olas de las responsabilidades azotan el barco, una después de la otra, meciendo nuestro barco y amenazando con hundirnos.

Esta es una confesión verdadera: No soy la mujer perfecta de Proverbios 31. La señora Proverbios 31 es la reina de su hogar, una administradora talentosa que se encarga de los asuntos de su casa de una manera perfectamente responsable. Cuando leo acerca de su casa impecable y su vida radiante, me siento como una fracasada en economía del hogar en comparación. Me desorganizo, tengo tiradero y ciertamente no hago mis propias sábanas, ni tampoco compro campos o siembro viñas en mi tiempo libre.

Quizá también te sientas inepta cuando te comparas con su vida. No te desanimes. Sin importar que seamos perfectamente organizadas, fatalmente desordenadas o algún punto medio, me atrevo a decir que cada una de nosotras podríamos requerir un poco de ayuda en algún aspecto de la casa. Recíbelo de mí, un fracaso doméstico: Hay esperanza para todas nosotras.

Es difícil imaginar a cualquier mujer haciendo todo lo que la señora Proverbios 31 hace. Un comentario bíblico sugiere que esta supermujer quizá sea un "collage" de las cualidades ideales de una esposa virtuosa. El comentario continúa con la siguiente advertencia: "No la vea como un modelo a imitar en cada detalle; sus días no son lo suficientemente largos para hacer todo lo que ella hace".[1] En otras palabras, no debemos de esperar seguirla en todos sus pasos; más bien, deberíamos de verla como un modelo de la que podemos aprender y obtener ideas de cómo ser esposas positivas.

No necesitamos acobardarnos por la comparación. Más bien, podemos ver a esta mujer de la misma forma en que las niñas ven Miss América en la televisión. "¡Qué increíble! Yo quiero ser como ella". La verdad es que todas, incluso Miss América y la señor Proverbios 31, tienen defectos y debilidades. En esta instantánea de la mujer virtuosa, solo vemos su gloria. Podemos inspirarnos con ella y aprender de ella; pero también podemos suspirar de alivio, porque sabemos que una mujer real tiene sus puntos flacos, con todo y fracasos e ineptitudes. Nuestra meta no es la perfección. Es ser diligentes y fieles con los dones que Dios nos ha dado.

Tengo que admitirlo, me encantaría que se nos dijeran sus debilidades junto con sus puntos fuertes para que pudiéramos identificarnos con ella más fácilmente. Pero, de nuevo, quizá la descripción de Proverbios 31 sirve como un recordatorio de que debemos mejorar nuestros puntos fuertes y no enfocarnos en nuestras debilidades. Podemos ser un regalo para nuestra familia; así como la señora Proverbios 31 lo fue para la suya; no a través de imitar todos sus movimientos, sino por medio de demostrar un sentido semejante de responsabilidad y diligencia en nuestro hogar.

## Acuerdos sobre el cuidado de la casa

Encargarse de la casa no es fácil. Cuando pienso en las tareas que generalmente recaen en los hombros de una mujer, algunas veces quiero gritar: "¡Tiempo fuera!". ¿Por qué sucede que soy la que está a cargo de lavar la ropa, de pagar las cuentas, de hacer la cena de hacer el quehacer, surtir la despensa y las actividades de las niñas? Por supuesto, tus responsabilidades quizá no sean las mismas que las mías. La situación de cada pareja es distinta, lo que significa que la división de las responsabilidades de la casa quizá sea diferente. Cada una de nosotras llegamos al matrimonio con nuestras ideas preconcebidas sobre las responsabilidades del hombre y de la mujer. También tenemos diferentes niveles de responsabilidad fuera de casa.

No existe una forma correcta o incorrecta de deducir quién hace qué. Lo importante es que tu marido y tú tengan un entendimiento mutuo del papel del otro a medida que desempeñan las responsabilidades del hogar juntos. En un momento en que los dos estén relajados y cómodos, hablen en oración de como podrían equilibrar las responsabilidades de la casa. Decidan lo que cada uno puede hacer para apoyar el matrimonio y el manejo adecuado de la casa. Trabajen juntos para dividir la carga lo mejor que puedan.

Ambos tendrán que ceder. Aun así, la forma en que las tareas se repartan entre los dos quizá no sea completamente justa. Como esposa positiva, disponte a tomar más de lo que es justo. Esta es la razón: ninguno de los dos entiende la carga de trabajo que el otro lleva sobre sus hombros durante el día. Si vas a errar, que sea del lado de dar y no del lado de obtener. Sé fiel en cumplir con tus responsabilidades y haz tu parte para que la casa camine con suavidad sin enfocarte en lo que tu marido hace o no hace.

Si tu esposo es el único proveedor de la familia, puedes tomar la mayor parte de la administración de la casa. Él puede ser más eficaz en su trabajo si tiene el apoyo de una casa bien administrada. Parte de tu papel es comprender las dificultades que tu marido puede enfrentar en un día típico y reconocer que quizá llegue a casa cansado y fatigado. Es probable que haya tenido que tratar con una situación desafiante o con una persona difícil en el trabajo; quizá tuvo que conducir el coche durante una hora de tráfico a vuelta de rueda. Cuando entra por la puerta lo último que necesita es ser recibido con una lista de deberes o una letanía de quejas. (Puedes comentarle tus dificultades y preocupaciones más tarde. Y quizá ya no las veas tan importantes entonces.) Más bien, recíbelo con una sonrisa y un abrazo y ayúdalo a sentirse contento de haber llegado.

Si ambos trabajan, vas a tener que esforzarte todavía más para encontrar un equilibrio sano entre ustedes. Consideren el tiempo del otro y la carga de trabajo fuera del hogar. Busquen soluciones que hagan la vida de ambos menos estresante. Si es posible, páguenle a alguien para que haga algunas de las tareas, de tal forma que su tiempo y su energía puedan invertirse en actividades que necesitan hacer personalmente.

Durante años limpié la casa yo misma; pero cuando llegué al punto en que comencé a escribir casi a tiempo completo, comencé a pagarle a una empleada para que hiciera lo que ella hace mejor y que yo pueda dedicarme a lo que hago mejor. También solía cocinar la cena todas las noches de la semana. Me sentía culpable si no lo hacía. Pero en esas tardes en las que estaba en el coche de 3:30 a 7:00 p.m. llevando a las niñas de una actividad a otra, no podía tener lista la cena sino hasta las 8:00. Finalmente me di cuenta de que mi responsabilidad era proveerle la cena a mi familia fuera que yo la cocinara o no. Algunas veces la comida para llevar de un restaurante local funciona igual de bien que cocinar en casa (y sabe mucho mejor). Considera el costo; busca descuentos; pero paga porque te ayuden siempre que puedas.

Al dividir las tareas domésticas, tomen en cuenta los dones, las habilidades y los talentos únicos que cada uno de ustedes posee. En nuestra familia Curt es el decorador, tanto dentro de la casa como fuera en el jardín. Tiene talento para hacerlo y le encanta. A mí no; así que la jardinería, el mantenimiento de la grama y la decoración de la casa están en sus dominios. Por otro lado, yo lavo la ropa, hago los cheques y manejo el mantenimiento de la casa.

Una vez que ustedes dos hayan determinado lo que es correcto, razonable y justo para hacer del trabajo de la casa, ten en mente que siempre vas a hacer más de lo que te toca. No murmures, importunes o te quejes (¡qué inapropiado para una esposa positiva!). Más bien, sigue adelante en oración y con gozo en la fuerza de Dios. Tu recompensa será la bendición de un hogar bien llevado.

## ¡No seas una molestia!

Quizá te diga algunas palabras más acerca de importunar, porque es sumamente fácil que las esposas caigamos en ello. Aceptémoslo, nuestro marido no siempre cumple con su parte del trato, y en esos momentos al parecer lo que nos nace naturalmente es importunarlo. Pudiera ser que nuestro marido esté sentado en el sofá viendo la televisión aun y cuando los niños todavía necesiten un baño (lo cual es su responsabilidad). Quizá todavía no ha sacado la basura y mañana pasa el camión en la mañana. Lo mencionas una vez: "Amor, ya casi es hora de que los niños se vayan a dormir, y necesitan bañarse antes". O: "Querido, ¿recuerdas que mañana viene el camión de la basura?". Pero él no se ha movido ni un centímetro.

*La casa de cada uno es para él su castillo y su fortaleza.* —Sir Edward Coke

No lo vas a importunar, ¿o sí? Vamos a identificar qué es importunar para que sepas a qué se parece. ¿De qué otra manera te puedes guardar de hacerlo? Lo típico es que se presente en una de las maneras siguientes o en combinación, dependiendo de las circunstancias:

1.  Repetir una orden o exigencia más de una vez.

2.  Utilizar un tono de voz irrespetuoso o quejumbroso.

3.  Molestarte visiblemente cuando no hace lo que quieres que haga.

4.  Murmurar y quejarte en voz alta o en voz casi imperceptible.

5.  Pararte delante de él con los brazos cruzados, golpeteando el piso con tu dedo pulgar o meneando el dedo índice señalando su rostro.

6.  Imponerle la "ley del hielo".

Si no puedes importunar, ¿qué *sí* puedes hacer? Estas son algunas reglas sencillas para hacer que tu marido cumpla con su parte en las tareas de la casa.

## *Regla #1: Comunica claramente los detalles de lo que esperas*

La mayor parte de la importunación puede ser eliminada desde el inicio a través de buena comunicación y expectativas realistas. A menudo, importunamos a nuestro marido como resultado de tratar que haga cosas que nunca prometió hacer desde el principio.

Sé razonable y realista en tus expectativas de lo que tu esposo "debe de hacer". Y reconoce cuando necesitas retroceder. Algunas cosas pueden esperar, pero por alguna razón desconocida queremos que se hagan *ahora*. Si la necesidad no es inmediata, relájate un poco y determina un plazo razonable para terminar la tarea. Entre más hagas participar a tu marido en el proceso de planeación, tendrás que implorarle menos.

## *Regla #2: Habla en un tono de voz amable, calmado y respetuoso*

Un tono de voz grosero puede provocar que tu marido se niegue todavía más a cooperar. Puedes ser firme, pero amorosa. Seria, pero amable. Utiliza tu tono de voz con diplomacia para obtener los mejores resultados.

## *Regla #3: Explica las consecuencias*

Di: "Si no pasas a la tienda de camino del trabajo a la casa, no vamos a tener leche para el cereal en la mañana". O: "Si no sacas la basura, nuestro patio trasero va a oler a huevo podrido hasta que vuelva a pasar el camión". ¡No pierdes nada con usar un poco de buen humor! Por ejemplo: "Si no limpias el estacionamiento antes de que venga el invierno, no vas a tener donde poner el coche y te vas a enfriar mucho tratando de remover el hielo del parabrisa todas las mañanas".

## Regla #4: No te cierres a un buen intercambio

En lugar de importunar, ofrécele intercambiar una de tus responsabilidades con una de las suyas. "Amorcito. Voy a hacer un trato contigo. Si no quieres bañar a los niños ahora, puedo hacerlo por ti esta noche y tú puedes encargarte de hacer las cuentas por mí mañana en la noche". ¡A los hombres les encanta el poder de negociación!

## Regla #5: Si se puede, ofrécete a pagarle a alguien más para que lo haga

Dependiendo de lo que se necesita que se haga, sugiere que le pague a alguien más para que lo haga. Esto va a lograr una de dos cosas: o lo vas a levantar a que haga las cosas porque es un avaro y no quiere poner de su dinero; o lo vas a hacer feliz porque el trabajo ya no está bajo su responsabilidad y se libró de que estés tras de él. De cualquier manera, el trabajo se lleva a cabo.

# Organízate

En mi librero tengo casi diez libros que me dicen como programar mis días, organizar mi casa y cómo manejar el cuidado del hogar. Cada libro está lleno de maneras creativas y maravillosas para usar mi tiempo con sabiduría y mantener mi casa en forma perfecta. Lamentablemente, la mayoría de esos libros podrían tener el mismo subtítulo: *Miles de buenas ideas que realmente nadie pone en práctica.*

En este capítulo, no quiero abrumarte con miles de ideas. Solo quiero compartirte unos pocos consejos prácticos que han producido un cambio duradero en nuestro hogar y en nuestra vida.

## Organízalo todo

Incluso una persona naturalmente desordenada como yo puede aprender a mantener un ambiente limpio y organizado. ¿Cómo? Siguiendo estos tres pasos sencillos.

*1. Recuerda el dicho. "Un lugar para todo y todo en su lugar".*

Cuando sabes donde va cierto artículo, es fácil devolverlo a su lugar. Imagínate que eres una experta en ubicaciones, colocando a todos los artículos perdidos de tu casa en sus lugares apropiados. Incluso puedes tener un lugar asignado para todos los artículos con los que quieres tratar más tarde; solo asegúrate de escoger un momento a la semana para eliminar lo que se vaya juntando en un montón. Lo cual me lleva a mi siguiente punto:

*2. Asigna un momento para deshacerte de los montones y aniquilar el desorden.*

Establece un momento específico cada semana para tratar con montones extraordinarios y para ayudarte a ti misma a estar consciente del desorden a lo largo de la semana. ¡Las cosas pueden apilarse tan rápido! El correo es uno de los principales. Cuando llegue el correo, párate cerca de un cesto de basura y comienza a revisarlo. Tira el correo basura y lo que sabes que nunca vas a leer. Luego, pon los pagos en su lugar y lee las cartas que necesitas ver de inmediato.

Que sea una rutina diaria limpiar las mesas de la cocina del exceso de cosas y poner los utensilios y los electrodomésticos en su lugar. Te vas a ir a dormir sintiendo que has logrado algo, y al despertar tendrás una cocina limpia. ¡Es la mejor forma de comenzar el día!

*3. Crea un plan de juego personal para limpiar la casa*

Quizá decidas limpiar la mitad de la casa un día y la otra mitad al otro día. O quizá prefieras limpiar los baños un día, las habitaciones y la cocina el segundo día y la sala de estar el tercer día. La ropa también se puede lavar como una rutina. Yo suelo lavar la ropa de mi marido el lunes, la mía el martes y la de mis hijas los miércoles y los jueves.

(Para más ayuda con aplicarte a limpiar la casa te recomiendo dos excelentes sitios de la Internet en inglés: Fly Lady en www.flylady.com y Ejecutivas Domésticas Retrasadas en www.shesorganized.com.)

## Organiza tu tiempo

Un aspecto importante de administrar la casa es la organización. En realidad no organizamos nuestro tiempo literalmente; nos organizamos a *nosotras mismas* en las veinticuatro horas que Dios nos ha dado cada día. Si tú eres como yo, quizá te has descubierto deseando que el día tuviera más horas. Lo que realmente necesitamos hacer es desear que tomemos decisiones más sabias con respecto a qué hacer con el tiempo que tenemos. Podríamos lograr mucho más tomando mejores decisiones que esperando que Dios produzca milagrosamente un día de veintisiete horas.

Estos son algunos principios básicos para una administración sana del tiempo:

## 1. Levántate temprano

Una cosa que debemos de admirar de la Señora Proverbios 31 es que utiliza su tiempo al máximo. Leemos en Proverbios 31:15 que "se levanta aun de noche y da comida a su familia y ración a sus criadas". En otras palabras, no se queda dormida. También se nos dice en Marcos 1:35 que Jesús "levantándose muy de mañana, siendo aún muy oscuro, salió y se fue a un lugar desierto, y allí oraba". Si unes esos dos versículos, obtienes una manera tremenda en que las esposas positivas comienzan el día: ¡levantándose temprano, orando y dando de comer!

No nos pongamos legalistas. Si has estado despierta toda la noche cuidando a un bebé o a un niño enfermo, o tú misma estás enferma, entonces, por todos los cielos, ¡recupérate durmiendo! Todas necesitamos un descanso adecuado. De lo contrario, recuerda el dicho antiguo de Benjamín Franklin: "Irse a la cama temprano y levantarse temprano hace que el hombre [o la mujer] sea sano, rico y sabio".

## 2. Saca el máximo provecho de tu agenda

Yo llevo mi agenda/planificador conmigo a dondequiera que voy. Además de las secciones de planeación diaria y mensual, tiene un directorio donde guardo números telefónicos importantes y otra información. Siempre que necesito programar una junta o una cita, lo anoto en la sección de planeación mensual. El domingo por la tarde (un día de reflexión y renovación para mí) reviso mi agenda para la siguiente semana, oro por lo que sucederá y anoto las actividades que tengan que ver con mi esposo o mis hijas en el calendario familiar que tengo en la cocina.

## 3. Escoge con sabiduría lo que vayas a hacer

Nuestra sociedad ofrece tantas grandes oportunidades que podríamos estar ocupadas casi cada hora del día o de la noche si quisiéramos. ¿Cómo decidir qué hacer y qué no? Me gusta lo que Pablo les dijo a los Tesalonicenses: "Examinadlo todo; retened lo bueno" (1 Tesalonicenses 5:21). Considera con cuidado lo que vayas a anotar en tu agenda. Y recuerda incluir también las actividades de tus hijos, ya que se vuelven también

*Considera los caminos de su casa, y no come el pan de balde.* —Proverbios 31:27

tus actividades toda vez que inviertes tiempo en llevarlos y recogerlos de las clases de piano, de ballet, de fútbol y de béisbol. Así que antes de comprometerte a una multitud de actividades, pregúntate a ti misma:

- ¿Es esto lo que Dios quiere que haga con mi tiempo?
- ¿Por qué lo quiero hacer?
- ¿Me apoya mi marido o tiene objeciones válidas?
- ¿Concuerda con el propósito de mi vida y mis metas?
- ¿Desarrolla y utiliza mis talentos?

¡Aprende a decir que "no"! Eclesiastés 3:1 nos recuerda: "Todo tiene su tiempo, y todo lo que se quiere debajo del cielo tiene su hora". Hay un tiempo para todo, y ese tiempo quizá no sea hoy. Quizá no sea este año. Pídele ayuda a Dios para ayudarte a escoger las cosas que Él quiere que hagas ahora.

### 4. Planea tu día la noche anterior

Antes de que te vayas cabeceando a la tierra de Nunca Jamás consulta tu agenda y ve lo que tienes programado para el siguiente día. Escribe las diligencias que vas a tener que hacer y los lugares a donde vas a tener que ir y haz un plan general. Al hundirte en la cama, ora por el siguiente día mientras todavía está fresco en tu mente.

### 5. Repasa tu semana el domingo

El domingo es un buen día para considerar la semana que viene, orar por ella y planearla. Aparta tiempo en tus planes para tus amigas, tus responsabilidades y tus intereses personales.

### 6. Mantén un equilibrio sano

Es buena idea dar un paso atrás de vez en cuando y revisar el estado de tu vida. ¿Estás manteniendo amistades sólidas con otras mujeres? ¿Estás creciendo espiritualmente? ¿Intelectualmente? ¿Estás cuidando tu cuerpo? ¿Has permitido que uno o más aspectos de tu vida se desequilibren? Yo utilizo el primero de enero de cada año nuevo para ponerme metas y hacer este tipo de revisión de mantenimiento.

## Habilidad de responder

Al cerrar este capítulo quiero quitar la atención de nosotras mismas por solo un momento. Es tan fácil embeberse por completo en nuestra casa, nuestros planes y nuestras vidas que nos olvidamos de las necesidades de los demás. Nuestra responsabilidad no es solo con nuestro trabajo o nuestra casa. Cuando ponemos en orden nuestra casa y programamos nuestro tiempo, debemos de hacerlo con un ojo puesto en servir en nuestra iglesia y en nuestra comunidad también. Dios nos ha dado maravillosos dones y talentos que no tienen el propósito de quedarse guardados en las cuatro paredes de tu casa.

Recuerdo a Clara McBride Hale, una madre amorosa y abnegada que crió a sus propios hijos; junto con otros treinta niños. Fue su amor incondicional por los niños lo que la llevó a abrir Hale House en Harlem, Nueva York al principio de la década de los años 1970, como un centro de ayuda para los hijos de madres drogadictas. Incluso hoy en día, el legado de esta mujer extraordinaria vive en la doctora Lorraine Hale, la hija de Clara, quien sirve como la administradora de Hale House. El centro todavía le da amor, alimento y atención médica a bebés preciosos indefensos.

En 1985, el presidente Reagan nombró a Clara McBride una "heroína estadounidense", incluso cuando ella decía ser solo "una persona que ama a los niños".[2] Dios usó su amor, su determinación y sus talentos no solo para bendecir a su propia familia sino para producir un impacto duradero en su comunidad. Ella vio más allá de la necesidad dentro de sus cuatro paredes y respondió con sus habilidades. ¿Qué necesidades ves? Ahora, ora: "¿Dios, cómo quieres que responda?".

## El mejor jefe

Recuerda, sin importar si estás trabajando dentro o fuera de casa, en tu familia o en tu comunidad, como cristiana tienes un Jefe asombroso. No estás trabajando solamente para el jefe en la oficina, el administrador, el editor, el director del centro comunitario o tu marido y tus hijos; estás trabajando para el Señor. Colosenses 3:23-24 nos recuerda: "Y todo lo que hagáis, hacedlo de corazón, como para el Señor y no para los hombres; sabiendo que del Señor recibiréis la recompensa de la herencia, porque a Cristo el Señor servís".

Personalmente, cuando me doy cuenta de que estoy trabajando para Dios, y no solo para la gente, recibo un impulso extra en cada paso que doy y un poco más de gasolina en mi tanque. No sucede a menudo que recibamos una palmada en la espalda o una palabra de felicitación por todo lo que hacemos. Pero como esposas positivas, podemos cumplir con nuestras muchas responsabilidades dentro y fuera de nuestra casa con gozo continuo, porque sabemos que le respondemos finalmente a

Dios. Él es nuestro gran Jefe; y si somos fieles, un día lo vamos a escuchar decir: "Bien hecho".

# Punto de Poder

⚙ **Lee:** Tito 2:3-5 y Proverbios 31:19-29. ¿Cuáles son algunas de las responsabilidades expresadas en estos versículos? Si fueras a describir a las mujeres en estos pasajes, qué palabras positivas utilizarías? ¿Podría alguien utilizar las mismas palabras para describirte?

♡ **Ora:** ¡Oh Señor, tú eres todo lo que necesito! Gracias por las habilidades y talentos que me has dado. Ayúdame a usar esos talentos en mi hogar y en mi comunidad. Hazme una bendición para todos a mi alrededor, especialmente para mi marido. Muéstranos a ambos como trabajar juntos como pareja. Ayúdame a comprender un poco más la carga que él lleva en el trabajo que hace. Ayúdame a organizar mi casa y mi tiempo con lo mejor de mis habilidades, y ayúdame a mantener un equilibrio sano en mi vida. Gracias porque siempre estás conmigo. En el nombre de Jesús, amén.

💡 **Recuerda:** "Y todo lo que hagáis, hacedlo de corazón, como para el Señor y no para los hombres" (Colosenses 3:23).

☺ **Practica:** Considera tu vida desde la perspectiva de cómo estás utilizando tu tiempo en este momento. Elabora una lista con las actividades en las que estás participando en la actualidad, junto con las responsabilidades que tienes en casa y en tu comunidad. ¿Hay algo que necesites cambiar? ¿Deberías estar haciendo más? ¿O estás haciendo demasiado y necesitas bajar el ritmo? Habla con tu marido; quizá tenga una perspectiva única y algunas buenas ideas acerca de cómo usar tu tiempo. Planea hacer este tipo de evaluación formal de tus responsabilidades por lo menos una vez al año.

# El poder de la presencia de Dios

*Deléitate asimismo en Jehová, y él te concederá las peticiones de tu corazón. Encomienda a Jehová tu camino, y confía en él; y él hará.*

—Salmo 37:4-5

*El amor tiene su fuente en Dios, porque el amor es la misma esencia de su ser.*

—Kay Arthur

# 16

# Comunión íntima
## El secreto de convertirse en una esposa santa y feliz

*Ningún momento es mejor invertido cada día*
*que el que pasamos de rodillas.*

—J. C. Ryle

William Law dijo en cierta ocasión: "El que ha aprendido a orar ha aprendido el mayor secreto para vivir una vida santa y feliz".[1] Supongo que podríamos personalizar esa declaración para que se ajuste a las esposas positivas, ya que ciertamente la esposa que ha aprendido a orar ha aprendido el secreto de una vida santa y feliz. No hay nada más vital para un matrimonio positivo que una esposa consagrada a la oración. No pienses que porque este capítulo aparece casi al final del libro es un principio menor que el resto en nuestra búsqueda por convertirnos en esposas positivas. Cada principio que hemos expuesto hasta este punto depende en gran medida de este en particular.

¡Qué tontas somos cuando tratamos de mantener nuestro matrimonio en buen estado sin la presencia de Dios! No conozco tu situación. Quizá estés casada con un maravilloso hombre piadoso. O quizá estés casada con un cristiano que no esté caminando tan cerca de Dios. Pudiera ser que tu marido ni siquiera es cristiano. Sin importar el caso, tú eres responsable de tu propia relación y comunión con Dios, no de la de tu marido. Si este fuera un libro para matrimonios, les hablaría a ambos acerca de la belleza y la bendición de crecer juntos en oración. Pero este es un libro para ti como esposa, y sea que tengas la oportunidad de orar con tu esposo o no, siempre tienes la capacidad de tener comunión con Dios por tu cuenta.

La oración no es únicamente venir a Dios con una lista de peticiones. Más bien es un tiempo precioso de comunión con nuestro Padre celestial, el Creador del universo y el Amante de nuestra alma. ¿Por qué dejaríamos de lado una oportunidad tan increíble y una comunión tan íntima? No obstante, lo hacemos. Por la razón que sea: horarios ocupados, falta de fe, prioridades equivocadas; muchas de nosotras no pasamos el tiempo con Dios que sabemos que deberíamos. Como resultado, nos perdemos de una relación más profunda con el Único que le puede dar tierra firme a nuestra alma y un ancla a nuestra vida.

Tomemos las siguientes páginas para ver lo que la oración puede significar para nosotras como esposas positivas.

## Comunión con el Padre

En la relación más profunda, existe un flujo continuo de comunicación y comunión. En una relación de amistad, por ejemplo, la conversación es frecuente, y pocas veces unilateral. Pienso en la comunicación entre una pareja casada como el conducto para una comprensión y una unidad más profundas. En mi propio matrimonio, disfruto las ocasiones en que Curt y yo nos comunicamos durante el día y yo espero de manera especial sus llamadas telefónicas cuando sale de viaje. ¡Imagínate lo difícil que sería para Curt y para mí conocernos íntimamente si nunca nos habláramos!

La oración es comunicación íntima con Dios. Es la forma en que crecemos en nuestra fe, nuestro amor y nuestro andar con Él. Necesitamos apartar tiempo para orar; tiempo para tener comunión con Dios, para leer su Palabra y echar nuestras preocupaciones a sus pies. El resultado de esta comunión íntima con Dios es el desarrollo de una hermosa relación. ¡Imagínate el lazo que crece de este tiempo deliberado de oración!

¿Qué lugar tiene la oración en tu vida en este momento? Para algunas mujeres, la oración es relegada a los domingos en la iglesia y quizá a un grupo de estudio bíblico semanal. Para otras, consiste en algunas frases de agradecimiento pronunciadas en la mesa antes de cenar. Claro que muchos cristianas hablan de la oración. Pero demasiado a menudo la vieja y familiar frase: "Voy a estar orando por ti" podría traducirse mejor como: "Voy a tener buenos deseos por ti", ya que lo último que en realidad planeamos hacer es orar por la situación. ¿Te puedes identificar?

Tomar la decisión de encontrarte con Dios cada día requiere disciplina y devoción. Es útil apartar un momento específico en cierto lugar para estos tiempos de comunión con el Padre.

Durante mi segundo año en la universidad, me reunía con cierto "amigo" una vez a la semana para comer. Teníamos una cita todos los viernes en un pequeño restaurante justo afuera de la universidad. Nos reuníamos allí para visitarnos y animarnos mutuamente. Teníamos nuestro lugar y nuestro momento, y guardamos nuestra cita como relojes a lo largo del año.

Designar el momento y el lugar para reunirse con Dios ayuda a crear una rutina. ¡No es que nuestra vida de oración debería volverse vieja y rutinaria! No, la oración puede crecer continuamente y volverse más vibrante y abundante cada día. Pero debe de comenzar con la disciplina y el compromiso de "estar allí".

Reunirse con Dios temprano en la mañana; como lo hacía Jesús de acuerdo con Marcos 1:35; requiere de un compromiso todavía mayor. Como Jesús, David también se reunía con Dios en las primeras horas del día. Este hombre conforme al corazón de Dios dijo: "Oh Jehová, de mañana oirás mi voz; de mañana me presentaré delante de ti, y esperaré" (Salmo 5:3). ¿Por qué en la mañana? Es el momento perfecto para poner el nuevo día delante del Señor. Antes de que comencemos a preocuparnos, estar ansiosas y hacer las cosas en nuestras propias fuerzas y poder, podemos entregarle nuestras preocupaciones a nuestro Padre celestial y dejarlas allí. Robert Murray M'Cheyne lo dijo de esta forma: "Veamos a Dios antes que a los hombres cada día".[2]

Al comenzar el día en comunión con el Señor, somos más capaces de reconocer y disfrutar de su presencia todo el día. ¡Qué gozo es caminar con Dios a través de los desafíos del día; no obstante, qué triste (y atemorizante) puede ser nuestro día si decidimos caminar sin Él! Mi amiga Janet Holm McHenry, escritora de *Prayer Walk* (Caminata de oración) (WaterBrook Press), descubrió el gozo y el impacto de la oración matutina al salir a caminar en las primeras horas de la mañana. Sus caminatas se convirtieron en su tiempo de comunión con el Padre y literalmente revolucionaron su vida. Janet se dio cuenta de que a medida que crecía en oración en las mañanas, se volvía más conciente de maneras de orar por los demás durante el día.

Mientras lavamos la ropa, limpiamos la casa y hacemos diligencias, tú y yo podemos caminar y hablar con Dios todo el día. En el trabajo, en la escuela, en los partidos de fútbol, podemos continuar la comunión con él. Esperar en el banco atrás de una persona enojada, conducir por la escena de un accidente u observar una cara triste en el centro comercial se vuelve una oportunidad para orar. Como esposas positivas podemos comenzar el día en oración y entonces practicar la presencia de Dios durante el resto del día, al reconocer que su Espíritu mora dentro de nosotras. ¡No estamos caminando solas!

## En el lugar secreto

William Wilberforce dijo: "Sobre todo, guárdate de dejar de lado a Dios en el lugar secreto de la oración".[3] ¿Pero, qué le decimos a Dios en ese lugar secreto? ¿Cómo nos comunicamos con el Creador del universo? ¡El solo pensarlo es abrumador! Quizá así es como uno de los discípulos se sintió cuando le dijo a Jesús: "Señor, enséñanos a orar". Como respuesta, Jesús dio la oración modelo que encontramos en Lucas 11:2-4. Puedes ver que es similar a la oración modelo que dio en el Sermón del Monte. Aunque es una oración que repetimos a menudo en la iglesia, no nos fue dada como un pasaje que recitar, sino como un ejemplo del cual aprender. Esta es la traducción de la versión New Living Translation de la Biblia en inglés:

Padre, que tu nombre sea honrado.
Que tu Reino venga pronto.
Danos nuestro alimento día a día.
Y perdona nuestros pecados;
Así como perdonamos a los que han pecado en nuestra contra.
Y no permitas que cedamos a la tentación.

Podemos obtener muchas verdades importantes del modelo de oración de Jesús. Tomemos un momento para reflexionar en cada frase.

*Padre, que tu nombre sea honrado.* Cuando entramos en la presencia de Dios, entramos delante del alto Rey del cielo. Imagínate teniendo una audiencia con el rey de una nación extranjera, y que en lugar de que lo saludemos con honor y alabanza, entremos de lleno y comencemos a hacer peticiones o a hablar sin parar. Si no tratásemos a un dignatario humano con tal falta de respeto, ¿por qué venir delante de nuestro gran y santo Rey en tal manera? Debemos de entrar en la presencia de Dios en un humilde reconocimiento de nuestra bajeza y su alta posición; con el respeto y la honra debida a su nombre. Lo alabamos, no porque sea un rey arrogante que lo exige, sino porque reconocemos que solo Él es digno de toda la honra, la gloria y la alabanza.

*Que tu Reino venga pronto.* Esta declaración es el reconocimiento de que no estamos viviendo solamente para este mundo. Es darnos cuenta de que estamos esperando un futuro, mejores días. Cuando volteamos nuestros ojos al cielo, obtenemos un enfoque eterno que coloca todo en la tierra en su propio nivel de importancia. Santiago nos advierte: "Pedís, y no recibís, porque pedís mal, para gastar en vuestros deleites" (Santiago 4:3). Tener un enfoque celestial nos hace más aptas para orar de acuerdo con la voluntad eterna de Dios, más que basándonos en nuestras propias necesidades o deseos inmediatos.

En la oración correspondiente en el Sermón del Monte, Jesús añade esta línea: "Hágase tu voluntad, como en el cielo, así también en la tierra" (Mateo 6:10). El teólogo John Stott dice de este versículo: "La oración no es un dispositivo conveniente para imponerle nuestra voluntad a Dios, o para doblar su voluntad hacia la nuestra, sino la manera prescrita para subordinar nuestra voluntad a la suya. Es a través de la oración que buscamos la voluntad de Dios, la abrazamos y nos alineamos a ella. Cada oración verdadera es una variación del mismo tema: 'Hágase tu voluntad'. Nuestro maestro nos enseño a decir esto en el patrón que nos dio, y añadió el supremo ejemplo de ello en el Getsemaní".[4]

*Danos nuestro alimento día a día.* Al leer esta frase, recuerdo cómo los israelitas anduvieron errantes en el desierto durante cuarenta años. Dios les proveyó el alimento necesario cada día, ni más ni menos. Dependían de su provisión diaria. En este modelo de oración, se nos enseña a solicitar las necesidades diarias de la vida, reconociendo que Dios es el proveedor. No estamos a cargo de suplir nuestras necesidades; Dios sí. Esta petición nos recuerda nuestra dependencia de Él.

*Y perdona nuestros pecados...* Esto es algo que solo Dios lo puede hacer; ¡y cómo lo necesitamos!

*Así como perdonamos a los que han pecado en nuestra contra.* Que perdonemos a otros es un asunto sumamente importante para Dios. ¿Por qué? Porque cuando no perdonamos a otros demostramos que hemos olvidado nuestra posición humilde. Hemos sacado de nuestra mente nuestra propia necesidad de perdón. Hemos olvidado que se nos han perdonado todos nuestros pecados a través de la misericordia de Dios. Como Dios nos ha perdonado, nosotras debemos perdonar a los que nos ofenden a cambio.

A medida que vengamos delante de Dios a diario, debemos de traer nuestra carga de pecado y echarla delante de Él, sabiendo que en Cristo somos perdonadas y limpiadas. Entonces debemos de pedirle a Dios que nos muestre cualquier amargura, enojo o rencor que tengamos contra los demás y debemos de soltarla. Al liberar a otras personas por medio del perdón, nos liberamos a nosotras mismas para vivir y amar.

*Mi porción es Jehová; he dicho que guardaré tus palabras.* —Salmo 119:57

El perdón debe de comenzar con nuestro marido como aprendimos en el capítulo 4. Cuando soltamos el enojo y el rencor que sentimos hacia nuestro marido, nosotras (y ellos) podemos seguir adelante. Lo mismo que nuestro matrimonio. No obstante, si nos aferramos al resentimiento, lo fomentamos y lo hacemos crecer hasta una amargura profunda y una separación. Nos volvemos horribles con el odio. ¡En verdad, la falta de perdón es una de las cualidades más desagradables que una esposa pueda tener!

Como esposas positivas, necesitamos vivir en el estado mucho más lindo del perdón y la oración. Dios va a sanar nuestro matrimonio y nuestra relación si perdonamos fielmente a los que nos han ofendido. Por supuesto, perdonar no siempre es fácil. Necesitamos buscar la ayuda de Dios. Pero descansa en la seguridad de que si Él nos pide que perdonemos, nos dará la fuerza y la capacidad para lograrlo.

*Y no permitas que cedamos a la tentación.* ¿Cuándo fue la última vez que le pediste a Dios que mantuviera tu camino libre de pecado y que te diera la victoria en medio de la tentación? Tengo que admitir que pocas veces oro de esa manera. Suelo estar demasiado ocupada orando por mi larga lista de deseos y necesidades. ¿Y tú?

Si vamos a tener éxito en nuestro matrimonio y vamos a ser eficaces en todas las cosas a las que Dios nos ha llamado, entonces necesitamos pedir su ayuda para no sucumbir a la tentación a nuestro alrededor. ¿Qué te tienta? A menudo pienso en los grandes aspectos del pecado y pienso que voy bien. *No estoy robando, ni cometiendo adulterio, ni asesinando a nadie, así que debo ir bastante bien.*

Mmmmmm. Cuando me vienen a la mente la autogratificación, la falta de perdón, el descontento y la murmuración, comienzo a darme cuenta que enfrento tentaciones pesadas cada día. No solo necesito la ayuda de Dios para identificar las tentaciones; necesito su fuerza para evitar caer en ellas. ¿Puedes identificarte? Quizá quieras orar conmigo: *Señor, abre mis ojos a las tentaciones a mi alrededor. ¡Ayúdame a reconocer el pecado y a huir de él!*

## Ora por tu marido

En nuestros tiempos de oración, uno de los honores y de los privilegios más altos que tenemos es orar por nuestro cónyuge. No obstante, al parecer solo venimos a Dios en momentos de angustia. "¡Señor, arregla ese defecto espantoso de mi marido!". Qué gozo tan grande podríamos experimentar si aprendiéramos a orar en amor y en bendición en lugar de en angustia.

De hecho, crece la profundidad de nuestro amor por nuestro marido cuando oramos fielmente por sus necesidades físicas, emocionales y espirituales. ¡Una esposa positiva es una esposa que ora! Vamos a considerar varias maneras importantes en que podemos levantar a nuestro marido en oración.

## Da gracias por él

El apóstol Pablo cierra su carta a los Tesalonicenses con una palabra edificante de ánimo. "Estad siempre gozosos. Orad sin cesar. Dad gracias en todo, porque esta es la voluntad de Dios para con vosotros en Cristo Jesús" (1 Tesalonicenses 5:16-18). ¡Qué buenas palabras para nosotras como esposas positivas que oramos! Verdaderamente creo que a medida que oramos continuamente y damos gracias en todas las cosas, estaremos siempre gozosas. Cuando quitamos nuestra mente de lo que está mal en nuestro marido y comenzamos a dar gracias por ellos, nuestro corazón comienza a cambiar hacia ellos en una manera positiva.

¿Cómo debo de empezar? Comienza dándole gracias a Dios por las cualidades que ves en tu marido. Dale gracias por traer a este hombre a tu vida. Dale gracias por las cosas que viste en él que te atrajeron al principio. Quizá quieras escribir estas cualidades en un diario de oración para seguir añadiendo más a la lista a medida que te vengan a la mente. Entre más le damos gracias a Dios por las cualidades maravillosas de nuestro cónyuge, más las vemos.

Ahora, esta es la tarea más difícil: Pablo dice que debemos de dar gracias en *todas* las circunstancias, no solo en las buenas. ¿Estás lista para darle gracias a Dios por las características difíciles de tu marido? ¿Puedes darle gracias a Dios por sus debilidades? No quiero animarte a regodearte en los puntos bajos de tu marido o que los enumeres; solo quiero que le des gracias a Dios por esos aspectos. Agradécele a Dios por la manera en que puede usar esas características en tu esposo para hacer una obra mayor en tu vida. Así como "hierro con hierro se aguza" (Proverbios 27:17) algunas veces lo que en la otra persona hace que nos molestemos son las cosas que pueden pulir nuestro carácter.

## Ora por sus necesidades

Dios nos anima con frecuencia en la Escritura a traer nuestras necesidades y preocupaciones delante de Él. En Mateo 7:7, Jesús mismo nos implora que le pidamos a Dios por medio de la oración. ¡No tenemos que contenernos cuando se trata de pedirle a Dios que provea las necesidades de nuestro marido!

¿Qué debemos de pedir? Nuevamente recuerdo la oración modelo de Jesús. En esos versículos sencillos hay por lo menos siete cosas específicas por las que podemos orar por nuestro esposo.

1. Pide que honre el nombre de Dios; que reverencie el nombre del Señor y que camine en una manera digna de su llamado (Efesios 4:1; Colosenses 1:9-10). Si no es cristiano, pide que llegue a conocer a Jesús como su Salvador (Romanos 10:13).

2. Pide que tenga una perspectiva eterna de la vida; que espere el Reino de Dios; que su mente y su corazón estén enfocadas en las cosas de arriba (Colosenses 3:1-2). Pide que no se conforme a este mundo, sino que sea transformado por medio de la renovación de su mente (Romanos 12:2).

3. Pide que vea a Dios como el proveedor de todas sus necesidades (Proverbios 30:8; Filipenses 4:19) y que continúe buscando la dirección de Dios cada día (Proverbios 3:5-6).

4. Pide que disfrute el perdón de Dios y que a cambio camine en perdón hacia los demás (Efesios 4:32).

5. Pide que no ceda a la tentación y que Dios lo libre del mal (Mateo 6:13; Santiago 4.7). También pide que se mantenga firme contra las acechanzas del enemigo y que se vista de toda la armadura de Dios (Efesios 6:10-18).

6. Pide que el Espíritu Santo obre en su vida y que el fruto del Espíritu sea evidente en sus acciones (Gálatas 5:22-23).

7. Pide que ame al Señor con todo su corazón, con toda su mente, con toda su alma y con todas sus fuerzas y que les pueda demostrar el amor de Cristo a los demás (Mateo 22:37-38; 1 Juan 4:7-21).

La lista podría seguir y seguir, pero este es por lo menos el punto de partida. Como hemos identificado siete aspectos por los cuales orar, quizá quieras considerar orar por uno de ellos cada día de la semana (número uno en domingo, número dos en lunes y así). Puedes orar con confianza por cada una de esas cosas a favor de tu marido. Tú sabes que estás pidiendo conforme a la voluntad de Dios, porque tu petición está basada en su Palabra.

## ¡No te rindas!

Quizá pienses: *Pero no conoces a mi marido. Si existiera un caso demasiado difícil, ese sería él.* Tienes razón; no conozco a tu marido. Quizá ya hayas estado orando por él desde hace tiempo. Pero déjame animarte: No pierdas la esperanza. Sin importar lo perdida que parezca la situación, nunca te rindas, Sigue adelante en fiel oración y pon tu esperanza y tu confianza en Dios. Jesús animó a sus seguidores a persistir en oración al dar esta ilustración en Lucas 18:1-5:

> También les refirió Jesús una parábola sobre la necesidad de orar siempre, y no desmayar, diciendo: Había en una ciudad un juez, que ni temía a Dios, ni respetaba a hombre. Había también en aquella ciudad una viuda, la cual venía a él, diciendo: Hazme justicia de mi adversario. Y él no quiso por algún tiempo; pero después de esto dijo dentro de sí: Aunque ni temo a Dios, ni tengo respeto a hombre, sin embargo, porque esta viuda me es molesta, le haré justicia, no sea que viniendo de continuo, me agote la paciencia.
> —Lucas 18:1-5

En estas palabras, Jesús nos estaba diciendo que no perdiéramos la esperanza en la oración. Persiste, incluso si los resultados que buscas no parecen venir. Pudiera ser que así como un padre amoroso y bueno no le da a sus hijos todo lo que quieren en el momento que lo quieren, nuestro Padre celestial trabaja en su propio tiempo y no en el nuestro. ¡Estoy tan asombrada por la complejidad de Dios! No obra en las maneras simplistas que nosotras escogeríamos. Él no está metido en los programas de soluciones rápidas que podríamos preferir. Como afirma Isaías 55:8-9, sus caminos son distintos a los nuestros y sus pensamientos son mucho más altos que los nuestros.

Quizá pasen años antes de que veas la respuesta a tus oraciones. Confía en Dios; confía en que su plan es mucho mayor de lo que puedes ver. Él ama a tu marido mucho más que tú. Su deseo es que nadie se pierda y que todos los creyentes sean conformados a la imagen de su Hijo, Jesús. Solo Él sabe lo que se necesita para hacer que estas cosas sucedan en la vida de tu marido. Tu parte y la mía es hacer lo que Pablo nos dice en Colosenses 4:2: "Perseverad en la oración, velando en ella con acción de gracias".

## El salón de belleza de la oración

Anteriormente dijimos que el rencor es una cualidad bastante desagradable en una esposa. Otra cualidad desagradable es la falta de oración. El Dr. Joseph Parker dice: "Uno puede decir si una persona está manteniendo su vida de oración al día. El testimonio está en su rostro. El rostro que no tiene comunión con Dios día a día crece en vulgaridad. 'La apariencia de sus rostros testifica contra ellos'. Hay un escultor invisible que esculpe el rostro de acuerdo con la actitud superior del alma".[5]

El mejor consejo de belleza que puedo darte es este: Invierte tiempo diariamente en el salón de belleza de la oración. Allí es donde nuestra belleza se desarrolla más allá de la superficie, hasta las profundidades de nuestra alma y corazón. Encontrarse con Dios cada día es mejor que ningún otro tratamiento que el dinero pueda comprar. Una esposa positiva que se encuentra continuamente con Dios, que disfruta su amor y echa sus ansiedades y preocupaciones delante de Él, tendrá una apariencia de confianza y brillo que su marido y todos a su alrededor podrán ver. Débora lo dijo de la siguiente manera en su cántico de victoria en jueces 5:31: "Así perezcan todos tus enemigos, oh Jehová; mas los que te aman, sean como el sol cuando sale en su fuerza".

La clave para una vida santa, hermosa y feliz es un estilo de vida de oración y comunión íntima con Dios. Como esposas positivas seamos esposas de oración. De esa forma nos aseguraremos de brillar.

# Punto de Poder

**Lee:** Mateo 6:25-34. ¿Qué puedes aprender de Dios en este pasaje? ¿Cuál es el lugar del afán en tu vida? Ahora lee Mateo 7:7-12. ¿Cuáles tres verbos se nos dan en la forma de la instrucción para orar? ¿Los estás practicando en tu vida?

**Ora:** Maravilloso Padre, Salvador y Amigo, ¡cuán perfecto eres! Gracias que a través de la muerte de Jesús en la cruz por mis pecados, tengo la oportunidad de venir delante de tu trono a encontrarte. Gracias por escuchar mis oraciones y pedirme que venga a ti con mis peticiones. Ayúdame a ser fiel en apartar tiempo para estar contigo. Quiero andar cerca de ti cada día. ¡Tú eres mi amigo del alma! Eres mi deseo y mi anhelo es tener comunión íntima contigo. Mantén mi corazón en las cosas de arriba, y no me dejes desviarme de tus principios. ¡Te amo! Te lo pido en el nombre de Jesús, amén.

**Recuerda:** "Estad siempre gozosos. Orad sin cesar. Dad gracias en todo, porque esta es la voluntad de Dios para con vosotros en Cristo Jesús" (1 Tesalonicenses 5:16-18).

**Practica:** Aparta un momento y escoge un lugar para encontrarte con Dios cada día. Esto toma disciplina así que sé diligente. ¡En tus momentos a solas con el Señor, deléitate en Él! Esa es la clave para una vida apacible, gozosa y santa.

# Las cartas de amor de Dios
## Disfruta los tesoros de su Palabra

*Demasiadas personas casadas esperan que su pareja les dé lo que solo Dios puede dar: un éxtasis eterno.*

—Fulton Sheen

Imagínate que estás visitando una vieja y descuidada tienda de antigüedades anidada en la plaza central de una pequeña aldea inglesa. Al pasar al fondo de la tienda quedas intrigada por un baúl grande desgastado y cubierto de polvo. El encargado de la tienda se te acerca y te dice: "Es un viejo cofre del tesoro de la Inglaterra del siglo XIX. Ábralo". Al poner alegremente tus manos sobre el cofre y comenzar a abrir la tapa, ves un brillante y hermoso tesoro dentro de él. Pasas tus manos sobre montones de monedas de oro. Admiras con asombro coronas engastadas de piedras preciosas, pendientes de rubí y collares de perlas. Te quedas perpleja, maravillada por la vista de tales riquezas.

"Adelante. Llévese algunas joyas", te dice el encargado de la tienda. "Por mí no hay problema. Quédese con ellas, es un obsequio".

Al principio piensas: *Claro, cómo no, ¿y dónde está el peine?* Pero luego te das cuenta de que el encargado habla en serio. Quiere que te lleves un poco del tesoro sin nada a cambio. Incluso te invita a que vuelvas en otra ocasión si quieres más. Finalmente, te llevas una pepita de oro y hacer el voto de regresar a la tienda más seguido. Al salir te dices a ti misma: *¿Por qué nadie va allí y toma un poco del tesoro completamente gratis?*

¿Te suena como un relato exagerado? No es tan extraño como podrías pensar. Tenemos un cofre del tesoro a nuestro alcance todos los días. Algunas personas lo sacan los domingos y se llevan una que otra gema. Otros nunca miran lo que hay dentro. Pocas personas sabias lo abren y obtienen riquezas de él a diario. ¡Por supuesto, estoy hablando de las riquezas que están a nuestra disposición en la Escritura! Cuando abrimos sus páginas, encontramos perlas de gran sabiduría, gemas del amor de Dios, pepitas de oro de fe y coronas llenas de piedras preciosas de esperanza.

## Centavos celestiales

Durante el tiempo en que estuvimos comprometidos, Curt estuvo trabajando en Houston y yo estaba trabajando y planeando nuestra boda en Dallas. La separación fue difícil para nosotros, pero le sacamos el mejor provecho, acortando la distancia con muchas llamadas telefónicas y montones de cartas. Cada vez que iba al buzón y veía una carta de Curt, mi corazón se aceleraba hasta que abría el sobre, veía su letra y devoraba sus palabras de amor. En la mezcla del correo había otros sobres, paquetes y publicidad, pero esas piezas no valían nada junto a las cartas de Curt. ¡Con respecto al correo, lo que me importaba era quién lo había enviado! Una encuesta de una organización política simplemente no tenía el mismo atractivo que un mensaje manuscrito de mi amado prometido.

La Biblia es una carta de amor para cada una de nosotras que proviene del corazón de nuestro amoroso Padre celestial. ¡De acuerdo con 2 Timoteo 3:16, cada palabra es inspirada por Dios! El hecho de que provenga del Dios todopoderoso y Creador del universo la hace más atractiva que cualquier otra carta que pudiéramos abrir en nuestra vida. Yo no me quiero perder ni una palabra, ¿y tú?

De hecho, la Biblia es más que una carta de amor; es el instructivo de la vida, escrito por el mismo Fabricante de la vida. Debo confesar que no soy de las personas que leen el instructivo cuando compran un nuevo lector de DVD o una cafetera. Tristemente, muchas personas tratan el instructivo de la vida de la misma manera. ¿Por qué tantas de nosotras dejamos de lado la lectura de la Biblia? Creo que se resume en una de dos razones.

Las cartas de amor de Dios

## 1. La gente no cree que la Biblia sea en realidad la Palabra de Dios.

Pero en 2 Pedro 1:20-21 leemos: "Entendiendo primero esto, que ninguna profecía de la Escritura es de interpretación privada, porque nunca la profecía fue traída por voluntad humana, sino que los santos hombres de Dios hablaron siendo inspirados por el Espíritu Santo". La Biblia no es una colección "tutti-fruti" de un puñado de hombres que juntaron sus ideas; más bien, es un volumen perfecto y completo inspirado de principio a fin por el Espíritu Santo de Dios, el cual fue escrito por medio de hombres.

Piénsalo. A lo largo de un periodo de quinientos años, la Biblia fue escrita por más de cuarenta personas diferentes con una gran variedad de trasfondos y experiencias. A pesar de las variaciones en época y en los autores, esta obra increíble demuestra una unidad maravillosa en todos los aspectos: histórica, teológica, geográfica, tópica y biográficamente.[1] Es verdaderamente una compilación milagrosa, diseñada e inspirada por nuestro Dios y Creador y puesta en papel por mano de la humanidad.

## 2. La gente piensa que la Biblia está llena de listas de mandamientos y eso los desanima.

La verdad es que la Biblia es un libro increíblemente positivo y edificante. En su abundante amor hacia nosotras, Dios usa la Escritura para decirnos como viajar con éxito por el camino de la vida. Nos advierte sobre los obstáculos del camino que debemos de evitar y nos dice como experimentar gran gozo a lo largo de la travesía En el Salmo 119 podemos leer las expresiones de devoción profunda y amor del salmista hacia la maravilla de la Palabra de Dios. Estos son solo algunos de los pasajes que ensalzan los beneficios y bendiciones de la Escritura. Estos versículos nos animan a abrazar la Palabra de Dios con todo nuestro ser:

En mi corazón he guardado tus dichos, para no pecar contra ti. Bendito tú, oh Jehová; enséñame tus estatutos. Con mis labios he contado todos los juicios de tu boca. Me he gozado en el camino de tus testimonios más que de toda riqueza. En tus mandamientos meditaré; consideraré tus caminos. Me regocijaré en tus estatutos; no me olvidaré de tus palabras. —Salmo 119:11-16

Enséñame, oh Jehová, el camino de tus estatutos, y lo guardaré hasta el fin. Dame entendimiento, y guardaré tu ley, y la cumpliré de todo corazón. Guíame por la senda de tus mandamientos, porque en ella tengo mi voluntad. —Salmo 119:33-35

Me acordé en la noche de tu nombre, oh Jehová, y guardé tu ley. Estas bendiciones tuve porque guardé tus mandamientos. Mi porción es Jehová; he dicho que guardaré tus palabras. Tu presencia supliqué de todo corazón; ten misericordia de mí según tu palabra. —Salmo 119:55-58

Para siempre, oh Jehová, permanece tu palabra en los cielos. De generación en generación es tu fidelidad; tú afirmaste la tierra, y subsiste. Por tu ordenación subsisten todas las cosas hasta hoy, pues todas ellas te sirven. Si tu ley no hubiese sido mi delicia, ya en mi aflicción hubiera perecido. Nunca jamás me olvidaré de tus mandamientos, porque con ellos me has vivificado. —Salmo 119:89-93

¡Oh, cuánto amo yo tu ley! Todo el día es ella mi meditación. Me has hecho más sabio que mis enemigos con tus mandamientos. Porque siempre están conmigo. —Salmo 119:97-98

¡Cuán dulces son a mi paladar tus palabras! Más que la miel a mi boca. —Salmo 119:103

Lámpara es a mis pies tu palabra, y lumbrera a mi camino. —Salmo 119:105

Si solo tomáramos el tiempo de examinarla, encontraríamos que la Biblia es una libro gloriosamente positivo lleno de esperanza por el futuro y sabiduría para el presente, escrita por un Dios amoroso que quiere lo mejor para su pueblo amado. Como cualquier otro padre que ama en verdad, nos da reglas e instrucciones así como aliento y amor. Si bebemos del alimento de su palabra regularmente, como garantía floreceremos y creceremos bajo su cuidado amoroso.

## Sus palabras para el matrimonio

Como esposas positivas, debemos de ser mujeres de sabiduría. No estoy hablando acerca del conocimiento de los libros que viene de un diploma de estudios o un título universitario. Estoy hablando de la sabiduría piadosa que nos lleva a utilizar discreción en nuestras palabras y acciones, especialmente en nuestro matrimonio. Estoy hablando acerca de las perlas de sabiduría que solo podemos encontrar en el cofre del tesoro de Dios.

Las siguientes escrituras pueden aplicarse a varios aspectos y áreas del matrimonio. ¿No es maravilloso saber que el Dios de amor, nuestro maravilloso Padre celestial, desea lo mejor para nuestro matrimonio y nos anima por medio de su Palabra a que seamos esposas positivas? Quiero alentarte a no solo leer los siguientes versículos con la intención de obtener sabiduría sino también a memorizar los que se apliquen particularmente a tu vida. ¡Ay, la belleza que se refleja en la vida de una mujer que se adorna a sí misma con las perlas de sabiduría que se encuentran en la Biblia!

## Una actitud semejante a la de Cristo

Haya, pues, en vosotros este sentir que hubo también en Cristo Jesús, el cual, siendo en forma de Dios, no estimó el ser igual a Dios como cosa a que aferrarse, sino que se despojó a sí mismo, tomando forma de siervo, hecho semejante a los hombres. —Filipenses 2:5-7

Con toda humildad y mansedumbre, soportándoos con paciencia los unos a los otros en amor, solícitos en guardar la unidad del Espíritu en el vínculo de la paz. —Efesios 4:2-3

## Entrega

Y el Señor encamine vuestros corazones al amor de Dios, y a la paciencia de Cristo. —2 Tesalonicenses 3:5

Entre tanto que voy, ocúpate en la lectura, la exhortación y la enseñanza [...] Ocúpate en estas cosas; permanece en ellas, para que tu aprovechamiento sea manifiesto a todos. Ten cuidado de ti mismo y de la doctrina; persiste en ello, pues haciendo esto, te salvarás a ti mismo y a los que te oyeren. —1 Timoteo 4:13,15-16

El amor sea sin fingimiento. Aborreced lo malo, seguid lo bueno. Amaos los unos a los otros con amor fraternal; en cuanto a honra, prefiriéndoos los unos a los otros. En lo que requiere diligencia, no perezosos; fervientes en espíritu, sirviendo al Señor; gozosos en la esperanza; sufridos en la tribulación; constantes en la oración. —Romanos 12:9-12

## Amor piadoso

El amor es sufrido, es benigno; el amor no tiene envidia, el amor no es jactancioso, no se envanece; no hace nada indebido, no busca lo

*Me regocijo en tu palabra como el que halla muchos despojos. —Salmo 119:162*

suyo, no se irrita, no guarda rencor; no se goza de la injusticia, mas se goza de la verdad. Todo lo sufre, todo lo cree, todo lo espera, todo lo soporta. —1 Corintios 13:4-7

Y nosotros hemos conocido y creído el amor que Dios tiene para con nosotros. Dios es amor; y el que permanece en amor, permanece en Dios, y Dios en él. En esto se ha perfeccionado el amor en nosotros, para que tengamos confianza en el día del juicio; pues como él es, así somos nosotros en este mundo. En el amor no hay temor, sino que el perfecto amor echa fuera el temor; porque el temor lleva en sí castigo. De donde el que teme, no ha sido perfeccionado en el amor. —1 Juan 4:16-18

Y ante todo, tened entre vosotros ferviente amor; porque el amor cubrirá multitud de pecados. —1 Pedro 4:8

En esto hemos conocido el amor, en que él puso su vida por nosotros; también nosotros debemos poner nuestras vidas por los hermanos. —1 Juan 3:16

## Buena comunicación

Porque: El que quiere amar la vida y ver días buenos, refrene su lengua de mal, y sus labios no hablen engaño; apártese del mal, y haga el bien; busque la paz, y sígala. Porque los ojos del Señor están sobre los justos, y sus oídos atentos a sus oraciones; pero el rostro del Señor está contra aquellos que hacen el mal. —1 Pedro 3:10-12

El hombre bueno, del buen tesoro de su corazón saca lo bueno; y el hombre malo, del mal tesoro de su corazón saca lo malo; porque de la abundancia del corazón habla la boca. —Lucas 6:45

Si yo hablase lenguas humanas y angélicas, y no tengo amor, vengo a ser como metal que resuena, o címbalo que retiñe. —1 Corintios 13:1

Ninguna palabra corrompida salga de vuestra boca, sino la que sea buena para la necesaria edificación, a fin de dar gracia a los oyentes. —Efesios 4:29

## *Unidad*

Para que sean consolados sus corazones, unidos en amor, hasta alcanzar todas las riquezas de pleno entendimiento, a fin de conocer el misterio de Dios el Padre, y de Cristo, en quien están escondidos todos los tesoros de la sabiduría y del conocimiento. —Colosenses 2:2-3

Solícitos en guardar la unidad del Espíritu en el vínculo de la paz; un cuerpo, y un Espíritu, como fuisteis también llamados en una misma esperanza de vuestra vocación; un Señor, una fe, un bautismo, un Dios y Padre de todos, el cual es sobre todos, y por todos, y en todos. —Efesios 4:3-6

Pero el Dios de la paciencia y de la consolación os dé entre vosotros un mismo sentir según Cristo Jesús, para que unánimes, a una voz, glorifiquéis al Dios y Padre de nuestro Señor Jesucristo. Por tanto, recibíos los unos a los otros, como también Cristo nos recibió, para gloria de Dios. —Romanos 15:5-7

## Tragos grandes, mordiscos pequeños

Hay muchas maneras maravillosas de encontrar alimento en la Palabra de Dios. Algunas personas disfrutan leyendo toda la Biblia en el curso de un año. A otras les gusta tomar pequeños bocados de la Palabra, masticarlos un tiempo y digerirlos lentamente. No existe un método correcto o incorrecto para estudiar la Biblia. Lo importante es alimentarse y encontrar fuerza en la Palabra de Dios con regularidad.

Quizá quieras considerar formar parte de un estudio bíblico formal. Es probable que en tu iglesia se ofrezcan estudios de grupo, o una o más iglesias en tu zona quizá tengan un programa de estudios nacional, que no sea denominacional como Bible Study Fellowship (Comunidad de estudio bíblico), Community Bible Study (Estudio bíblico de la comunidad) o Precept upon Precept (Precepto sobre precepto). Estos programas ofrecen maneras sistemáticas de estudiar la Palabra de Dios en escenarios que le dan la bienvenida a personas de todos los trasfondos y niveles de conocimiento bíblico.

Sin importar el método o el medio que escojas, el estudio de la Biblia finalmente se trata de tu investigación personal y la aplicación de la verdad de Dios. Te animo a que medites en las Escritura a diario y que le pidas a Dios que abra tus ojos para que veas como aplicar su verdad a tu vida. En mi propia experiencia, he recibido gran ayuda y consuelo en tiempos de necesidad a través de mi estudio de la Biblia. Las palabras de la Escritura me han dado esperanza, gozo, sabiduría y dirección. Cierto momento en particular la Palabra me preparó con paz. Déjame explicarte.

La mañana del 31 de octubre de 1990, recibí una llamada en la que se me informó que mi madre había sido golpeada por un coche durante su caminata matutina. Las noticias llegaron como un impacto repentino. ¡Mi madre era una mujer saludable y vibrante, de cincuenta y cinco años, que nunca había sido herida ni había estado enferma de gravedad ni un día de su vida! Daba sus paseos en una colonia segura. ¿Cómo es que eso sucedió?

Mientras mi esposo y yo nos apresuramos a ir al centro de la ciudad en el tráfico de la hora pico al hospital, no teníamos idea de cuán gravemente había sido herida mi madre. Comencé a pedir que los doctores tuvieran sabiduría, que mi madre se sintiera consolada y que no tuviera complicaciones terribles o heridas debilitantes.

Para calmar mi ansioso corazón, saqué la Biblia de Curt de la guantera. La abrí y busqué versículos de consuelo. Sabía justo dónde leer porque antes había encontrado consuelo allí mismo: el libro de los Salmos. Al buscar por las páginas, mis ojos continuamente caían en versículos que señalaban las glorias del cielo y las bendiciones de la morada eterna con el Señor:

Una cosa he demandado a Jehová, ésta buscaré; Que esté yo en la casa de Jehová todos los días de mi vida, Para contemplar la hermosura de Jehová, y para inquirir en su templo. —Salmo 27:4

Entrad por sus puertas con acción de gracias, por sus atrios con alabanza; alabadle, bendecid su nombre. —Salmo 100:4

Estimada es a los ojos de Jehová la muerte de sus santos. —Salmo 116:15

No encontré versículos que hablaran de sanidad (aunque abundan en el libro); solo esos que se refieren a estar en la presencia del Señor. Le dije a Curt: "Creo que Dios está tratando de decirme que mi mamá murió", y él estuvo de acuerdo en que debería estar preparada para esa posibilidad. Hasta ese momento, yo nunca había siquiera considerado que mi mamá pudiera haber muerto; no obstante, Dios me preparó con su gracia a través de su Palabra, recordándome con amor que el cielo es la recompensa máxima.

De hecho, mi preciosa madre había muerto. ¡Pero sé que la veré algún día en el cielo! Ella amaba la Palabra de Dios, y también le enseñó a su familia a amarla. Estoy tan agradecida por el impacto poderoso que la Escritura sigue produciendo en mi vida el día de hoy. Y sé que tiene el mismo tipo de impacto en la tuya. Sea en una circunstancia dramática o a través de su dirección diaria, la Palabra de Dios es poderosa y pertinente para la vida de cada esposa positiva.

A medida que leas y medites a diario en la Palabra de Dios, vas a llegar a conocer a Dios en una manera más íntima y profunda. Vas a obtener sabiduría y dirección para tu vida, y vas a encontrar consuelo y esperanza para la travesía. Recuerdo el mandamiento que le dio Dios a Josué cuando asumió el papel de guiar a los israelitas a la tierra prometida: "Nunca se apartará de tu boca este libro de la ley, sino que de día y de noche meditarás en él, para que guardes y hagas conforme a todo lo que en él está escrito; porque entonces harás prosperar tu camino, y todo te saldrá bien" (Josué 1:8). Esa es nuestra tarea como esposas positivas: meditar en la Palabra de Dios de día y de noche. Esa es la clave para el éxito.

## Ella conocía el secreto

Si hablamos en general, las cualidades bellas y positivas no aparecen en una persona sin algún tipo de motivación interna o externa. Quizá recuerdes que en un capítulo anterior, cité a la talentosa escritora Catherine Marshall, quien escribió acerca de su decisión de ayunar la crítica. ¿De dónde provenía su motivación para el crecimiento espiritual? Su esposo Leonard LeSourd, escribió esto acerca de Catherine después de que falleció:

Había Biblias regadas por toda la casa [...] de todas las ediciones, además de libros de referencia y concordancias. A menudo nos íbamos a dormir, apagábamos la luz y escuchábamos un capítulo de la Biblia en cinta [...]

Cuando se molestaba o estaba bajo un ataque espiritual o tenía algún dolor. Catherine se iba a su oficina, se arrodillaba junto a su sillón y abría la Biblia [...] Leía, luego oraba, luego leía y luego oraba un poco más [...] Catherine no leía la Biblia para entretenerse o para inspirarse, sino para tener un encuentro con el Señor [...] La pasión de Catherine por la Palabra se podía ver en todos los aspectos de su vida.[2]

De acuerdo con Len, el profundo amor de Catherine por la Palabra de Dios era fundamental para su vida y para su matrimonio. Era la conclusión en todas las decisiones que tomaban juntos como pareja.

¿Podría nuestro esposo decir de nosotras lo que Len LeSourd escribió de su querida esposa Catherine? La verdad es que la Palabra de Dios es el secreto para tener una vida positiva. ¡Qué nuestras sendas estén iluminadas por la luz de su Palabra! ¡Qué sea nuestro fundamento, nuestra fuente de ánimo, nuestro mapa para la vida! Al darnos su Palabra eterna viva, Dios nos ha dado un gran tesoro. Como dice Isaías 40:8: "Sécase la hierba, marchítase la flor; mas la palabra del Dios nuestro permanece para siempre". ¡Acudamos al cofre del tesoro de la Biblia cada día y obtengamos todas las riquezas incorruptibles que tiene para ofrecernos!

## Punto de Poder

**Lee:** Proverbios 2. ¿Cuáles son los beneficios de la sabiduría mencionados en este capítulo? ¿De dónde proviene la sabiduría? (v. 6).

**Ora:** Oh sabio y santo Padre, gracias por compartir tu Palabra con nosotros. Gracias por guiarnos y dirigirnos por medio de tu Palabra. La Escritura es verdaderamente un rico tesoro. Es una riqueza de sabiduría, verdad, aliento y amor. Planta tus palabras en mi corazón y permíteles desarrollar en mí una vida abundante llena de gozo. Ayúdame a ser diligente en leer tu verdad cada día, y ayuda a mi marido a ver su valor y que también él la desee. Abre mis ojos al mensaje que quieres que aprenda. Por favor, permite que la sabiduría de la Biblia haga más fuerte, más rico y más pleno mi matrimonio. Que yo me convierta en una mujer de tu Palabra en todo lo que digo y hago. En el nombre de Jesús, amén.

**Recuerda:** "Toda la Escritura es inspirada por Dios, y útil para enseñar, para redarg:uir, para corregir, para instruir en justicia, a fin de que el hombre de Dios sea perfecto, enteramente preparado para toda buena obra." (2 Timoteo 3:16-17).

**Practica:** Escoge un libro de la Biblia para leerlo, estudiarlo y meditar en él. Lee una porción (varios versículos o un capítulo) cada día. Léela lentamente meditando en su verdad. Pídele a Dios que te enseñe con su Palabra. Utiliza un diario para registrar las respuestas que recibas o las preguntas que tengas. Escoge un versículo del pasaje para aprendértelo de memoria.

# Conclusión

# ¡Termina con fuerza!
## Espera lo mejor, dando lo mejor de ti

*El matrimonio es un proceso de por vida que consiste en descubrirse mutuamente cada vez con mayor profundidad.*

—Ingrid Trobisch

Mi hija Grace practica la carrera a campo traviesa con el equipo de la escuela. Durante la temporada de pruebas hace ejercicios de calentamiento con sus compañeras de equipo todas las mañanas a las 6:00 a.m. Levantarse tan temprano para entrenar requiere disciplina y trabajo duro de su parte, pero produce resultados en las carreras.

Los sábados voy a las competencias de campo traviesa para animar a mi hija (y al resto del equipo) hasta la victoria. Me paro en la puerta de salida para ver el inicio de la carrera; luego, ya que las niñas salen a correr busco un lugar cerca de la meta. Me gusta colocarme a unos quince metros de la meta para darles a mi hija Grace y a sus compañeras una dosis extra de ánimo cuando pasan. Las corredoras están cansadas, su energía se ha agotado, pero el final es importante.

Algunas corredoras bajan la velocidad cerca de la meta; están cansadas y solo están esperando llegar a la meta. Luego están las otras corredoras que ven esos últimos metros como la oportunidad de esforzarse más y pasar a sus rivales que están bajando la velocidad. Muchas corredoras mejoran su lugar y su tiempo en la carrera en este último esfuerzo. Me encanta animar a todas las niñas del equipo de la escuela cuando atraviesan ese último tramo. Mi grito de guerra simplemente es: "¡Terminen con fuerza!". Algunas veces eso es todo lo que necesitan oír para hacer un último esfuerzo. "¡Sí, háganlo!", les grito. Han invertido tiempo, energía y sudor para haber llegado tan lejos, así que ¿por qué no hacer de ello la mejor carrera de toda su vida?

Ese es el mismo ánimo que te envío a ti a medida que luchas con ser una esposa positiva. ¡Termina con fuerza! No es fácil. El matrimonio es una carrera de resistencia; y casi todo el camino es cuesta arriba. Sigue invirtiendo tu ciento diez por ciento para hacer de tu matrimonio lo mejor que pueda ser. Lo he escuchado y lo he dicho muchas veces: "Un matrimonio puede haber sido hecho en el cielo, pero requiere mucho trabajo aquí en la tierra". Y es verdad. Un buen matrimonio requiere trabajo constante. Nunca llegamos al punto en que podemos decir: "Bueno, ya logré todo lo que podía lograr en mi matrimonio. Ahora me voy a recostar a descansar el resto de mi vida".

La cantante Roberta Flack lo dice así: "Casarse es fácil. Mantenerse casado es más difícil. Mantenerse felizmente casado toda la vida debería estar catalogado dentro de las bellas artes".[1] ¿No está diciendo que el matrimonio feliz a largo plazo parece imposible? No te preocupes. ¡Con Dios todas las cosas son posibles! Si Dios puede hacer que los ciegos vean, que los cojos anden y que los muertos resuciten, entonces con toda seguridad puede sanar un matrimonio lastimado o resucitar una relación muerta. Las buenas noticias son que Él está en la travesía matrimonial con nosotras. Él es nuestro consuelo, nuestra fuerza y nuestra guía.

## Si tiene que suceder...

Quizá te hubiera sido más fácil si hubiera escrito el libro para ti y para tu marido, y que les dijera a los dos que dieran ciento diez por ciento para hacer de su matrimonio todo lo que puede llegar a ser. Pero, he aquí, este libro es para ti y para otras esposas positivas; y nuestra responsabilidad es dar ciento diez por ciento en nuestro matrimonio, sea que nuestro esposo lo haga o no. Está bien, está bien, voy a encontrar quien escriba *El poder del esposo positivo*. Pero mientras esperamos, todavía tenemos la responsabilidad de amar y respetar a nuestro marido incondicionalmente y ejercer una influencia positiva en nuestro matrimonio. ¡Tú sabes tan bien como yo que de todos modos los hombres raras veces leen libros acerca del matrimonio!

En los negocios mi papá utiliza la frase: "Si tiene que suceder, depende de mí". ¡Siete breves palabras llenas de un poderoso impacto! Es fácil presentar excusas o culpar a otros por lo que sucede en la vida.

# ¡Termina con fuerza!

Especialmente en el matrimonio, tenemos la tentación de desperdiciar el tiempo y la energía culpando a nuestro marido por nuestros problemas, decepciones o desafíos. Ciertamente nuestro esposo puede ser un factor que contribuya a generar circunstancias negativas. Pero no podemos responder por las acciones de nuestro marido; solo podemos responder por las propias. Tenemos la responsabilidad de hacer una aportación positiva a nuestro matrimonio y ayudarlos a crecer. La verdad es que en el matrimonio cristiano hay tres jugadores: la esposa, el esposo y Dios. Necesitamos hacer nuestra parte, permitirle a Dios que haga la suya y animar con amor a nuestro marido a que haga la suya.

Tengo que ser sincera contigo. Tuve dificultades para escribir este libro, porque estoy claramente consciente de que no conozco una variable crítica en tu vida: a tu marido. No sé cómo sea él. No sé cómo está su relación con el Señor. No sé si sea amable y amoroso, enojón e indiferente o alguna combinación. Todo lo que sé es que hay ciertas verdades fundamentales que se pueden aplicar a todas nuestras vidas como esposas y esas son las que presenté en este libro. Ha sido mi anhelo ser sensible a la variedad de situaciones en que las esposas pueden estar, reconociendo que en ciertas situaciones quizá sea necesaria consejería adicional o una intervención.

No puedo garantizarte un viaje fácil si sigues los principios de este libro. Lo único que sé es que estos siete principios para ser una esposa positiva son poderosos, no porque yo lo diga, sino porque están basados en la verdad de la Biblia. Los principios positivos presentados aquí se encuentran en las páginas de la Palabra de Dios. Ser esposas positivas significa que le permitimos a Dios que obre en y a través de nuestro matrimonio en una manera positiva.

¡Sé tú misma! Trae a tu matrimonio la rica plenitud de tus talentos, tus dones y tu personalidad única. Trae a tu matrimonio un corazón inclinado hacia Dios. Crece espiritualmente en tu andar personal con Dios, aunque tu marido no lo haga. Ejerce una influencia positiva en tu familia, aun y cuando tu marido sea una influencia negativa. ¡Sé tú! Sé la mejor tú que Dios haya creado. No te rindas, ni desfallezcas. Manténte en el camino que Él ha puesto delante de ti.

El apóstol Pedro les habló la verdad de Dios a los primeros cristianos, y sus palabras todavía nos hablan a nosotras como esposas positivas. La vida era lejos de ser perfecta para los creyentes del primer siglo. Aunque estaban haciendo lo correcto, aun así sufrían. No era justo. Pedro los animó a no quejarse ni perder aliento, sino que más bien fueran responsables por su propia conducta en una manera positiva. Esto es lo que dijo en 1 Pedro 3:8-17:

> Finalmente, sed todos de un mismo sentir, compasivos, amándoos fraternalmente, misericordiosos, amigables; no devolviendo mal por mal, ni maldición por maldición, sino por el contrario, bendiciendo, sabiendo que fuisteis llamados para que heredaseis bendición. Porque:
> El que quiere amar la vida
> Y ver días buenos,
> Refrene su lengua de mal,
> Y sus labios no hablen engaño;
> Apártese del mal, y haga el bien;
> Busque la paz, y sígala.
> Porque los ojos del Señor están sobre los justos,
> Y sus oídos atentos a sus oraciones;
> Pero el rostro del Señor está contra aquellos que hacen el mal.
> ¿Y quién es aquel que os podrá hacer daño, si vosotros seguís el bien? Mas también si alguna cosa padecéis por causa de la justicia, bienaventurados sois. Por tanto, no os amedrentéis por temor de ellos, ni os conturbéis, sino santificad a Dios el Señor en vuestros corazones, y estad siempre preparados para presentar defensa con mansedumbre y reverencia ante todo el que os demande razón de la esperanza que hay en vosotros; teniendo buena conciencia, para que en lo que murmuran de vosotros como de malhechores, sean avergonzados los que calumnian vuestra buena conducta en Cristo. Porque mejor es que padezcáis haciendo el bien, si la voluntad de Dios así lo quiere, que haciendo el mal.

Decidamos ser un regalo para nuestro marido y nuestro matrimonio, permitiéndole a Dios que viva y ame a través de nosotras. Sé que a veces no importa que una esposa haga lo correcto, su matrimonio quizá siga teniendo dificultades o incluso se desmorone. ¡Pero nunca se podrá decir de nosotras que somos las culpables! Tanto como sea posible, debemos de ser la solución. Ser una esposa positiva significa ser responsables por nuestra propia conducta, incluso cuando la vida no es justa. Significa dar todo lo que podamos y luego dejarle los resultados a Dios. Ser una esposa positiva no se trata de ser perfectas, sino de ser fieles en ser quienes Dios nos ha llamado a ser en nuestro matrimonio.

# Los llevaron

La historia de las esposas de Weinsberg, narrada en el libro de Bill Bennett *The Moral Compass* (La brújula moral), revela la lealtad aguerrida y la entrega mostradas por un grupo de esposas medievales hacia su marido y su matrimonio.

Sucedió en Alemania en la Edad Media. El año era 1141. Wolf, el duque de Bavaria, estaba cautivo dentro de su propio castillo en Weinsberg. Fuera de las murallas estaba acampado el ejército de Frederick, el duque de Swabia, y su hermano el emperador Konrad.

El sitio había durado mucho tiempo, y llegó el momento en que Wolf debía de rendirse. Los mensajeros iban y venían, se propusieron los términos, se aceptaron las condiciones, se completaron los arreglos. Tristemente, Wolf y sus oficiales se prepararon para entregarse al amargo enemigo.

Pero las esposas de Weinsberg no estaban listas para perderlo todo. Le enviaron un mensaje a Konrad, pidiéndole al emperador un salvoconducto a todas las mujeres en la fortaleza, para que pudieran salir con tantos tesoros como pudieran cargar.

La petición les fue otorgada, y pronto se abrieron las puertas del castillo. Salieron las mujeres, pero de una manera sorprendente. No cargaban oro o joyas. Cada una de ellas iba tropezando vencida por el peso de su marido, a quien tenían la esperanza de salvar de la venganza del ejército victorioso.

Konrad, quien en realidad era un hombre generoso y misericordioso, se dice que llegó a las lágrimas por la extraordinaria demostración. Se apresuró a asegurarles a las mujeres la seguridad y libertad de sus maridos. Luego los invitó a todos a un banquete e hizo la paz con el duque de Bavaria en términos mucho más favorables de lo esperado.

El monte del castillo más tarde fue conocido como la colina de Weibertreue, o "la fidelidad de las mujeres".[2]

¡Qué poderosa historia de lealtad, amor, fidelidad, ingenio y fuerza! Estas mujeres nos ofrecen una imagen indeleble de lo que significa ser una esposa verdaderamente positiva. Debemos de aprender de su ejemplo y demostrar nuestra disposición a cargar el peso de nuestro matrimonio sobre nuestros hombros en ciertas partes del viaje cuando sea necesario. No estoy diciendo que debamos de manipular, presionar

*Donde comiences no es tan importante como en dónde termines.* —Zig Ziglar

*Las muchas aguas no podrán apagar el amor, ni lo ahogarán los ríos. Si diese el hombre todos los bienes de su casa por este amor, de cierto lo menospreciarían.* —Cantares 8:7

# El poder de una esposa positiva

o conquistar a nuestro marido. Más bien debemos de levantarlo a través de las cualidades positivas de:

- Amor
- Compromiso
- Respeto
- Aliento
- Atracción física
- Responsabilidad
- Fortaleza espiritual

A medida que nos desarrollemos en cada uno de estos aspectos, la Palabra de Dios puede comenzar a obrar poderosamente dentro de nosotras, y nuestro matrimonio puede convertirse en una gran bendición para ambos cónyuges. Que nuestro grito de guerra sea Gálatas 6:9: "No nos cansemos, pues, de hacer bien; porque a su tiempo segaremos, si no desmayamos". Y que Dios nos use a cada una de nosotras en una forma poderosa para producir un cambio positivo en nuestro matrimonio.

¡Disfruta el viaje y termina fortalecida!

# Punto de Poder

**Lee:** Colosenses 1. Observa la oración de Pablo por los colosenses en los versículos 9-14. Quiero que sepas que dejé de mecanografiar en este momento e hice esta oración por ti, querida lectora. ¿Tomarás un momento para orar por tu marido? Después de leer el primer capítulo de Colosenses, elabora una lista con las cualidades que veas allí y que podrían describir a una esposa positiva.

**Ora:** ¡Querido y precioso Padre celestial, te alabo a ti que estás sobre toda la creación, y que aun así escogiste darme amor, poder y fuerza! Gracias por cuidarme, ayudarme y guiarme a lo largo del sendero de la vida. Bendice mi matrimonio. Ayúdame a ejercer una influencia positiva en mi matrimonio. Ayúdame a levantar a mi marido y a ser un complemento para él todos los días de nuestra vida. Toma mis pequeños, sin embargo, fieles, dones y habilidades y utilízalos para ser una bendición en nuestro hogar. Que mis palabras y acciones sean un testimonio gozoso de una vida vivida para tu gloria. Te lo pido en el nombre de Jesús, amén.

💡 **Recuerda:** "Como todas las cosas que pertenecen a la vida y a la piedad nos han sido dadas por su divino poder, mediante el conocimiento de aquel que nos llamó por su gloria y excelencia" (2 Pedro 1:3).

😊 **Practica:** Toma un marcador amarillo y vuelve a leer este libro, marcando los pasajes que te hayan impactado más en tu corazón y en tu mente. Escribe los versículos para recordar en tarjetas bibliográficas, y si todavía no lo has hecho comienza a memorizarlos. A medida que lleves la Palabra de Dios en tu corazón vas a encontrar que te va a ayudar a lo largo del viaje de la vida, dándote dirección, alimento y fuerza para ser una esposa positiva.

# Notas

## Introducción: El impacto de una esposa positiva

1. S. M. Henriques; *God Can Handle It ... Marriage* (Dios puede con él... matrimonio); Nashville: Brighton Books; 1998; 78.

## Capítulo 1: Esposa-logía

1. Scott Kim; *Bogglers* (Sorprendentes); www.discover.com: Discover; Vol. 22 No.3; Marzo de 2001.

2. Gary L. Thomas; *Fe auténtica*; Vida; 2004.

3. John Blanchard; ed.; *More Gathered Gold* (Más oro amasado); Hertfordshire, England: Evangelical Press; 1986; 199.

4. Edward Rowell and Bonne Steffen; ed.; *Humor for Preaching and Teaching* (Humor para predicar y enseñar); Grand Rapids: Baker Books; 1996; 183.

## Capítulo 2: ¡No se trata de ti!

1. Walter B. Knight; *Knight's Master Book of 4000 Illustrations* (El libro maestro de Knight de 400 ilustraciones); Grand Rapids: Eerdmans Publishing; 1956; 478.

2. Blanchard; *More Gathered Gold*; 223. .

3. Robert Foster and James Bryan Smith; *Devotional Classics* (Devocionarios clásicos); Nueva York: Renovare; Inc.; 1993; 47.

4. Ibid.; 82.

5. Joyce Brown; *Courageous Christian* (Cristiana valiente); 111-112.

6. Henriques; God... Marriage; 33; 267.

## Capítulo 3: La verdad acerca del amor

1. C. S. Lewis; *Los cuatro amores*; Andres Bello; 2001.

2. Glenn Van Ekeren; *Speakers Sourcebook II* (Ayudas para el orador II); Englewood Cliffs; N.J.: Prentice Hall; 1994; 313.

# Notas

## Capítulo 4: El gozo más grande y la travesía más difícil

1. Selwyn Crawford; "Ten Years Later; Shots Still Echo in Courthouse Halls" (Diez años después las balas todavía se escuchan en los pasillos de la corte); *Dallas Morning News;* 1 de julio de 2002; 1A; 8A.
2. *God's Little Devotional Book for Couples* (El pequeño devocionario para parejas); Tulsa; Okla.: Honor Books; 1995; 70.
3. Publicado en *Frescas Ilustraciones para Predicar y Enseñar;* Edward K. Rowell; Vida Publishers; 2003.
4. Knight; *4,000 Illustrations*; 230.

## Capítulo 5: Un bien escaso

1. Aimee Howd; "Smart Plan to Save Marriages" (Plan inteligente para salvar matrimonios); *Insight on the News*; 29 de marzo de 1999; 14.
2. *American Quotations* (Citas estadounidenses); Gorton Carruth and Eugene Ehrlich; ed.;Nueva York: Gramercy Books; 1988;558.
3. Ibid.; 561.
4. Gary Thomas; *Matrimonio sagrado*; Vida; 2005. La cita en realidad es el subtítulo del libro.
5. John M. Gottman and Nan Silver; *The Seven Principles for Making Marriage Work* (Los siete principios para hacer funcionar el matrimonio); Nueva York: Crown; 1999; 21.
6. Daniel B. Baker; *Power Quotes* (Citas poderosas); www.MotivationalQuotes.com.

## Capítulo 6: El arte de discutir

1. "Marriage After All These Years" (El matrimonio después de todos estos años) un panfleto distribuido por The Christophers; 12 East 48th Street; Nueva York 10017.
2. Ellen Fein and Sherrie Schneider; *The Rules for Marriage* (Las reglas para el matrimonio); Nueva York: Warner Books; 2001; 81.
3. Ekeren; *Speakers Sourcebook II*; 357.
4. Jean Lush; *Las Mujeres y el estrés*; Unilit; 1998.
5. Bob Phillips; *Great Thoughts and Funny Sayings* (Grandes pensamientos y dichos graciosos); Wheaton, Ill: Tyndale House Publishers; 1993; 320.
6. Henriques; *God...Marriage*; 100.

## Capítulo 7: Su deseo secreto

1. Kati.Marton; *Hidden Power* (Poder oculto); Nueva York: Pantheon Books; 2001; 353.
2. Zig Ziglar; *Zig;* Nueva York: Doubleday; 2002; 268

# Notas

## Capítulo 8: La actitud lo es todo

1. Robert Louis Stevenson; *A Child's Garden of Verses* (Un jardín infantil lleno de versos); Nueva York: Delacortes; 1985; 31.

2. Amy Steedman; *When They Were Children* (Cuando fueron niños); Edinburgh; England: Ballantyne; Hanson & Co.; n.d.; 382.

3. Ekeren; *Speakers Sourcebook II*; 47.

4. Abigail Van Buren; "Dear Abby" (Querida Abby); Universal Press Syndicate; *Dallas Morning News;* 14 de agosto de 2002; 4C.

5. Ken Blanchard and S. Truett Cathy; *El Factor generosidad*; Vida; 2005.

6. Esta información procede de un correo electrónico enviado el 11 de junio de 2002 por Jody Crain; directora de campo de New Tribes Mission in the Philippines (Nueva misión a las tribus de Filipinas). Jody fue una de las personas que visitaron a Gracia en el hospital después de que fue rescatada y evacuada.

7. Helen Hosier; *One Hundred Christian Women Who Changed the Twentieth Century* (Cien mujeres cristianas que cambiaron el siglo veinte); Grand Rapids: Fleming H. Revell; 2000; 350.

8. Ibid.; 355.

9. Ibid.; 356-57.

## Capítulo 9: ¿Y si no se lo merece?

1. Bill and Lynne Hybels; *Fit to Be Tied* (Perfectos para estar unidos); Grand Rapids: Zondervan; 1991; 63.

2. Henriques; *God...Marriage*; 121.

3. Ibid.; 123.

4. Leslie Vernick; *How to Act Right When Your Spouse Acts Wrong* (Cómo hacer lo correcto cuando tu pareja hace lo que está mal); Colorado Springs: WaterBrook Press; 2001; 34.

## Capítulo 10: El poder de las palabras en pocas palabras

1. Roy B. Zuck; *The Speakers Quote Book* (El libro de citas del orador); Grand Rapids: Kregel Publications; 1997; 129.

2. Ibid.; 129.

3. *God's Little Devotional Book for Couples* (El pequeño devocionario de Dios para parejas); Tulsa, Okla.: Honor Books; 1; 20-21.

4. Catherine Marshall; *A Closer Walk* (Un andar más íntimo); Old Tappan, N.J.: Chosen Books/Revell; 1986; 102-104.

5. Zuck; The Speaker's Quote Book; 128.

# Notas

## Capítulo 11: Compañerismo extraordinario

1. Quote used by permission from Pastor Pete Briscoe; Bent Tree Bible Fellowship; Carrollton; Texas.

2. Leil Lowndes; *How to Make Anyone Fall in Love with You*; Chicago: temporary Books; 1996; 106.

## Capítulo 12: Belleza de adentro hacia afuera

1. Nancy Stafford; *Beauty by the Book* (Belleza al pie de la letra); Sisters; Oreg.: Multnomah Publishers; 2002; 19.

2. Ibid.; 11

3. Marilyn Vos Savant; "The Intelligence Report" (El reporte inteligente) Parade Magazine; 17 de junio de 2001.

4. William T. Clower; *The Fat Fallacy: Applying the French Diet to the American Lifestyle* (La falacia de la obesidad: aplique la dieta francesa al estilo de vida estadounidense); North Versailles; Pa.: Perusal Press; 2001.

5. Gary Smalley; *Food and Love* (La comida y el amor); Wheaton; Ill.: Tyndale House; 2001; 41.

## Capítulo 13: Sexo sensacional

1. Henriques; *God...Marriage;* 130.

2. Kevin Leman; *Becoming a Couple of Promise* (Conviértase en una pareja de promesa); Colorado Springs: NavPress; 1999; 97.

3. Henriques; *God...Marriage;* 131.

4. Ibid.; 130.

5. Ibid.; 132.

6. Lowell D. Streiker; ed.; *Nelsons Big Book of Laughter* (El gran libro de la risa de Nelson); Nashville: Thomas Nelson Publishers; 2000; 389.

7. Joan Declaire; "Your Marriage Getting Better" (Tu matrimonio está mejorando); *Readers Digest;* February 2003; 68.

8. Henriques; *God...Marriage*; 132.

9. Knight; *4,000 Illustrations;* 399.

## Capítulo 14: Tuyo; mío y nuestro

1. Mary Stark; *What No One Tells the Bride* (Lo que nadie le dice a la novia); Nueva York: Hyperion; 1998; 113.

2. Curt Ladd; *The Survivors Handbook* (El manual del sobreviviente); Dallas: First Financial Publications; 1993; 130-32. Reimpreso con permiso del autor.

## Capítulo 15: Diva doméstica

1. *Life Application Bible* (Biblia de aplicación a la vida); New Living Translation; Wheaton; Ill.: Tyndale House Publishers; 1996; 1022.

# Notas

2. Peggy Anderson; ed.; *Great Quotes from Great Women* (Grandes citas de grandes mujeres)*;* Lombard; Ill.: Celebrating Excellence Publishing Co.; 1992; 114.

## Capítulo 16: Comunión íntima

1. Blanchard; *More Gathered Gold;* 232.
2. Ibid.; 232.
3. Ibid.; 233.
4. John Stott; *The Letters of John* (Las cartas de Juan)*;* publicado en Tyndale New Testament Commentaries; edición revisada; Leicester; England: InterVarsity Press; Grand Rapids: Eerdmans; 1988; 188.
5. Knight; *4,000 Illustrations;* 491.

## Capítulo 17: Las cartas de amor de Dios

1. Dr. Paul R. Fink; *The New Open Bible* (La nueva Biblia abierta); Nashville: Thomas Nelson; Publishers; 1990; 25.
2. *God's Little Devotional Book for Couples;* Tulsa, Okla.: Honor Books; 1; 48-49.

## Conclusión: ¡Termina con fuerza!

1. Henriques; *God...Marriage;* 138.
2. William J. Bennett; *The Moral Compass* (La brújula moral); Nueva York: Simon & Schuster; 96; 510.

11/09 ⑫ 7/09.

10/08 5 3/08
10/14 (24) 3/14
1/19 (29) 2/17